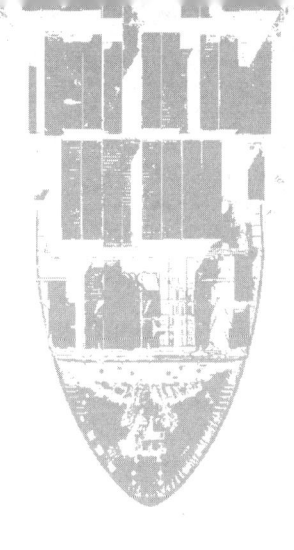

# 出海

## 中国企业的
## 个体记忆和家国思绪

《经济观察报》◎ 主编

中国出版集团
中译出版社

图书在版编目（CIP）数据

出海：中国企业的个体记忆和家国思绪/《经济观察报》主编. -- 北京：中译出版社, 2025.7. -- ISBN 978-7-5001-8305-1

Ⅰ. F279.29

中国国家版本馆 CIP 数据核字第 2025HN0892 号

出海：中国企业的个体记忆和家国思绪
CHUHAI: ZHONGGUO QIYE DE GETI JIYI HE JIAGUO SIXU

主　　编：《经济观察报》
策划编辑：于　宇　龙彬彬
责任编辑：龙彬彬

出版发行：中译出版社
地　　址：北京市丰台区右外西路 2 号院中国国际出版交流中心
电　　话：（010）68002494（编辑部）
邮　　编：100069
电子邮箱：book@ctph.com.cn
网　　址：http://www.ctph.com.cn

印　　刷：固安华明印业有限公司
经　　销：新华书店
规　　格：710 mm×1000 mm　1/16
印　　张：19.75
字　　数：239 千字
版　　次：2025 年 7 月第 1 版
印　　次：2025 年 7 月第 1 次印刷

ISBN 978-7-5001-8305-1　　　定价：79.00 元

版权所有　侵权必究
中 译 出 版 社

# 前　言

## 在世界的尺度中发现自己[①]

### 一

1999年，TCL科技集团股份有限公司（以下简称TCL）创始人、董事长李东生决定在越南迈出TCL全球化的第一步。在最初的18个月里，这种尝试几乎没有取得成效，公司内部也浮现出不同的声音。

但李东生清楚地知道，做企业必须拥有承受短期痛苦的勇气，如若此时退却，将错过一个全球化的时代。

事实确实如此。

2024年1月初，在CES（国际消费电子展）开幕前夜，当李东生点亮拉斯维加斯的TCL巨幅户外广告时，这家企业的年海外营收已经超过了1200亿元。

近年来，无数中国公司踏上了TCL曾经走过的路，人们称之为"出海"。

在"出海"这个词出现之前，我们有很多词来形容类似的行

---

[①] 本文执笔：宋笛。

为，比如"全球化""走出去""国际化"等，但"出海"这个词还是取得了新的共识。或许是因为这个词带有一种气质：略显匆忙兼具个体冒险的意味。

这也符合这一轮中国出海的某种特征：不是按部就班、没有整齐划一，而是不同行业的企业出于不同动机、利用不同方式和形态，去往不同的市场。

有的企业是聚集在中国东南沿海的制造业优等生，它们本身就是全球制造业的一环，为全球市场持续提供物美价廉的商品或零部件。但关税风险以及其背后逆全球化的趋势，迫使它们走出舒适区，开始在东南亚和南美洲重新布局生产。

有的企业本就是中国的互联网、餐饮和金融巨头。在中国这样一个庞大市场的激烈竞争中，它们练就了一身好本领，携国内的技术、人才以及供应链优势，将目光投向海外市场，并期待在异国他乡重演"中国商业故事"。

有的则可以更单纯地称之为"企业家相对过剩"：那些雄心勃勃的企业家，在察觉海外市场的机会后，单枪匹马地杀了过去。

远远看去，巨头们的"轮船"、中小制造业的"快艇"和个人的"帆船"交错混杂，驶离港口，驶向了不同的全球化方向。

## 二

茶百道在韩国开第一家奶茶店的时候，一度只能停售拳头产品"杨枝甘露"，因为找不到合适的芒果。

当一家企业真正走出去时，麻烦接踵而至。有些麻烦是可以预料的，比如合规问题、成本问题；有的麻烦则是未出海前难以预想的，比如寻找一款合适的芒果。

薛光在非洲创业时，为了解决瓦楞钉的包装问题，自己开了家纸箱工厂；君实生物申请FDA（美国食品药品监督管理局，以下简称FDA）预审时，收到了FDA提出的10多轮要求，工厂为应对检查提供了800多份文件资料。

在种种困难中，企业用工是最显著的困难之一。

中国人是吃苦耐劳的，出海的中国人更把这种特质带去了全世界——不少印尼（印度尼西亚共和国，以下简称印尼）人学会的第一批汉字就包括"卷"这个字。

刚出海的企业管理者会手足无措于其他地区的员工没有中国人"天然"的勤劳，但更成熟的企业家会理解，劳动力效率本质上是激励和管理的结果，每个地区的人都有不同的文化背景，出海的企业需要适应这种差异性，配置资源，并用本土化的管理方式提高效率。

所有上述问题都可以归结为本地化的问题。

全球化就是本地化。当一个企业来到一片新大陆，需要适应新的消费者习惯、在地供应链、政策法规和文化。只有完成了这种本地化适应，具备了在海外某个市场的生存能力，这些出海的企业才算是迈出了全球化的第一步。

## 三

本书收录的这些企业的出海故事，编织成一张清晰的中国企业出海地图。这些是正在发生的故事，是鲜活的个人记忆，也是不断更新的中国商业史。

中国的出海企业中，有的会成为新一代的跨国巨头，和IBM（国际商业机器公司或万国商业机器公司，英文名为International Business Machines Corporation，以下简称IBM）、欧莱雅、乐高、可口可乐、丰田等跨国巨头在各自的领域展开全球性的竞争。

有的企业会完成一些更深层次的转变，从"制造业的优等生"变成"制造业的组织者"。它们将逐渐掌握在全球配置生产要素的能力，利用中国的资本和管理经验、非洲和大洋洲的矿产、东南亚和南美洲的劳动力、日本和德国的制造技术，为全球稳定高效地供给商品和服务。

有些企业或许会铩羽而归。不过，这并不妨碍它们积蓄勇气和力量，发起下一次冲击。事实上，即使面向国内市场，它们面对的也是不折不扣的全球竞争。

无论是20世纪70年代的美国还是20世纪80年代的日本，当一个经济体走向成熟之时，经济体内的企业就会在内外因素的推动下，经历一个加速走出去的过程。

在这个过程中，一个国家的产业能力进一步加强、经济结构进一步优化，政府的经济治理能力也会得到提升。因为它们需要在制定经济政策时，将庞大的海外企业群体利益纳入考量。

更重要的是，这个过程中将会逐渐成长起一批真正具备全球视野的企业家，以及一批具备全球经营能力的跨国企业。

当然，中国企业的"这一次"不会是跨国公司故事的昨日重现，更不会是中国商业传奇的翻版——我们相信，这一路绝非坦途。很多企业必须抛弃那些曾经百试不爽的攻略，才有可能避开陷阱和泥沼。

事实上，当更多人热衷于谈论效率、供应链和技术能力的时候，我们更在意的是，这些深耕于世界各个地方的中国企业，将为它们所在的地方带来怎样的改变。我们希望它们成为美好生活的赋能者，并且以自己的实践证明，全球化可以让这个世界变得更好一些。

中国的跨国企业将把"中国"带给世界，也将把"世界"带回中国。

# 前　言

2001年，中国加入世界贸易组织。中国企业在忐忑与兴奋中迎来与世界的碰撞与交融。如果说这是一部交响乐，那么20多年后的出海就是一个新篇章的开始。它注定宏阔而跌宕。

中国企业将在这样的旋律中完成一代跨国企业的"成人礼"，它们学会重新审视和理解世界，也在世界的尺度中重新发现自己。

# 目　录

**第一章**
**新一代跨国巨头**

TCL 李东生：产业出海不是外移，而是共赢 / 003
联想张晋贤：联想集团出海一角 / 012
联想懂的通信方冠玉：以"向新力"助力车企出海 构建阳光海湾文化 / 019
中国移动樊劼焕：把新基建带到巴基斯坦 / 028
阿里国际站张阔：AI 在让世界变小，让外贸人的机会更大 / 034
京东马妍娇：在欧洲再造一个京东 / 041
腾讯云陈锐：让东南亚的大公司跑在腾讯云上 / 047
洛阳钼业陈涛：如何在非洲运营一座世界级铜钴矿？ / 054

**第二章**
**从"制造业的优等生"到"制造业的组织者"**

海尔曼小明：海尔的出海密码 / 065
美的集团徐理：为什么把业务做到伊拉克 / 078
威海广泰徐晖：让国产空港装备"飞"向全球更多的机场 / 084
宝腾动力郭永涛：为大马国宝级汽车装上"中国心脏" / 093

I

艾比森丁彦辉：用"一块 LED 屏"闯荡世界 / 100
雄奇音响陈小峰：耐心陪伴客户，剩下的交给时间 / 108
捷仕金属、多乐食品薛光：一颗钉子铆定非洲市场 / 114

## 第三章
## 数智时代的"快艇"

中兴通讯饶珑：出海征程 / 125
神州数码郭为：出海，中国方案与文化共鸣 / 132
影石 Insta360 朴薪卫：把全景相机做到全球份额第一 / 139
黑湖科技李政龙：数字化让出海工厂更"松弛" / 146
晶澳科技范京超："落子"海外的考量 / 151

## 第四章
## 生物医药的国际化新航道

稳健医疗李建全：企业出海不只是生意，更是"价值共鸣" / 161
君实生物姚盛：一款中国生物创新药如何敲开欧美市场的大门 / 168
圣湘生物丁海：我在印尼与人合伙建工厂 / 176
科兴孟伟宁：到拉美去 / 184
达华药业周成杰：帮助全世界贫困女性避孕 / 192

## 第五章
## 新零售的别样出海路

飞鹤韩成钢：文化融合的试炼与收获 / 203
特海国际汪万明：海底捞走出别样出海路，要员工顾客两手抓 / 208
茶百道王欢：出海切忌"降维心态" / 213
贝泰妮李恩：找准切入口 发挥放大效应 / 219
海程邦达唐海：出海路千条，安全合规第一条 / 225

## 第六章
## 把中国文化带给世界

德恒律所陈巍：乱出海、必出局；善出海、创新局 / 233

PingPong 徐征：从服务于全球化企业，到支付公司全球化 / 239

金融壹账通朱平：保险科技"出海"中的文化与市场差异挑战 / 247

新丽传媒王乔：让《热辣滚烫》《与凤行》《庆余年第二季》《玫瑰的故事》火到全球 / 253

游族戴奇：把中国游戏带到世界舞台 / 263

群岛图书彭伦：中国文学走出去，需要专业的信息网络 / 268

## 附录

何帆：中国企业的出海和在地化运营，将推动全球发展 / 275

社科院林博：特朗普上台后，墨西哥还值得投资吗？ / 285

"奥特快出海笔记"主理人张纬杰：热出海时代的"冷"思考 / 291

侯路：融入巴西的不同现实场景中去 / 298

第一章

# 新一代跨国巨头

# TCL 李东生：产业出海不是外移，而是共赢[①]

每到年终和新岁之交，我总会回顾企业的海外历程，并思考未来方向。2024 年的回望尤显特殊：从 1999 年在越南踏出国际化的第一步算起，TCL 全球化征程已行走 25 年。四分之一个世纪，放在人类历史长河中或许只是短暂切片，但对于一家扎根中国、放眼世界的制造企业而言，却足以历经大潮起伏、风云际会。

彼时全球化浪潮蓬勃，一个纯粹扎根本土的企业，即使一时滋润，也难以在未来的国际竞争中保持活力。此后数十年，事实反复验证了这一判断——当今时代，中国企业如果不在更广阔的国际市场中寻找增量，就难以形成持续的综合竞争力。这并非一句商业口号，而是成熟产业格局下的客观规律。

我相信企业家必须看到更远的未来。亚洲新兴市场正在崛起，全球贸易联系加深，若不敢在更广阔的世界中寻求增量与创新，终将坐困愁城。

**从越南启程：坚持换来产业链"落地生根"**

1999 年，TCL 选择越南作为全球化的起点，但很快就遭遇现实的考验：日韩品牌先行占据当地消费者心智，我们的电视机难

---

[①] TCL 创始人李东生口述，郑晨烨整理。

以获得快速认可。前 18 个月，投入巨大，却鲜有回报，公司内部有声音浮现：是不是该撤？当时国内稳居第一，回头也许更稳妥。

然而，我的内心清楚，做企业必须拥有穿越短期痛苦的勇气。若此时退却，将错失全球先机。

越南团队坚持不退，在大城市难以突破之际，去往竞争相对较小的边缘城市。进一步理解当地消费者需求，针对越南雷雨天气多、家家户户都架设简易室外天线、地形复杂多山林等特点，TCL 开发出具有防雷功能、接收性更强的电视产品，并与当地经销伙伴建立更密切关系。多年后，这份坚持终于得到了回报：TCL 在越南市场站稳脚跟，不仅实现销量、口碑和市占率攀升，还累计建立了 3 家工厂，分布在南部平阳省和北部广宁省地区。其中，位于南部平阳省的 TCL 智能电器越南工厂规模最大，员工超过 2000 人，负责生产 TCL 的电视产品，2024 年产值约达 10 亿美元。越南从最初的"试验田"变成全球化布局的前沿阵地，形成了本地制造、本地服务、本地团队的发展格局。

这段经历让我明白：出海从来就不是"一锤子买卖"，企业在海外落地生根要靠长期积累与反复磨合，本地化不只是口号，而是要在文化、产品、团队、供应链各个环节扎实落地。

回顾这 25 年，当下的一个鲜活场景让我印象尤其深刻。

2024 年 1 月初，CES（国际消费电子展）开幕在即的前夜，我站在美国拉斯维加斯知名的 MSG Sphere[①] 环形球幕前，那里点亮了 TCL 巨幅户外广告。从最初 1991 年我第一次参加 CES 时仅有的一个 9 平方米小摊位，到如今 1672 平方米超大展区；从当年默默无闻的小角色，到今天吸引国际媒体与伙伴目光的"显眼

---

① MSG Sphere 是拉斯维加斯的巨型球体建筑，它是目前世界上最大的球形结构剧场之一。该建筑由 MSG Entertainment（麦迪逊广场花园娱乐公司）开发，以其沉浸式视听体验和标志性外观成为拉斯维加斯的新地标。

包"，TCL 的成长在这一刻具象呈现。

## 北美实战经验：高端突破与本地化深耕相辅相成

在所有海外市场中，北美是全球品牌必争的高地，竞争极为激烈、监管近乎严苛。尤其在合规层面要求极细极高，多方博弈复杂，渠道、品牌、技术生态交织，想在这里立足并不容易。TCL 在北美的团队压力巨大：既要向渠道伙伴交出满意答卷，也需借助国际展会等平台展示成果、提升团队士气。

更棘手的是在北美市场直面国际巨头的竞争。

三星、LG 等品牌在美国根深蒂固，渠道自有品牌在中低端市场不断"挤压"，科技平台公司又在操作系统、内容分发等领域与硬件品牌博弈。面对如此严苛的市场环境，TCL 制定了以"大屏高端突破"为核心的策略——从"Bigger，Better"（更大、更好）到"Bigger，Better，Beyond"（更大、更好、超越），不断提升产品规格和品质，主攻 75 英寸[①]、98 英寸超大屏高端电视，借此获取更高溢价和更多话语权。同时，还在家电和其他智能终端品类扩张，以分散风险、建立更丰富的产品组合。

这种策略很快显现出成效。TCL 在美国已成为电视销售排名前列的品牌，98 英寸电视 TCL 已经占到北美市场第一的市场份额。与此同时，我们深知，品牌升维仅靠产品不够，还要在文化与消费心理上打动用户。为此，我们通过体育营销融入本地生活。与 NFL（美国职业橄榄球大联盟）合作成为一个标志性案例——这个深受美国消费者喜爱的赛事资源并非轻易获得，需要长期的品牌积累和实力背书。当 TCL 成为 NFL 官方合作伙伴，

---

① 1 英寸 = 2.54 厘米。

与知名球队、明星球员联动,与社区互动公益,品牌不再是"外来者",而是融入美国主流文化的话题点。

这种本地化营销不仅提升了品牌认同,也让我们在渠道、供应链谈判中更有主动权。北美市场上,渠道拥有强大话语权,甚至有专门机构对产品进行拆解以估算成本,借此与品牌商议价。我们要在这样的市场环境下谋发展,就需要不断向价值链上游爬升,以高端产品和品牌影响力增加谈判筹码。

## 团队与文化:全球化的"人"之考验

海外拓展的另一大挑战是跨文化团队管理。中国企业出海常常遇到"水土不服"问题。北美市场对合规、劳工权益、法律责任要求极高。仅靠中国外派团队或单纯依靠本地人才都不可行,必须将二者有机融合。

我们逐渐形成了一套团队策略:关键岗位(总经理、财务、供应链)由国内外派人才把控大局,以保证策略与资源调配的连贯性;本地团队在市场营销、售后服务领域独当一面,利用其对本地消费者偏好的敏锐洞察力发挥作用。这种"铁三角+本地化"组合可以最大化发挥中外员工优势。

在构建团队文化方面,我们也吸取教训,不只是将国内经验简单搬运到海外,而是尊重当地文化,制定清晰的岗位权责和KPI(关键绩效指标)考核,并强化正向激励机制。一次次的沟通会、培训与轮岗实践,让"TCL baby"(指在公司体系中成长起来的本土员工)与外聘的国际化职业经理人融合合作。

我还记得,一位负责海外业务的同事曾在内部分享过他与当地渠道高管沟通的经历。这位当地渠道高管在其公司任职十多年,我方同事在 TCL 也有类似的深耕历程。这样长期服务于同一企业的背景，让双方所在的组织文化、理念和精神传承都极为稳固，也使他们更倾向于以长远视角审视合作机会。对于竞争格局成熟、规则严谨的北美市场而言，这种长期主义思维尤为关键，它为双方建立更稳固和可持续的伙伴关系奠定了基础。

同事们还提到一件令人难忘的往事：数年前，墨西哥团队在处理库存和供应链遗留问题的关键时刻，当地连续遭遇地震，工作条件极为艰难。然而，7名中国外派员工与当地伙伴依然在余震不断的夜晚坚持工作到深夜，全力确保任务能够持续推进。这段经历不仅展现了中国员工在突发灾害下的坚韧与担当，也充分体现了跨文化团队在极端条件中彼此信任、携手前行的坚定信念。

## 全球化路径迭代：输出工业能力，而非仅输出产品

全球化从来不是一蹴而就的。通过在北美、欧洲、东南亚等区域的实践，我们认识到全球化并不只是把产品卖出去，而是要在海外形成产业链、价值链乃至文化链的深度链接，这也让我愈发坚信"全球化就是本土化"这一命题。简单卖货远远不够，要在当地建设生产基地，与当地企业共建产业配套链条，培育当地产业生态，进而实现双赢。

在巴西，TCL携手巴西知名电器公司SEMP共同成立合资公司。得益于SEMP公司逾80年的本地市场运营和销售经验，我们自成立以来产品销量就稳居巴西市场前列。这种模式下，我们输出的不仅是终端产品，更将中国制造的经验和技术能力融入当地工业体系。时间长了，当地合作伙伴对我们心生信任。这背后是多年的坦诚相待与合作共赢，折射出一种跨文化、跨国界的信任关系。

如今，TCL海外制造基地分布在越南、印尼、印度、巴基斯

坦、波兰、墨西哥、巴西等9个国家，累计布局了46个研发中心、38个制造基地，业务覆盖160多个国家和地区。TCL充分利用各国资源禀赋和政策环境，将产业链延伸到全球，增强对冲单一市场风险的能力。这种全球化布局不只是适应性选择，更是战略性选择。

如今，中国制造已占全球30%的产出，但中国本土市场仅占全球总量的20%，"走出去"已是必然之选。在这个新出海时代，中国企业必须以最好的产业能力和最先进的产品技术走出去。我们更应直面欧美、日韩等顶级竞争者，以真才实学、核心技术和高品质产品，在全球市场上争夺话语权与更高端的位置。简言之，不以最优实力出海，更难在全球赢得尊重与发展。

这种"链主"角色，不仅让我们在海外市场站稳脚跟，也带动了一批中国上下游供应商"组团出海"，在海外形成产业集群效应。每当我们在海外建设制造基地，就为中国零部件、材料和技术输出打开一条新通道，也为当地创造更多就业、培训更多人才。

全球产业链的协同，在微观层面是企业合作，在宏观层面则促成各国互利共赢。

## 技术创新：延长产业周期，稳固全球竞争力

能够在国际市场破局的关键，还在于技术创新和产业升级。

我们对研发的巨额投入与耐心布局，就是在为未来筹划。全球化是一场长跑，不可能只靠短期机会或临时政策红利。越向前走，越要求企业有稳定的产业链、核心技术与文化认同。早年我们在显示技术迭代中积累的经验，让我们对研发投入毫不吝啬。过去六年，TCL研发投入超600亿元，持续布局人工智能、新兴显示等领域，借助全球研发高地布局前瞻研究，TCL北美研发中

心专注海外智能应用研发、TCL 欧洲研发中心聚焦深度学习的人工智能技术，以夯实 TCL 全球化的技术"底座"。

此后，我们不再只是成本优势的代名词，而是以技术引领、产品差异化在全球高端市场占据一席之地。2023 年 1—11 月，TCL 电视零售量在美国稳居前二，主要得益于高端产品的贡献。

同时，TCL 依托 TCL 实业和 TCL 科技两大主体，聚焦智能终端、半导体显示、新能源光伏三大产业持续发力，依托中国本土强大的研发和制造基础，将高附加值产业的竞争力带向全球。

2024 年 7 月 16 日，TCL 中环与 Vision Industries Company（视觉产业公司）、沙特阿拉伯公共投资基金 PIF 的子公司 RELC 签署《股东协议》，三方共同设立合资公司，在沙特建设年产 20 GW 光伏晶体晶片项目。光伏产业项目落地海外，建设目前海外最大规模的光伏硅片厂，意味着中国企业在全球能源转型中也要有所作为。这种不局限于消费终端，而是深入产业上游的战略布局，让我们有能力在未来不确定性中掌握更多主动权。

## 新航海时代的抉择：不出海，就出局

近年来，我愈发重视品牌与文化软实力的塑造。

经济全球化不再仅仅是商品流通，更是文化理念的交流与互鉴。我们在美国拉斯维加斯点亮巨幕广告、在欧洲支持足球赛事、在亚洲深耕当地社区项目，这些都是在品牌层面构建情感纽带。

在 NFL 这一北美顶级体育赛事中与球迷互动、与社区组织合作，不仅让消费者感知 TCL 的产品，更让他们体验到 TCL 的企业价值与社会责任感。通过这些高光时刻和日常投入，我们从无名品牌成长为被主流消费者认同的国际品牌。

纵观全球形势，经济全球化与产业链重构为中国企业带来机遇与挑战。地缘政治波动、安全考虑、环保与可持续要求不断加码，供应链不再只是成本与效率的演算，更蕴含战略考量。

当国家间的贸易壁垒上升，当局部出现产业"脱钩"之势，中国企业必须主动求变，在海外输出的不只是产品，更是工业能力、管理经验与创新模式。只有如此，才能在一个新的全球产业格局中更好地找到自己的位置。

这些年来，中国企业出海已进入 3.0 时代：从最初的低价输出，到借助合资、并购踏入高端市场，再到构建全球研发、生产、营销、服务网络的全链条立体布局。这条路上有痛苦、有迷茫，但也有在拉斯维加斯球幕前的欣慰笑容，有在越南基地的欣然回首，有在北美市场面对强敌不退缩的坚韧，也有在欧洲细分市场中苦心耕耘的耐心。

我始终相信，全球化是时代必答题，当下的复杂局势并不会让全球化步伐后退，反而会迫使有志者以更成熟、更负责、更有韧性的方式推进海外布局。

## 未来：从世界的尽头到新的起点

记得不久前，我曾在世界尽头的乌斯怀亚灯塔感慨：在他人眼中那里或许是终点，但我更愿将其视为新的起点。TCL 全球化 25 年并非句号，而是下一个长周期航程的起点。我们将持续强化技术创新和产业升级，加大对本地化团队和品牌文化建设的投入，努力成为全球产业链中的"链主"，用高附加值产品与服务书写中国企业的新篇章。

回首这 25 年，我看到了中国企业从"走出去"到"走进去"，再到"走上去"的历程。这是一个从单纯的出口贸易，到本地化制造，再到全球化产业链共建；从低价竞争到技术引领、品牌塑造和文化融合的过程。每一次逆境和挑战，都是企业结构与能力升级的催化剂；每一次成功与突破，都是坚持长期策略和正确方向的回报。

立足中国，拥抱世界。让中国制造、中国创造在全球化浪潮中行稳致远，是我与全体 TCL 人不变的使命。愿未来更多中国企业以我们的实践为借鉴，在国际舞台上从容迈步，在更深层次与世界互动，创造互利共赢的新格局。

在 2025 年，我们将继续深化全球布局，推进供应链多元化，扩大技术投入，加强品牌文化共融，与全球消费者和合作伙伴携手同行。世界越是变幻无常，我们越要冷静思考、高远布局，以务实的态度、长期的信心和灵活的策略应对变化。

"不出海，就出局"，在今天早已不是夸张之词。在国际舞台上，中国企业正迎来更广阔的空间和更艰巨的考验。唯有深耕本地化、强化技术力、打磨品牌与文化软实力，我们才能在全球化这道必答题上交出满意的答卷。我相信，未来的路虽然不易，但只要坚守初心、从容应对，我们将能让中国制造、中国创新在更宽广的世界舞台上生根、开花、结果。

## 联想张晋贤：联想集团出海一角[1]

深夜的窗外，城市早已陷入沉睡，只有办公楼里依旧亮着的灯光，映照着联想 Chromebook[2] 这支坚守岗位的团队。

眼前的市场报告定格在这几个数字：联想 Chromebook2023 年市场份额为 22.4%，位列全球第二；2024 年市场份额为 25%，稳居全球第一。

这样的成绩，对我们每一个奋战在一线的联想人来说，既是激励，更是沉甸甸的责任。

我在 2017 年加入联想，参与了联想 Chromebook 早期的发展过程。2022 年，联想整合了 Chromebook 的教育业务、消费业务和商用业务，成立 Chromebook 事业部（BU），由我统管联想 Chromebook 业务。

Chromebook 是搭载了谷歌操作系统（Chrome OS）的网络笔记本电脑，用户通常需要联网从云端实现功能。由于具有便于管理、成本低、操作便捷等优点，Chromebook 在教育领域受到广泛欢迎。

作为联想完全面向海外市场的产品，Chromebook 经历过高峰，也在低谷中煎熬过。如今，Chromebook 重回顶峰。

Chromebook 是联想出海故事的一角，联想的出海征程，还有太多故事值得分享。

---

[1] 联想集团全球创新中心 Chromebook 事业部总经理张晋贤口述，陈奇杰整理。
[2] Chromebook 为联想旗下产品名。

联想的漫漫出海路可追溯至 20 多年前。2004 年，联想以 30 亿美元"吞下"IBM 公司的 PC 业务，自此拉开全球化的大幕。2014 年，联想分别以 29.1 亿美元收购摩托罗拉、23 亿美元收购 x86 服务器。2017 年，联想收购日本富士通。如今，联想的"枝蔓"早已扩展至全球 180 多个国家和地区。

联想创立伊始，科技行业的世界版图被欧美巨头牢牢占据，而联想只是一颗尚未发芽的种子。经过几十年的努力，联想不仅成为全球领先的电脑制造商，还是一家成功打入国际市场的中国科技企业。这也是中国科技企业对外出征故事的一角。

## 在北美走出波谷

北美是全球教育数字化的先锋，作为 Chromebook 厂商的必争之地，北美市场在全球 Chromebook 市场的占比高达 75%。

2022 年，新冠病毒感染疫情从波峰进入低谷，不少学校取消了原本为在家上课的学生配备 Chromebook 的订单，行业普遍出现了难以去库存的困境。

加上电脑产品更新换代较快，当时市场对 Chromebook 的杀价非常惨烈，往往是以打对折甚至更低的价格收购。但我们不愿在价格上做出太多的让步，过度杀价无法体现联想产品本身的价值。

这不仅导致我们的业务承受了较大的亏损压力，也让惠普、宏碁等巨头抢占了先机。2022 年，联想 Chromebook 的市场份额一度跌落到 20% 以下。

但是我们仍然选择通过产品、服务、解决方案的精细化迭代，而不是简单地降价，来夺回北美的市场份额。

为了更好地了解客户需求，我们跟联想在全球配置的本地销售团队一起定期拜访学校，和学校的信息技术设备管理部门（ITDM）交流。

ITDM 负责采购学校的电脑等设备，这意味着持续改善 ITDM 在管理以及运维校内 Chromebook 上的体验，能带来更多的订单。

在长期的交流过程中，一些 ITDM 的工作人员为我们提供了很多产品上的改进想法，扮演着类似合作伙伴的角色。

例如，我们曾从 ITDM 的工作人员那儿了解到，键盘是学生使用 Chromebook 时最容易损耗的部件之一，但拆卸维修比较费时间，即使不算入吃饭等休息时间，每人每个工作日最多也只能拆卸维修 16 台 Chromebook。

为了响应这一需求，联想在 2023 年上线了搭载正装键盘的 Chromebook，对比 Chromebook 常见的反装键盘，正装键盘能将电脑的键盘拆卸时间从 30 分钟缩减到 5 分钟，这为我们赢得了大量的订单。

在北美市场，联想 Chromebook 主要在三个方面发力：

一是产品精细化。我们和谷歌合作优化设备性能，推出高续航、低故障率的教育专用 Chromebook；

二是推出端到端的解决方案。结合谷歌课堂教学平台（Google Classroom），我们打造了软硬件一体化的教学工具，让教师、学生和管理者都能获益；

三是服务本地化。我们在北美建立了专属的服务团队，提供 24 小时响应与维修，解决客户的后顾之忧。

这些措施让联想 Chromebook 获得更多客户的同时，也保持了高于其他竞争对手的价格。当前，联想产品的均价通常会比其他厂商高 10%。

我们认为，Chromebook 业务不是一锤子买卖，联想应该做的是用更好的产品和体验吸引用户，将他们变成持续的忠实客户。

仅仅通过降价来吸引用户，很容易由于体验不佳被客户拉入黑名单。此外，通过亏钱补贴的低价策略终究难以长期持续。

## 在拉美推动教育普惠

北美是 Chromebook 的主要市场，但市场已经逐渐饱和。

这使我们把目光投向拉美地区，很多国家现在都有教育设备的需求。从 2022 年起，我们开始拓展拉美市场。

墨西哥、巴西、哥伦比亚等国家都存在贫富差距大、教育资源不均衡的情况。农村地区的学校大多没有电脑和互联网，无法接受现代化的教育。

我们的团队成员曾在拉美某国的一个村庄看到，烈日下，孩子们坐在土砖搭建的教室里，手里只有几本破旧的课本，老师们用粉笔授课，孩子难以获得互联网的海量资源。

我们希望通过联想的产品和解决方案，让更多孩子享受到数字化学习的机会。

与北美市场不同的是，拉美市场用户对 Chromebook 的关注重点并非体验，而是便宜和耐用。

为了让我们的产品真正适合拉美市场，我们与谷歌和当地运营商展开深度合作。

一方面，我们联合运营商，为偏远地区的学校接入网络，帮助他们建立数字化校园，并为教师们提供全程培训支持。

另一方面，通过精简产品线，以及在不同产品上做更多的、具有兼容性的设计，我们降低了供应链的成本。同时，我们聚焦库存管理，能在短期向供应商交付数量很大的订单，相比一些只能交付少量订单的厂商，我们减少了供应商的摊销成本。

通过以上的措施，我们推出了成本更低的入门级 Chromebook，让更多学校负担得起。此外，与拉美当地的一些白牌产品相比，联想的产品也拥有更好的质量，因此联想 Chromebook 逐渐打开了拉美市场。

项目启动半年后，我们再次回到前面说的那所村庄里的学校。孩子们围坐在课桌前，每人面前都有一台联想 Chromebook。屏幕上，老师通过 Google Classroom 向他们展示地球的卫星图像，讲述大洋彼岸的风土人情。

2024 年 4 月份，我们拿到了萨尔瓦多的一个教育大单，直接让我们在拉美的市场占有率从 30% 左右提升到了 70%，使我们在拉美市场占据了领先优势。

## 联想的出海方法论

1984 年，联想诞生于中国中关村的一间简陋办公室，距今整整 40 年。

2023/24 财年，联想的营业额达到 4047 亿元人民币，接近 80% 都来自海外。联想的业务遍布全球 180 多个国家和地区，是全球市场中不可忽视的力量。

我还记得联想集团董事长兼 CEO 杨元庆的话："出海是联想做过的最正确的战略抉择之一，甚至可以说，如果没有改革开放，如果没有全球化，就没有今天的联想。"

2024 年，联想也推出复盘全球化方法论的著作《出海》，以商学院模块化框架呈现中国企业出海历程中的十大关键问题。

聚焦到联想 Chromebook，我们的全球化之路大致分为三个阶段：第一阶段是北美市场，第二阶段是欧洲和日本等成熟市场，再之后是拉美地区和印度等国家。到今天，联想 Chromebook 已经在全球实现多点开花。

在我看来,联想在做全球化时主要关注三个重点,分别是搭班子、定战略和带队伍。

首先是搭班子,在做任何事上"人"都是很重要的。具体到全球化上,我们需要有本地化的团队,这能帮助我们更好地理解不同地区在语言、文化和市场上的差别。

不同地区的客户往往对产品的关注点有很大差异:北美地区的客户更多关注产品的体验,譬如屏幕是否改善、电池续航是否加强、哪些设计可以提供更好的服务等;欧洲有20多个国家,每个国家的需求可能都不太一样,需要讨论很多本地化方面的内容;日本的客户对产品的可靠性要求特别高;拉美地区的客户最关注价格,比如怎么让产品再便宜五元。

第二是定战略,联想出海会选择健康的、可持续的业务。我们可以看到,现在一些企业可能会通过低价来抢占海外市场。在我看来,这类业务是难以持久的,因为需要不断地输血,同时也更加惧怕政策风险。

第三是带队伍,这既包括我们的团队如何与联想在全球的销售团队和支持团队合作,也包括我们要团结所有能够团结的合作伙伴,以此做到互相成就。

以联想 Chromebook 团队和谷歌为例,我们建立了非常好的信任关系。联想和谷歌共同成就,一同建立联想品牌的 Chromebook 的生态。

对其他厂商而言,他们的 Chromebook 只是一个分散的附属业务,而联想 Chromebook 业务是一个集中的事业部,这使得我们在谷歌那边有更高的话语权,可以帮助谷歌完成一些他们团队看重的事情。

## AI 和企业市场是未来的增长点

如今的联想，已步入不惑之年。但是杨元庆也提到，我们立志要成为一棵常青树。联想的第五个十年已开启，AI（人工智能）将重塑联想的所有业务。

从我这边的业务来看，无论是在北美还是拉美，联想 Chromebook 的成功都不仅仅停留在硬件的竞争上，而在于我们始终坚持"创新技术服务用户"的理念。

当前，全球都处于 AI PC（人工智能电脑）的浪潮之中，我们也和谷歌进行了深度合作，将他们的 AI 技术引入联想 Chromebook 中。

目前，联想 Chromebook 拥有的 AI 功能主要包括：AI 自动化管理功能简化教育和企业用户的任务流程、提升效率；AI 节能技术延长设备续航、满足远程教学与办公的需求；AI 学习助手帮助学生个性化学习，让课堂更具互动性与趣味性。

虽然现在的 AI 还不够智能，但是我认为，AI 有望彻底改变用户体验。当真正的 AI 出现时，用户不再需要与 AI 进行对话，AI 就可以完成任务。

未来，联想 Chromebook 将不仅引入谷歌的 AI 技术，还会引入联想在 AI 方面的能力，并深度集成在产品的全系统中。

除了 AI，联想 Chromebook 的另一个增长点则落在企业端。

当前，Chromebook 的主要市场还在教育端和消费端。在企业端，很多用户还在使用 Windows 系统的电脑，甚至在一些银行里还在使用更早期的 Windows XP 操作系统的设备。因为他们的设备管理系统和业务管理系统建立在旧的系统上，重新更换的成本较高。

相比之下，谷歌的 Chrome OS 系统更强调安全性，再加上我们持续整合 AI 技术赋能 Chromebook，2025—2026 年，我们将有可能进一步打开企业端市场，迎来联想 Chromebook 的第二条增长曲线。

## 联想懂的通信方冠玉：以"向新力"助力车企出海 构建阳光海湾文化[①]

2025 年，我们迎来了联想懂的通信（下称"懂的通信"）的十周年。

十载岁月，我有幸见证并参与了懂的通信的成长历程。每一次技术突破，都是我们对未知世界的勇敢探索；每一次市场征战，都是团队精神的生动诠释。我们见证了行业的变迁，也书写了自己的故事。这背后，是每一位参与其中的小伙伴夜以继日的努力，是无数次跌倒后又爬起的坚韧，更是那份对梦想永不熄灭的热忱。

而我，也从一个略带青涩的"90 后"职场"菜鸟"一步步进入到公司的管理层。怀着无尽的感慨，我想翻开记忆的相册，穿越岁月的长廊，回忆我们曾经乘风破浪的那些年……

### 出发路：深嵌联想全球化基因

"懂的通信"自诞生那一刻起便注定不凡。

我加入公司的时候，懂的通信刚成立半年，如初生儿一般。它诞生在一个拥有深厚国际化底蕴的家庭——"联想"。联想用自己 20 年的海外征战经验，铺设了一条通往世界的道路。联想不仅教会我们如何在风雨中屹立不倒，更将全球化的基因，烙印在我

---

① 联想懂的通信副总经理方冠玉口述，洪小棠整理。

们的血脉之中。

懂的通信诞生的那一年，恰逢智能物联网时代的重要起点。生逢其时，重任在肩。公司被命名为"懂的通信"，意味着智能，同时又比智能多了一些温度。

从那一刻起，懂的通信就被赋予"成为全球领先的智能物联网服务提供商"的愿景。我还记得，公司成立没多久，就有好多外国客户到北京的联想研究院交流，尝试洽谈国际化业务。我们知道，懂的通信的舞台不仅仅局限于这片熟悉的中国热土，而是广阔的全球市场。

2016年10月27日，公司刚满一周岁生日。那时候还在市场部的我参与策划了周年庆典。那天，我们对外发布了懂的通信全球战略。工信部、中国移动、中国联通、德国电信、AT&T（美国电话电报公司）、和记电讯、西班牙电信、沃达丰、Jasper、爱立信、捷德、金雅拓、微软、高通、爱奇艺等来自世界各地的运营商及科技巨头齐聚一堂，为我们的全球化战略站台助威。我们充满豪情壮志地许下心愿："懂的通信将通过40个月，在全球范围内汇接40家优质运营商，联合100家视频等增值服务及生活服务商，覆盖160个国家，发展5000万用户。整合全球运营商资源、设备资源及增值服务资源，与合作伙伴们打造一个全球化智联平台，共同创造人类的智能生活……"

现在回过头来，当年看来多么不可思议的愿望，我们竟然一一实现了。

2017年初，在巴塞罗那这座古老与现代交织的城市里，MWC大会（世界移动通信大会）如期而至。在那场全球通信行业的盛宴上，懂的通信和联想携手，首次站在世界的舞台，展示了公司最新的技术成果与全球化布局，并发布了全球首款内嵌eSIM（数字版SIM卡）服务的笔记本。在世界的注视下，我们正式开启了全球化征程。那一刻，我们心潮澎湃，坚定朝前。

懂的通信常被外界称为"海二代"，因为我们的母公司——联想在全球有66个国家的分支机构，在166个国家都已开展了业务。同时，联想在世界各地还拥有18个研发基地和30多家制造工厂，甚至其75%以上的营收都来自海外。不可否认，这样的全球化布局，不仅让我们拥有了更加广阔的视野和丰富的资源，也让我们在面对国际市场的挑战时，能够更加从容不迫、游刃有余。

然而在长路漫漫的摸索中，我们也越发清醒地认识到：在智能物联网领域，必须构建自己的核心网和技术平台，才能在激烈的市场竞争中脱颖而出。基于全球领先的 SDN（软件定义网络）架构，我们立志超越美国软件提供商 Jasper 公司，打造中国自己的物联网连接管理平台，并以"开放包容"的核心理念，自研自建核心网及全球物联网智能管理 CMP 平台（智能连接管理与服务平台），以帮助企业灵活、统一管理出海的连接设备。

这一路上，我们不断突破自我，挑战极限。

为了打磨出真正符合用户需求的产品和服务，我们走遍了世界各地，与合作伙伴和客户深入交流。从美国特斯拉总部的高端会议，到某客户车企狭小办公室里的深夜讨论，每一次的走访与交流，都让我们更加坚定了将智能物联网平台推向全球的决心。我们始终坚持以客户为中心，致力于为客户提供全球领先的智能物联网服务。也正是这份初心和使命，支撑着我们不断前行，跨越一个又一个难关……

## 破局路

而今，懂的通信全球服务连接数已经超过了 7000 万个，也就意味着，全球已经有 7000 万个智能设备在使用我们提供的服务。

其中，海外占比达到了20%。

2019年底，我刚到广州负责南区的车联网市场。那一年，是很多新能源车企最艰难的一年，虽然彼时公司已在车联网领域获得了不少成绩：签约了50多家车企的网联服务，并且拥有80%新势力造车的市场份额，然而，越来越严峻复杂的市场环境，以及愈发"内卷"的行业趋势，让我们意识到必须寻求一个新的突破口。基于公司与生俱来的全球化基因，我们自然而然地把目光投向了海外市场。

欧洲，是我们出征海外的首站。

由于当地各国政府的补贴政策和排放法规，新能源汽车的渗透率呈几何式增长，欧洲也因此迅速成为中国新能源车企布局海外市场的战略制高点。汽车出海依旧受限于欧洲消费文化和贸易规则，比如欧洲的GDPR（通用数据保护条例）、强制安装eCall服务（车载紧急呼叫）、卡体检测清关等，这些对于刚开始出海的新能源汽车来说，都是不可避免的门槛。车企急迫的出口需求和初来乍到的陌生，都加剧了当时所有人的焦虑。

为保障汽车海外连接的合规性与安全性，我们花费大量时间精力去研究各地区不同的政策要求，帮助车企完成电信认证与数据安全等工作，并做好当地云网部署服务，确保服务合规且通信稳定，为智能车联服务的安全、高效、可靠运行保驾护航。

同时，为了帮助车企能更快速地"走出去""走进去"，在联想集团的大力支持下，我们申请了欧洲的虚商牌照，并在海外成立了子公司，组建当地服务团队。联想集团也提出"ONE LENOVO"（一个联想）的全球化战略，号召全球的兄弟姐妹们互相帮助，于是我们当地的团队又快速地和海外兄弟公司形成了紧密协同。紧接着，我们又进一步与当地法律法规咨询团队合作，逢山开路、遇水架桥。

然而，出海之路并非从此便一帆风顺，或者说，这只是刚刚开始。2020年，新冠病毒感染疫情突至，几乎全球静默。而这时候，大量新能源汽车正停在港口准备运输到海外。由于疫情，国内外物流受阻、人力短缺，工厂几度停工，少一个零部件车就没法出去，而车晚一天出去，车企的成本就多增加一天……面对横亘在眼前的巨大障碍，我们组织各部门加班加点，联动合作开展服务接力，通过最佳方案减少国际物流的不确定性，全球的小伙伴们谁没倒下谁顶上，物流停滞我们就自己坐飞机送，跑腿没人跑，我们就自己做好检测消毒，守在海关门口，争分夺秒地完成交付。

2023年，受土耳其地震影响，我们的一位车企客户受到当地供应链影响，临时找到我们"救场"，要求一个月内完成交付。如此紧急而又艰巨的任务，在整个行业看来都是不可能完成的。当地地震，交通管制，我们在国内是限制前往的。这时候，我们紧急号召海外各地的兄弟公司，与当地合作伙伴沟通调用资源，最终顺利完成交付。这背后，离不开联想集团在当地几十年的耕耘与积累，也离不开我们这个团队始终为客户服务，帮助客户成功的初心。

随着欧洲市场的稳健发展，我们又把眼光投入更广阔的世界范围，在北美、中东、东南亚、大洋洲等多地区设立子公司，通过深度合作当地运营商资源，组建本地团队，顺延着中国汽车的布局，织就了一张遍布世界的连接脉络。

2023年，大量车企继在欧洲落地之后纷纷前往东南亚和中东开拓市场。当时，在泰国当地建厂的中国车企，有一半以上都选择让我们来为他们提供当地的连接服务。大概由于东南亚离中国更近些，企业对服务及时性的期望值更高了。但泰国人经常挂在嘴边的一句话是：崽音音，麦东丽（中文意思是：慢慢来，别着急），急迫的市场需求与不紧不慢的生活习惯一开始难免发生摩擦。

百花齐放的出海元年，谁先出去谁就能先占有市场。于我们，又是一次与时间赛跑的任务。幸运的是，我们早在前期便做好了准备。在泰国曼谷，我们的团队从建立之初就与当地运营商建立了信任关系，加上当地运营商 True 的第一大股东——正大集团，一直与联想集团有很好的合作关系，于是我们充分发挥组织的力量，帮助长安、广汽、合众等多家车企顺利走进了东南亚市场。

犹记得，刚开始给长安深蓝汽车搭建 IPsec（互联网安全协议）私网专线的时候，原计划是至少需要两个月完成。最后通过我们与当地合作伙伴的共同努力，在两周内便完成了搭建。True 的小伙伴甚至说，这个速度创造了他们有史以来的最高纪录！谁能想到，这背后是我们每天和合作伙伴们一起工作到凌晨两点多，开会开到嗓子哑了也来不及喝口水；是为了能满足客户的交付，我们到泰国 True 的总部，提出这个在当时看来甚至有些无理的需求时，正大集团的高层因为我们的诚恳与努力，竟告诉他的团队："不是要尽力做到，而是必须做到"……后来，长安深蓝还特地写了一封感谢信，肯定了我们在深蓝汽车服务于泰国乃至全球用户中的杰出贡献。

你们知道吗？2024 年 11 月，我带家人到泰国度假，落地后，在 Grab（网约车平台）站点，看到了令人震撼的一幕：广汽埃安的汽车正浩浩荡荡地陆续到达站点，接送着机场的游客；街上随处可见深蓝、比亚迪等品牌的汽车；在暹罗商场里，和劳斯莱斯、阿斯顿马丁、保时捷专卖店一起的，还有阿维塔专卖店……"这是比亚迪，这是广汽埃安，这是长安的深蓝、阿维塔、哪吒……"我自豪地向家人们介绍，告诉他们这些都是我们的客户。我还对几名网约车司机进行"访谈"，发现他们对中国汽车品牌赞不绝口。那一刻，我真切地感受到中国汽车品牌正在世界的舞台上绽放，也为我们一直在致力于推动智能网联汽车全球化发展感到骄傲。

作为丝绸之路的重要组成和关键节点，中东一直是中国车企走向全球化不可忽略的市场之一。经历3年疫情后，沙特阿拉伯这片土壤受到众多中国车企的青睐。为了帮助中国车企走进中东市场，我们成立了"七剑项目组"，由我担任项目组组长，带着团队前往中东寻找当地合作伙伴。在我的印象中，沙特阿拉伯是一个神秘的宗教国家，我对业务的开展心怀忐忑。

这个世界总是充满了惊喜。我刚到中东时，我们的兄弟单位——联想集团中东非的负责人热情地接待了我们。当他问我们需要什么帮助时，我们提出希望能找到当地运营商并与他们建立良好的信任关系。这时，摩托罗拉的兄弟便自告奋勇地帮着我们联系他一直在合作的运营商朋友，帮我们写邮件和当地几家运营商预约会议时间。接下来的几天，他们顶着炎炎烈日，带着我们走访了当地所有的主流运营商，用当地的表达方式替我们表达了合作的意愿。有了他们的背书，我们很快便与当地合作伙伴建立了信任和合作。我很感动，不知道该如何感谢他们，他们却说："不用客气，因为我们是 ONE LENOVO……"

从欧洲到东南亚再到中东，我意识到：每个地区及国家，都有其独有的规则制度及文化环境。我们必须打破原有的思维惯性，设身处地去研究、感受不同的人文、市场、法规以及资源环境，从而了解和尊重他们的规则，让出海展业更加通畅。这当中，我感觉到最大的拉扯，是中国正处在高速发展追求效率第一的阶段，大多数中国企业都非常拼，加班加点是常态；而海外的文化氛围更推崇 Work Life Balance（工作和生活的平衡），如果你们只是工作上的关系，基本下了班或者假期就很难联系上对方。在合作推进的过程中，为了帮助中国车企顺利落地，我们齐力打通海外多地运营商资源，每个地区都派驻了一支专职团队负责当地服务，一边及时响应海外需求，一边联动对接国内资源。

经过长期的摸索与积累，公司已经合作了上百家运营商资源，为多家知名车企如比亚迪、奇瑞、长安、广汽、东风、蔚来等提供海外服务，成为海外车联网服务的先锋品牌。截至目前，全球累计有超过 500 万辆车正在使用懂的通信打造的智能车联云平台服务；海外车联网累计服务近百万辆车，并在中国（含港澳）、中东、东南亚、北美、日欧、澳新等全球 60 多个国家和地区开展了相关的业务。

## 结语

正如联想集团董事长兼 CEO 杨元庆所言："作为中国企业，'走出去'是我们开拓海外市场、提升企业竞争力的有效路径。但仅仅'走出去'是不够的，还需要加速'走进去'和'走上去'。"

在这条新航路上，我们携手并肩，以"向新力"为帆，共同构建着属于我们的阳光海湾文化：从广州南沙的全球总部，到巴塞罗那的欧洲总部，再到曼谷的东南亚总部，我们的足迹将遍布全球各大海湾，用温暖和阳光照亮每一位奋斗者的心灵，让安居乐业不再是梦想，而是我们共同的现实。这份归属感和凝聚力，是我们自驱力的源泉，引领我们驶向更加广阔的蓝海。

在时代的洪流中，我们既是见证者，也有幸参与其中，借助时代的机遇推动行业的发展，也成就自我。

前方的道路依然漫长且充满挑战，市场的变幻莫测、文化的差异与冲突、技术的更新换代……这些都曾让我们备感压力。我们意识到，要真正融入全球市场，必须先让思维跨越国界。

回望过去的 9 年时光,我们的全球化布局正日益完善,我们的智能物联网服务成为车企出海的重要助攻,我们的合作伙伴与服务客户遍布全球……

作为智能物联网时代的产物,我曾调侃:无论 3G、4G、5G 乃至 6G 时代,市场中一直有三股潮流同时涌动,即:"洋玩意儿"国产化、"土玩意儿"智能化、国产智能"玩意儿"全球化。在未来的日子里,我们将继续携手同行,持续加大研发投入力度,以 AI 赋能,推动技术创新与产业升级;深化全球化战略,与全球合作伙伴一起拓展更多海外市场,共同打造更加完善的智能物联网生态系统。

恰同学少年,风华正茂,书生意气,挥斥方遒。十年,将成为我们的新起点,让我们一起去探索未知、突破自我、拥抱变化,连接世界,迎接下一个十年。

# 中国移动樊劼焕：把新基建带到巴基斯坦[①]

2024年5月，我刚来巴基斯坦就发现一个现象：这里各地区网络发展很不平衡，特别是在边远地区，通信服务尚未全面覆盖，仍有很多人在使用功能机。而在城市中心地带，越来越多的人用上智能机，一些企业和家庭用上了宽带服务，进行邮件收发和办公系统操作，还广泛使用智能手机。同时，很多企业和组织正与国际接轨，将先进的信息化应用引入生产和管理。

我在中国移动集团工作了11年，又到山东的省公司和市公司工作了11年，在2024年由中国移动总部政企事业部外派到巴基斯坦的辛姆巴科（CMPak，China Mobile Pakistan）。这家公司是在中国移动集团落实国有企业"走出去"发展战略的背景下诞生的。在这里，大家用10年时间实现了4G用户从0到4000万的突破，2024年还向政府和企业组织普及4G网络的数字化业务。

当下，巴基斯坦整个社会正从消费互联网向工业互联网转型，企业和组织一定会爆发出大量的通信和信息化需求。这正是中国移动为巴基斯坦提供新基建，输出信息化能力的好时机。

曾经，我们见证了中国企业信息化的深刻变革，现在也正目睹巴基斯坦企业在这条道路上取得的进步。

---

[①] 中国移动辛姆巴科公司集客部副总经理樊劼焕口述，沈怡然整理。

## 扎根当地

辛姆巴科是由中国移动2007年收购的巴基斯坦巴科泰尔（Paktel）公司整合而来，最初这家公司仅有150万客户。后来我们推出了第一个商业品牌ZONG，用的是汉语拼音的ZHONG，由于当地人发不出翘舌音便改为ZONG。按照当地人的习惯和需求，为他们服务，这就是我们的初衷。

回想2014年，为了扎根在此地，我们向政府拍下当地第一块4G牌照。大家当时的判断是：4G网络一定会普及，先推出4G服务的运营商，能先获得规模效益。

巴基斯坦的人均GDP只有中国的1/10，人均消费能力处于低位，行业ARPU（Average Revenue Per User，每用户平均收益）仅为0.92美元，全球倒数第三。本地的通信基础设施起步较晚，城市与农村之间的网络服务存在很大的落差。大部分通信运营商都是按需覆盖的，往往优先服务人口密集和消费水平较高的地区。普通老百姓打电话和用网的需求还有很大的提升空间。

10年前，这里有很多地带没有网络信号，尤其在经济条件差或者较为偏远的地区，手机和固定电话并不是人们生活的必需品。很多人使用功能机，只有消费能力高的人才能买得起智能机，并按月购买套餐。很多人的习惯只是按需给手机充点话费，而非习惯性地每月付费。通信运营商通常只以周和天为单位推出话费和流量套餐。

拿到4G牌照后，大家开始选址规划，大规模建设4G基站。在巴基斯坦很多地区的大街小巷，或是偏远村落，都能看到辛姆巴科员工的身影。

一批同事在前线挖地沟、埋电缆、建基站；一批同事在基地分析哪里有机会，哪些是人口密集区、高需求地区，测算不同地区的收益率；还有同事去各地与地方政府、社区领袖以及土地所有者谈判协商，拿下更多施工地段的审批和经营权。

随着用户群的扩大，有些住户或者企业主动找到我们，要求建设基站，甚至提出和我们一起投入建设。这些客户的消费水平相对较高，非常看重我们的响应速度和服务能力，这令我们非常欣慰。

到 2023 年，我们建成 1.5 万个 4G 基站，用户规模超越几家友商。到 2024 年，我们的 4G 用户接近 4000 万，总用户规模即将突破 5000 万大关，我们在本地四大通信运营商中位列第二，拿下了 25.9% 的用户份额。

## 危机与转型

巴基斯坦人口超过 2.29 亿，是世界上人口增长率最高的国家之一，同时这也是一个年轻的国家，70% 的人口年龄在 35 岁以下。

在 2024 年，我们也产生了一些危机感。当我们的业务终于得心应手时，整个市场也面临饱和。巴基斯坦的移动手机用户为 1.93 亿，渗透率已经高达 87.67%。我们迫切需要寻找新的增长点。

当下的巴基斯坦，让我想起了 2014 年左右的中国。企业和组织开始进行基础网络建设，积极使用电子邮箱、企业 OA（办公自动化）、ERP（企业资源规划）等各类办公软件和管理系统。当时，4G 网络和智能手机快速普及，流量成为人们的主要需求，办公和娱乐活动逐渐向手机转移。随后，企业、政府为了提高生产和管理效率，开始整合应用，推动生产和办公的电子化、数字化。电子支付、电子商务大规模普及，视频监控、自动闸机、人脸识别等成为安全管理的重要手段。

不管是政府还是企业，大家开始全面借助互联网进行办公、生产和交易，把业务数据传入云端，并逐步开发了一套系统化的流程，进入信息化的启蒙阶段。

我判断，当下的巴基斯坦就像10年前的中国。但是这些企业和组织是谁呢，市场会在哪里？为了寻找答案，我们针对当地政企的信息化水平和实际需求做了一次大规模的摸底调研，把潜在用户群体划分成12个行业：IT（信息技术）、金融、中资企业、媒体、教育、旅游、服务业、商业批发、食品、运输、健康医疗和能源。

按照行业划分，将个性化的需求归类，其中IT行业和金融业是信息化转型需求最多的。我们还发现，最为特殊的一类客户是中资企业，既有央企国企，也有民营企业和私营企业。有实力进入国外市场的，均是各行业的翘楚，这些企业依托中国的技术基础，普遍资金实力更雄厚，更理解信息化，需求也更强烈。

没过多久，一些客户发出了招投标的信息。我们积极应标，发现其他通信运营商也在现场，看来行业判断一致，我们必须加快节奏去联络客户，展开新的竞争了。

企业要实现信息化的改造，首先得上云。2024年上半年，我们花费了1000多万元在巴基斯坦总部办公地附近建设了一座云计算数据中心，这是中国移动出海建设的第一个公有云平台，项目还没完工，就获得了十几个意向客户，他们将租赁我们的云服务。

中国的信息化经历了三个阶段。第一阶段是基础设施搭建与信息化启蒙，企业和组织进行基础网络设施的建设，引入各类办公软件和管理系统，极大地提高了工作效率；第二个阶段是深化系统集成与信息化应用，孤立的信息系统开始整合，各种信息化系统的集成应用，极大地推动了业务创新和管理升级；第三个阶段是智能化与信息化融合创新，随着大数据、云计算、物联网、人工智能等技术的发展，企业开始利用新技术实现业务的智能化转型，提升决策的科学性和运营的精细化。

巴基斯坦企业正处于第一阶段，不过，他们的表现会有所不同。一些资金雄厚、思想超前的企业可能会紧跟欧美和中国的步伐，达到比较先进的信息化水平，特别是一些制造业和能源行业。国内的这些产业已经有很丰富的转型经验，我们作为供应商也形成较为成熟的产品和方案，巴基斯坦企业可以直接拿来用，转型速度更快。

而一些小型企业，如果订单少，客户不变，他们可能没有太多动力去提升信息化水平，会一直维持在较低的信息化水平上。

中国移动集团派来19名政企业务的专家进入辛姆巴科，其中4人是公司管理层，其他15人分布在市场、政企、网络、计划、财务、IT等部门。我们最近的任务是瞄准第一批客户打造出样板工程，尤其是12大客户群体里的中资企业。目前，我们已经谈下了葛洲坝在当地的全流程信息化项目。

我们在提供云服务时，也将国内的成熟产品进行了本地化改造，包括操作界面、操作语言的改造，以适应当地的文化风俗和使用习惯。

政企市场和个人业务最大的差别在于，客户是各行各业的企业组织，他们是经过层层决策的理性消费者。所以，在改造的过程中，我们不能让成本太高，价格要做到让客户能接受。这对团队的能力是一个考验，当然，集团也会给予一些补贴和支持。

不论是老百姓使用的移动网络，还是企业使用的宽带网络，中国运营商的建设步伐都是领先于全球的。当海外很多运营商还在选择性地建设5G时，中国已经大面积推广5G网络方案。我们出海到巴基斯坦是发生在中国企业"走出去"，服务共建"一带一路"的国家的背景下，大家希望把国内的销售经验、先进的技术和产品引入巴基斯坦。

所以，出海并不是简单的产品出海和服务出海，更是一种包含先进管理经验、思维能力的出海。企业的信息化升级也不仅是办公联网、业务上云那么简单，而是一次管理思维、业务模式的深刻革新。

比如，企业主要用数据来驱动决策，就要改掉依赖经验和直觉的决策方式；当企业利用信息技术来捕捉和收集市场数据，决策和调整周期也要更快更灵活；当各部门实现了信息的集成和共享，很多烦琐流程、部门之间的保护主义和信息孤岛也需要打破。诸如此类，很多变革都在企业内悄悄发生，让企业的文化更健康、更文明，让企业更有机会创新。

# 阿里国际站张阔：AI 在让世界变小，让外贸人的机会更大[①]

我是张阔，服务阿里国际站已经 7 年了。请容许我先介绍一下我们的 B2B（Business-to-Business 的缩写，是指企业与企业之间通过专用网络或互联网，进行数据信息的交换、传递，开展交易活动的商业模式）出海业务——毕竟对大多数人来说，B2B 还是离日常生活挺远的一件事儿。

这是阿里巴巴在 1999 年创立时的第一个业务，至今已有 20 多年，从始至终做的都是 B2B 出海这一件事。最开始这个业务的想法非常简单，就是帮中国外贸企业把自己的产品、工厂等信息放到网上，让全世界更多采购商看到，或许这就能撮合成商机，企业不用出门跑客户，在网上就能接到来自全球的订单、谈成跨国生意。

就是从这样一个简单的点子开始，外贸企业逐渐习惯了线上接单、沟通，但随之又有新烦恼：开始担心收款、物流等履约问题。于是我们尝试提供"信保交易服务"，它跟大家每天网购都会用到的第三方担保交易很像，但在跨境贸易领域真要做起来则非常复杂。

通过几年的摸索，信保交易服务终于跑通并被商家广泛接受，到现在，阿里国际站信保服务一年保障的订单数量已经超过全球传统上常用的信用证订单总数。

---

[①] 阿里巴巴国际站总裁张阔口述，钱玉娟整理。

可能最开始谁也没有想到，这个平台有一天能服务全球5000多万的企业买家，平台上的外贸企业可以一起创造超过500亿美元的商品交易总额（Gross Merchandise Volume，以下简称GMV）。更重要的是，这个20多年的业务还在保持快速增长，2024年12月的数据是，阿里国际站GMV同比增速达到30%。

我想这个平台能始终保持活力，很大程度是因为赶上了一个风起云涌、一轮接着一轮的出海大时代。在阿里国际站创立时的1999年，我国民营企业出口额占整体的比重只有1%，现在这个数字已经超过60%。是一代代出海的企业家创造着活力、推动着变化。

我们平台也是在服务这样一群敢为天下先的企业家的过程中，不断尝试解决外贸企业遇到的难题：从最初的黄页拓展成涵盖交易、物流履约的综合数字外贸服务平台，再到现在推出全流程AI外贸服务，更深入地整合供应链、更纵深地运营各个国家的市场……

在2024年末这个时间点，出海已成为所有企业破除"内卷式"低质量竞争、寻求高质量发展的共识。这也意味着新的需求和挑战：纷繁复杂的海外市场环境、汹涌而来的AI技术浪潮，当然也孕育着进一步创新突破的机会。

**全球市场对中国供应链的热情**

2024年，我花了很多时间到海外各个市场走访，感受当地的市场氛围，也去看看全球贸易的新机会。这一年走下来，我对海外的需求有了全新的认知，更让我对中国供应链充满信心。

记忆最深的是9月阿里国际站在美国"展会业之都"拉斯维加斯举办的那场面向海外买家的峰会CoCreate，火爆程度超乎预期，现场挤满了2400位来自美国乃至全球各地的中小企业主。

要知道，来这场峰会是需要中小企业主自己买门票、机票的，平均来一趟的成本就得小一千美元。即便如此,只要会场再大一些,人数一定还会更多。

他们来的目的也很明确,就是想知道怎么跟中国的外贸平台以及平台上的企业合作。我在现场碰到一个美国创业者罗恩·威廉姆斯（Ron Williams）,他创立了一个健身器材品牌,每年差不多是上百万美元的销售体量。罗恩·威廉姆斯是从美国印第安纳州当地的贫民窟走出来的,做过健身运动员,拿过健美冠军,后来创业就是用自己的健身经验设计独特的健身器材。他告诉我,创业的时候发现只有阿里国际站上的商家能按照他的设计去打样和生产,而且质量和时效都能得到保障。

最终,他的品牌就是靠着阿里国际站上的中国外贸企业建起来的。他觉得,人一生中有两个朋友就足以改变人生,一个企业家拥有两个可靠的合作方,就足以改变生意,而阿里国际站上有几十万足以改变生意的中国外贸企业。

整场活动,买家投诉最多的地方居然是觉得我们带去参会的中国供应商太少了。别看这些供应商只是主会场论坛的一个补充,结果他们带去的所有商品被一扫而光,有的甚至连样品都没剩下,这让论坛几乎变成"半个贸易展"。

我不但被现场全球买家的热情震撼到,更深深震撼于全球中小企业对中国商家、中国供应链的热情和需求。这份热情和需求并不会因为一些外部的变化而轻易转移,而将随着服务和运营的深入、线上交易履约的便捷以及 AI 技术的加持而变得更加旺盛——这也是平台希望为外贸企业做的。

**深度的供应链整合将带来增长空间**

全球贸易的链路漫长而复杂,我前面提到的信保服务还只是简化链路的第一步。

我们核心的贸易类型有三种，分别是以定制为主的一般贸易、快速增长的现货批发业务和新兴的海外仓模式。目前我们正在围绕不同的贸易类型定制从资金服务、物流履约到售后保障的完整交易方案，并且逐步完善。

在这个过程中，我们还围绕全球不同市场的多元化需求与不同行业的特性进行更精准地投入和能力建设。

比如欧洲市场，2024年12月以来，阿里国际站平台显示，欧洲是增速最快的市场之一，支付买家数的增幅接近40%。欧洲市场对资质的要求较高，我们为此更精准地挖掘、匹配相关产品，这带来了快速增长。比如在法国市场，服饰、箱包、鞋靴等行业保持了超高的增速，支付买家数增幅均超过100%。

在传统外贸市场美国，当地零售商也在加大"囤货"力度。在阿里国际站上，美国市场的所有行业全部在上涨，其中服饰、消费电子、美妆等日用品以及汽车零配件增速最快。

与此同时，亚太、中东、拉美等更多市场的客户也在快速转向通过阿里国际站采购，我们会瞄准当地基建潮带来的机械设备采购爆发的机会，推动更多机械设备企业把产品卖往当地。像墨西哥这样当前快速增长的市场，我们也匹配相应的需求，推动消费电子、服饰、汽车零配件等商品的采购量快速上升。

不同的国家，再对应上不同的行业，构成了全球极度丰富的需求，同时也意味着外贸的巨大增长空间。这恰恰是中小企业能发挥自身灵活优势的最佳领域，也构成了当前出海的最大机遇。

就我所看到的，我们各个产业带都在基于丰富的供给形成供应链创新，这正成为出海贸易快速增长的新动力。平台在做的是根据各种国家与行业的特性，实现纵深突破与整合，定制专门的交易解决方案。这将让巨大的需求得到进一步满足，也让中国外贸企业更便捷地获取生意增量。

## AI 改变全球贸易

生成式 AI 是最近两年科技行业最大的变量。参加任何一个海外的线下峰会，AI 一词基本都会贯穿始终。当下 AI 的发展有一个越来越清晰的方向，就是"应用为王"，要用 AI 真正解决实际问题。外贸恰恰是 AI 最好的应用场景，因为这是一个每天都要处理多市场、多语言、多时区、多文化问题的行业。

2024 年，我们围绕外贸企业的经营链路，推出了全流程的 AI 外贸产品。该产品想解决外贸的四大难点：发布商品、沟通接待、营销、合规风控。通过 4 个 AI Agent（人工智能体）为卖家提供生意的"辅助驾驶"，让外贸生意变得更简单。

在我们看来，AI 能为外贸企业解决三类核心问题：

首先是基于更大规模、更实时的数据来提升供需匹配：AI 能用更丰富的数据和推理能力生成更符合海外市场需求的产品、素材，同时 AI 还能更快速、更全面地挖掘和总结全球市场趋势，解决外贸企业在产品选择、市场选择上的难题。

其次，AI 会以 Agent（智能体）的形式成为重要的数字化生产力，相当于每个企业都能获得一名数字化员工。它们将更擅长解决一系列数据驱动的、烦琐的任务。这类任务如市场营销投放、接待客户等：在投放过程中，AI 能更精准全面地分析市场、关键词，带来更有确定性的 ROI（投资回报率）；在接待中，AI 不仅是零时差回复，更能直接接入专业知识库，回答的准确度和专业性更高。

最后，AI 能帮助外贸企业全面地理解自身所处的行业、市场，乃至企业的经营情况：比如 AI 风控 Agent，就能结合全球市场上快速变动的法律法规、贸易政策、产品标准，快速提示市场风险点。

截至 2024 年 10 月底的数据显示，我们的 AI 产品在全球范围内共服务了 6 万个活跃商家，他们使用 AI 产品发布的 700 万件商品中，线上的成交转化率直接提升了 52%。另外，买家、卖家之间也通过 AI 实时接待或辅助接待等功能实现了多达 2000 万对沟通数据，买家二次回复率提升了 26%。

对外贸人来说，生成式 AI 会是一个极好的助手，它当然不会取代人去完成所有的事情，但可以帮助商家把经营效率提高到一个新的数量级。对新加入的商家来说，一个智能化的平台能为他们降低进入的门槛。

面向海外买家，2024 年，阿里国际站也在用 AI 重构全球买家的贸易采购体验。上线后一个月，就能看到买家从搜索到询盘的转化率提升了 30%，他们的需求被进一步满足。

区别于 C 端（Consumer，消费者端）消费者买东西的链路，在全球的 B2B 贸易中，买家的采购链条比较长，要考虑的问题极度复杂，比如要了解产品的细节、资质、起批量、运输方式、时效，不同批发量又有不同的价格。这对买家的要求非常高，也限制了买家数量的扩展。

我们面向海外买家的 AI 产品开始让全世界说各种语言的普通人、中小微企业，只要想创业、做生意，都可以用最简单、最直白的自然语言，跟 AI 提采购需求。AI 会解析需求、拆解采购步骤、推荐商品，最终落到具体的询盘沟通和交流中。

这样的变化，正在让全球贸易变得跟网购一样简单，更多以往只能做内贸的普通人也能参与。

目前，我们提供的 AI 产品也只是展现了构思中 10% 左右的能力，所有的产品都会伴随 AI 技术的迭代而快速演进。

我希望所有外贸人在不远的将来，会基于 AI 拥有新的能力。

全球贸易的门槛也能快速降低。可以想见的是，当世界变得更小，属于中国外贸人的生意增长机会就会变得更大。

## 让世界更小、生意更大

我们希望进一步走向全球，用来自中国的平台技术、贸易经验服务全球更多企业，让阿里国际站真正变成全球供应链。

2024年10月，我在SWIFT（国际资金清算系统）国际银行业运营大会上分享过一位埃塞俄比亚咖啡豆商家的故事。她是非洲的女性创业者达格玛维特·阿贝贝（Dagmawit Abebe）。原本受联合国国际贸易中心（ITC）邀请，可以在2024年6月登上"联合国中小微企业日"的舞台，向全世界展示自己的产品，可她却因无法获得签证，只能在线上参加。

当时我感触颇深，放在过去，一张小小的签证可能就阻断了一个创业者的全球贸易梦，但如今，即使达格玛维特·阿贝贝无法到场，像阿里国际站这样的跨境电商平台也能帮她用技术连通全球。

毕竟在全球的更多角落，还有无数的人，哪怕是在做全球贸易的企业家，也未必都能随时随地前往其他国家和地区与客户会面。这更让我们深感责任重大，希望通过数字化平台、AI技术更好地实现贸易平权，让他们也可以实现走向全球、卖向全球的梦想。

这几年，阿里国际站上无数商家的故事，都在给人以信心：无论是内贸转型做外贸，还是线下做了十几年外贸的工厂来做线上，甚至是刚刚毕业开始创业的新团队，在B2B出海的领域都能有自己成功的路径，条条大路通罗马。

祝愿每个人，都能在新技术的加持下，更便捷地实现自己的梦想！

## 京东马妍娇：在欧洲再造一个京东[①]

作为创立之初就加入京东旗下欧洲全渠道零售品牌 ochama 的员工，我想和大家聊聊 ochama 的这些年，以及我们如何逐步在欧洲市场扎根，迈向更广阔的未来。

现在的 ochama 已经走在正轨上了。我们在荷兰、德国、比利时、法国等 24 个欧洲国家上线了送货上门服务，为消费者提供包括食品、3C（计算机类、通信类、消费类电子产品）、母婴、美妆、家电等在内的全品类商品。

同时，自提模式的推广也让我们的服务更加灵活便捷。目前 ochama 在荷兰、比利时、德国和法国拥有数百个自提点和超 1000 个自提柜。除了中小商家、街边门店，当地领先的包裹服务商 Viatim 的线下网点、能源巨头壳牌的加油站等商家都加入了 ochama 的自提网络。

时间回到 4 年前，我们面对的情景截然不同。当时，新冠病毒感染疫情在欧洲蔓延。路边商店关闭，街面空荡荡，线下零售商纷纷向线上转型。对 ochama 来说，这是一个宝贵但短暂的窗口期。

我们几个人来到万里之外的欧洲大陆，希望将中国创新的线上、线下结合的全渠道购物模式带到欧洲，在欧洲再造一个京东。综合考虑文化、语言、当地的营商环境等因素后，我们决定以开

---

[①] 京东 ochama 商务拓展与战略合作负责人马妍娇口述，陈奇杰整理。

放度较高的荷兰为驻地，开拓欧洲市场。

  ochama 的初始团队虽然人少，但麻雀虽小，五脏俱全。既有具备信息技术背景的同事，也有专注采销的同事，而我则负责商务拓展相关的工作，包括门店选址及品牌建设等方面的内容。

## 从自营到开拓第三方自提点

  最初，ochama 尝试了自营的自动化仓库模式，开出了多家"超级仓店"。

  早期门店只陈列商品，顾客通过自动化设备提货，所有线上购物订单均由机器人在店内完成，这种模式在当地属于首创。

  然而，开业初期，我们就发现机器的稳定性有待提高，一旦出问题，会影响顾客提货。除此之外，自营门店从选址到开业周期很长、成本高，不利于长期发展。

  后来，ochama 开始开拓一些第三方门店作为自提点。第一家自提点是一家中餐厅。最初试点时，主要靠人工处理订单：我和同事建了顾客群，顾客在群里接龙下单，用 Excel 把下单的商品统计出来。第二天到货后，店员分拣出这部分商品，送到餐厅再通知顾客取货。

  2022 年 5 月，ochama 正式推出了第三方自提系统，以提升运营效率。我们也启动了首批自提点服务，涵盖了 20 多家商店，这些商店主要是由本地同事推荐的华人餐厅和奶茶店等。

  首批自提点上线后，我们团队意识到，这种模式不仅可以迅速扩大覆盖范围，降低"最后一公里"配送的高昂成本，而且对环境更为友好。同时，作为自提点的线下门店也能从中获得佣金和增加客流量。

  从 2022 年 9 月开始，我全力投入第三方自提业务中。

早期，ochama 开拓自提点主要靠地推。我们积极争取那些满足存储和卸货条件、便于顾客取货且商家配合度高的店铺。彼时当地人对京东知之甚少，碰壁是常态，我们与 10 家商家谈，大概只有 3 家能成为自提点。

开拓法国自提点的经历给我留下了深刻印象。我们当时选择了巴黎华人较为集中的区域，逐家对店铺进行拜访。

为了跟店主套近乎，我们会装作顾客，买杯奶茶或吃的。我记得第一天，吃了很多顿饭，喝了很多杯奶茶。"扫街"过程中，我一直随身带着宣传册，给店主展示荷兰自提点的情况，希望能说服他们。

两天半时间里，我们在法国跑了上百家店，开拓了 30 多家自提点，实现了之前定下的目标。在那之后，我们又将第三方自提业务拓展到了比利时、德国等地。

现在，我们在网上开启了自提点的商家申请通道。商家的申请数量有时已经超过了 ochama 业务发展的需求，因此我们提高了自提点的入驻门槛，对提货面积、营业时间等提出要求，希望给用户带来更加便利的自提服务。

## 全渠道模式落地欧洲

在经营过程中，我们发现自营自动化仓库、自提和送货上门服务等多种履约模式相结合更合理。一方面能提升供应链效率，另一方面能为消费者提供更实惠的价格。

对消费者来说，ochama 自提模式和配送到家模式可以互相补充。自提模式可以自行安排取货时间，避免长时间等待配送，通常也无须支付配送费用。配送到家模式更加方便快捷，无须出门即可收到商品，但可能存在配送延迟，且部分国家需要支付额外的配送费用。

此外，我们也探索出了多种创新的履约模式。例如，在开拓自提点的过程中，我们发现一些商家有合作意愿，但没有储存条件，无法做自提点。ochama 会将他们发展成拉新店，负责在当地拉新用户，并给予商家拉新佣金。

2024 年 7 月，ochama 在荷兰和比利时地区上线超过 1000 个自提柜。从我们的市场调研来看，相比自提点模式，自提柜模式操作更便捷，不需要商家维护，同时消费者可以 24 小时提货。

ochama 在荷兰超过 20 个城市推出了当日自提服务：消费者在早上 10 点前下单，当天下午就能到自提点取货，而且不需要额外支付费用。我们还在荷兰阿姆斯特丹大部分区域上线"小时达"服务，满足用户希望能够即时获取商品的需求。

与此同时，我们仍然保留了位于荷兰乌得勒支的旗舰店。这家店不仅是一座运营中心，也是展示 ochama 创新技术和品牌理念的重要窗口，向当地消费者传递了我们"优质正品，极速配送"的服务承诺。

ochama 的创新模式不仅表现在商业模式上，也体现在底层的技术应用上。

供应链始终是京东开展业务的核心优势。在中国，我们依托超过 1600 个仓库，覆盖数亿消费者的次日达和当日达服务。

现在我们正把这套体系复制到欧洲，服务更多消费者。通过在欧洲布局自动化仓库和区域配送网络，我们显著提升了履约效率。

2024 年 10 月底，ochama 启用了波兰自动化仓，这一仓库占地约 2.7 万平方米，连同位于荷兰、法国的其他 5 个仓库将辐射欧洲 24 个国家的订单的履约。波兰自动化仓建成后，我们在波兰地区的订单将全面实现隔日达，最快可以当日达，同时我们在德国的 48 小时履约率也提升到了 80%。

## 品牌建设任重道远

合规是中国企业出海绕不过的难题。为了更好地了解当地，我们曾每周组织读书会，大量阅读研究荷兰文化、政治制度和历史的书，听当地人的播客，参加各种行业分享会，不断学习新知识。

对 ochama 来说，从商品、仓库到门店，涉及经营、储存、运输、营销各个环节，细到包装的语言、宣传用语，我们都得提前了解。比如荷兰当地法律对酒饮类商品的促销折扣做了严格限制，不能超过七五折。我们曾经跟律所一条条地核对，梳理出需要提前准备的合规事项，再一个个把资质办下来。

相比国内，欧洲的消费者会更加看重企业在环境、社会责任和公司治理（ESG）方面的表现。因此，遵守法规，把控服务与商品质量，保持用户的长期信任至关重要。

具体措施是，ochama 遵循欧盟及当地法规，为产品提供完整的售后细则及质保政策，比如家电 180 天只换不修、30 天无理由退货等服务。此外，ochama 也注重在招聘方面做好本地化，我们新招聘的海外同事 80% 具有国际化的背景。

在 ochama 发展的过程中，我深切体会到，以用户体验为核心，不断优化产品、价格和服务是让品牌在市场中脱颖而出的关键。

在支付方面，我们不断拓展，力求满足不同消费者的偏好和需求。最近，我们刚刚接入了在欧洲广受欢迎的支付方式 Klarna[①]。除

---

[①] Klarna 是瑞典的一家支付企业，Klarna 以其灵活的支付选项而闻名，允许用户在购物时选择分期付款或无利息的支付方式。

此之外，我们还支持包括 iDEAL[①]、PayPal[②] 等多种数字支付方式，便于消费者灵活选择。

我们也致力于打造无障碍的沟通体验。ochama 目前支持英语、法语、荷兰语和中文，为用户提供更全面的支持。

在海外，想要塑造一个真正国际化的品牌，并非一朝一夕的事情。虽然 ochama 在欧洲已经有了一定知名度，但现在仍在早期阶段，品牌建设之路任重道远。

当前，欧洲市场机遇与挑战并存。机遇在于越来越多的欧洲消费者更加拥抱线上零售。挑战则表现在全球经济疲软的背景下，欧洲消费者在日常支出上更加谨慎。

如今的消费者比以往更加"聪明"，他们不仅追求高品质的产品，也希望能以合理的价格购买到心仪的商品。此外，ochama 还要与欧洲本地零售企业及其他各国出海欧洲的玩家同台竞争。

眼下，ochama 需要做的一个突破就是走出华人圈，进入欧洲本地圈子。这意味着 ochama 不仅要加快构建符合本地需求的供应链，还需要积极拓展本地的战略合作伙伴。ochama 将提供更贴近欧洲消费者需求的服务和产品，逐步融入主流市场，为长期发展打下坚实的基础。

与此同时，ochama 还要持续降低成本，并通过技术创新、商业模式的持续革新以及构建本地化人才团队，实现"shopping made simple"（购物变得简单）的愿景，满足消费者更加丰富的购物需求，为本地零售市场带来新的活力。

---

[①] iDEAL 成立于 2005 年，是一种在线实时银行转账的支付方式。
[②] PayPal 是全球通用的收付款平台。

## 腾讯云陈锐：让东南亚的大公司跑在腾讯云上[①]

很高兴能与你们分享腾讯云在东南亚探索云服务市场的故事。我是陈锐，目前担任腾讯云国际副总裁，负责东南亚地区，重点耕耘印尼和泰国市场。

2023年至今，腾讯云加大了对东南亚的投入，与印尼最大的科技公司GoTo集团，以及印尼本地头部银行BNC、BRI等都建立了合作，帮助他们从使用多年的海外云厂商，迁移到了腾讯云上。

2024年11月，我在北京参与了腾讯云和GoTo集团的签约仪式。印尼政府非常重视这次签约。新任总统普拉博沃在首次访华期间，出席了中国—印度尼西亚工商论坛，见证了腾讯云与GoTo集团正式签署合作协议，并且即兴发表了一段演讲，他说，希望以后能积极拥抱中国科技公司，未来与之建立更多合作。

东南亚是很多中国企业出海的第一站，很"卷"，但仍有广阔的市场空间。现在东南亚已经经历了第一波互联网的洗礼，接下来，本土公司会追求用户体验和使用效率，对云服务的需求也会增加。我相信，出海到东南亚会很有前景。

### 拿下大客户

国内朋友可能对GoTo集团不太了解，它由当地两家独角兽

---

[①] 腾讯云国际副总裁、腾讯云东南亚区总经理陈锐口述，任晓宁整理。

公司 Gojek 和 Tokopedia 合并而成，一举成为印尼最大的互联网公司。

GoTo 集团的主营业务包括网约车、线上购物及食品配送，相当于中国的滴滴、美团和淘宝的集合。2022 年，GoTo 集团挂牌上市，其 IPO 规模位列当年亚洲第三、全球第五。

腾讯云和 GoTo 集团的缘分始于 2023 年底。当时 GoTo 集团刚上市 1 年多，完成合并也就是打赢了在印尼移动互联网时代的第一仗，走到了高速发展及追求赢利的阶段，他们想要和更高性价比、更高效的云厂商合作。

GoTo 集团遇到了一些问题，他们用户的数据交互全部发生在印尼，但云数据储存在印尼境外很远的区域。这会导致用户时间延长，带宽网络成本高，整个云架构的运维成本也很高。

东南亚一些大型科技公司的状态与几年前中国的移动互联网公司的发展状态相似。公司上市后，业务高速发展，用户交易量暴增，公司遇到原有云架构带不动业务，甚至服务器崩盘的现象。这时，他们需要更牢固的底层架构，才能满足高并发和高增长的业务需求。

这也符合互联网公司发展的一般规律，在争夺市场阶段，这些公司往往没有太多精力更换基础设施。到了高速增长期，引擎、底座等云基础设施至关重要，性价比也成为他们重点考量的要素。腾讯和 GoTo 集团合作后，从底层架构上帮助 GoTo 集团优化成本，节省开支。

海外公司迁移云服务的过程，不仅是换一个供应商，或换一个合作伙伴，而是要寻找一个长期的、能提供整体技术服务的全方位合作伙伴。在和 GoTo 集团的合作中，我们双方都很谨慎。在整个过程中，我们团队和 GoTo 集团的 CEO（首席执行官）、董事会的本土董事都有过多次深度交流。我们双方的技术团队进行了近一年的交流、测试，经历了"认识、敲门、牵手、约会"的过程。

同期，腾讯云也加强了在印尼的基础设施建设。目前，腾讯云正在印尼建设第三个数据中心（IDC），并将在2030年前，结合印尼产业创新需要，加强本地数字基建、资源整合和相关领域建设，预估总投入资源价值约5亿美元。

**找准对方需求**

我们能与GoTo集团建立合作，关键点之一是找到了他们的真实需求，并做了恰当的准备工作。

我本人过去一直从事东南亚相关的业务，前后加起来待了超过20年，曾做过华为泰国代表处代表。之后，我曾在东南亚创业6年，做出的产品覆盖泰国、印尼约600万本地用户。我的整个职业生涯与东南亚有不解之缘，因此对东南亚创业的生态以及圈层很熟悉，了解他们的痛点。

在创业期，我们也曾经是第一批在东南亚使用公有云的公司。在早期，并没有云厂商能给我们当时的支付业务提供符合印尼央行要求的本地数据中心，我们只能自己搭服务器，这样做的成本很高。那时需要派中国工程师扛着服务器，飞到外岛去，再租用机房、拉网络，手工搭建微型迷你数据中心，非常艰难，踩过很多坑，也浪费过很多钱。

与GoTo集团交流的过程中，我发现他们在创业过程中，也遇到了我当时遇到的问题，痛点非常多，因此我和他们管理层有很多共同话题，彼此建立了信任感。

云服务不是一个简单的商品，更换云服务不像换电脑、换车那么简单。它是一种基础设施，互联网公司所有的生意都跑在云上面，这些数据就是互联网公司的生命线。所以更换云服务的前提是，需要客户信任你，认同你的技术和品德，和你成为朋友，才敢把生命线放到你的产品上。

正式合作前，GoTo 集团在腾讯云上做了大量测试，一个一个试用用户场景。我们也投入了几十个人，给他们开通账号，与他们的管理层频繁沟通、测试，做了大量准备工作。

测试半年后，他们每一个业务场景都在腾讯云上试了一遍，的确没出任何问题，最后他们才敲定了和腾讯云的合作。

以前，在东南亚地区以及海外市场，大家都不太了解腾讯云，我们处于一种"酒香巷子深"的状态。说实话，腾讯云的技术和服务并不比海外云厂商差，甚至有些地方比海外云厂商要好。

在一些垂直领域，如音视频、直播，我们的技术以及对业务的理解，比几个海外云厂商做得都好。再比如人脸核身领域，这项技术我们也比较领先。现在东南亚很多 App（应用软件）都有人脸核验需求，本土银行、电信公司之前找本土技术公司做，但是因为体量太大，本土技术公司无法保证并发量和安全性，后面也陆续换成了腾讯云的服务。

还有一个领域，刷掌识别，这项技术在东南亚地区需求量很大。东南亚有相关法规要求，不能随便采集未成年人的人脸，学校也不允许未成年人带手机，这时刷掌识别就能非常好地满足客户需求。我们既能提供技术方案，也能定制设备产品，很多客户表示有兴趣合作。

## 提供超出客户期望的服务

除了产品和技术，我们的服务有时甚至会超出客户的期望值。经常有客户向我们反馈，他们之前遇到问题，想找海外云厂商解决，对方一周时间都解决不了。

但换了腾讯云之后，我们当天晚上就给他们解决了。这是因为腾讯云在东南亚有很多专门服务小组，腾讯云国内顶级专家也会调到东南亚，同时我们也在当地大量招募优秀人才，对东南亚的重视程度非常高。

现在，有了 GoTo 集团等大型标杆客户后，东南亚本土公司对腾讯云的认知提高了很多。与当地大型企业、头部企业合作，能够拉动我们在本土市场的口碑和品牌价值。接下来，我们也会公布与泰国一些头部客户的合作，相信之后会有更多东南亚公司看到腾讯云、选择腾讯云。

作为腾讯云的一员，现在能在东南亚顺利签单，最让我感慨的就是中国工程师红利。我是驻扎在当地的队伍，主要负责前期沟通，能够真正拿下大订单，主要还是因为腾讯云的技术和服务，这背后都是中国工程师的力量。

过去，我们这一代人毕业的时候，大家觉得去外企是最好的工作，学计算机的人，都憧憬能去微软、思科、爱立信工作。

10 年前是一个重要转折点，当时东南亚 3G 时代刚刚开始，那时是中国通信设备在东南亚替换国际通信设备的高峰期。当时已经有国外大厂的负责人对我说，中国工程师的通信技术过硬，中国的基础设施建设能力很强。那时我就感受到中国工程师的能量，也很荣幸能参与其中。

中国工程师红利其实贯穿了几个行业、几代人，随着时代的变迁，我们都是时代洪流中的一粒沙子。我们团队有很多年轻的中国工程师，他们生产的产品和服务的性价比，在全球范围内都是非常高的。现在来到云服务时代，我们开局势头良好，我觉得不久的将来，我们也能创造出令人兴奋的成绩。

## 东南亚市场很大

2024年,腾讯云在东南亚拓展了一些市场,但我们还处在起步期,还有很长的路要走。

东南亚未来会是云服务很大的市场。这里人口数量足够大,互联网用户基数足够多,并且以年轻人为主。这里的基础设施水平,比如道路、电力、通信,以及互联网基础设施都已基本完善。

来到雅加达、曼谷的中国人,会感觉生活方式和国内差不多。大家都是手机扫码,无现金化,娱乐方式都是刷短视频。东南亚市场这些年发生了很大变化,从数据通信到移动通信,从移动通信到移动互联网,一步一步紧跟在中国后面。

可以预见的是,本土互联网公司会增加对云计算以及公有云上的各种服务的需求。现在这个时代最稀缺、最宝贵的就是增长,这是我们来到东南亚的原因。

当然,东南亚的竞争也比较激烈,除了海外云厂商外,国内的华为云、阿里云、移动云等都已经来到东南亚市场。腾讯云的打法是小团队作战,先做到足够懂本地、懂客户、懂生态,再做长期的本地化投入。我们在东南亚的数据中心建设都在扩张期,这也代表了我们长期、坚定的态度。

与国内相比,东南亚的生态有三个方面的差异:

第一个方面是,东南亚的本土圈层文化很明显。如果你的产品和服务都好,很容易形成好口碑。如果你做得不好,你没有诚意,他们也会口口相传。所以这是一个要先进圈子、交朋友,然后再做生意的市场。

第二个方面是,东南亚有非常国际化的企业体系、商业体系、法律体系和营商环境,所以我们来到这里,合规非常重要。

第三个方面是,可能很多人都不了解,东南亚的政府部门和企业决策层群体,他们正在变得更加年轻化。比如泰国总理是"85后"。我们在印尼发现,当地大企业的管理层,无论他们是否会讲中文,他们对中国互联网的商业、文化,甚至对中国互联网的圈层,了解程度都非常深,远远超过我们的想象。

所以在东南亚出海,无论是大公司还是创业公司,一定需要做到的是,融入当地,真正地走到他们的圈层之中。这是我对大家的真诚建议。

# 洛阳钼业陈涛：如何在非洲运营一座世界级铜钴矿？[①]

2018年8月8日，我抵达了刚果（金）的卢本巴希国际机场，这是我第一次来刚果（金）。卢本巴希是当地东南部的一座重要城市，然而它给我的第一印象是：像极了国内20世纪80年代某座县城的汽车站，拥挤、嘈杂、无序。

一开始，我到刚果（金）的任务是考察当地矿产运营成本为何居高不下。这年春节，我和其他三位中国员工一起在附近的中资矿企过了个大年。随着集团思路的转变，在中国管理层入驻后，我又在刚果（金）连续过了五个春节。

过去6年间，我的工作岗位也在不断变化，从钴干燥项目到生产技术部，再到生产调度中心。目前，我担任洛阳钼业TFM（Tenke Fungurume Mining，腾科丰谷鲁美）总经理助理兼任TFM矿区中区（中区拥有三条生产线，日处理量分别为1万吨、1.5万吨和1.1万吨）选冶厂负责人。

TFM是洛阳钼业在刚果（金）持有的两个矿产项目之一，也是全球范围内储量最大、品位最高的在产铜钴矿之一。洛阳钼业通过三次总金额达43亿美元的收购，获得了TFM项目80%的股权和KFM项目95%的股权。

最初收购TFM时，矿区只有一条生产线。但经过中国团队的

---

[①] 洛阳钼业TFM总经理助理陈涛口述，宋笛整理。

入驻和扩产，6年后，TFM已经拥有5条生产线，年铜产能达45万吨，已经成为全球最大的铜钴矿之一。

最近，我们也在进行可行性研究和设计，并增派勘探力量，深入寻找矿产，为下一步的扩产做好准备。

## 向前一步走

2017年，我在洛阳钼业位于澳大利亚的北帕克斯项目工作。该项目也是洛阳钼业国际化的第一步。2013年洛阳钼业以8.2亿美元的价格，收购了澳大利亚北帕克斯铜金矿（NPM）80%的权益。

2016年收购了TFM之后，由于TFM原控股方自由港麦克莫兰公司（以下简称自由港）在美国有一个运营中心，洛阳钼业决定在美国设立洛钼国际（CMOC International）来加强对海外资产的管理。

当时，洛阳钼业已经在巴西、澳大利亚和刚果（金）拥有矿业资产。

运营中心设在美国凤凰城，当时的管理模式可以被理解为"用外国人管理外国人"。从我的视角看，洛阳钼业当时更关注财务指标，而将日常运营事务交给了熟悉业务的人。

改变发生在2018年。

2018年8月8日，我作为第一批中方员工被派往刚果（金），这是一个重要的开始。我们的任务是迅速了解TFM矿山的实际情况，因为洛阳钼业从财务角度观察，TFM的成本逐渐在增加，集团决定派遣专业技术人员来评估其经营是否处于正常状态。

我们一行4人于8月到达了刚果（金），有选矿专业的，有采矿专业的，还有学法语的以及一位运营副总裁助理。

TFM 当时的情况是，自由港留下了 80 人左右的管理团队，他们来自世界各地，主要是澳大利亚、欧洲、美国和加拿大等发达国家和地区。

项目初期，我们的调研遇到了很多阻力。原团队似乎认为没有必要向我们解释太多，因为他们有自己汇报的领导。此外，他们可能认为我们的到来会取代他们的职位，因此不太配合，甚至有的时候还流露出优越感。

这年三季度，集团将财务报告会议放在了刚果（金）矿区举行，很多公司董事会成员、高管也来到了现场，我们向集团汇报了当时的情况。一方面，集团出面做了一些安排；另一方面，我们也改变了策略，开始更多地与当地员工沟通、建立关系，毕竟原有管理团队只有约 80 人，但当地员工有 3000 人。

我们开始和当地员工"打成一片"，参加他们的聚餐，和他们一起喝酒聊天。通过这种方式，他们愿意与我们分享矿山的实际情况，包括存在的问题和挑战。我们也开始理解他们的工作方式和文化背景，这有助于我们更好地管理矿山。

通过沟通我们了解到，当时开采成本高，一部分是管理的原因。当地原管理者的管理比较粗放，不像中国人这么细致；另一部分原因也和当时矿石开采阶段有关，在当时的开采阶段，投入成本就会比较高。

我们一行 4 人在矿上待了半年时间，2019 年过年也是去附近的一家中资矿企一起过——一群中国人一起包了饺子。

进入 2019 年，洛阳钼业调整了海外矿业经营思路，决定从财务思路转入运营思路，开始更强调自主运营。

当年 4 月，中方管理层逐步入驻矿区，正式建立管理团队，到 2019 年底，中方管理层人数达到 70 人，原有自由港团队缩减为十几人，我也就跟着管理团队留在当地。

## 扩产进程

在中方管理团队入驻后,我们就开始筹划矿区扩产,但铜钴矿扩产不是一件容易的事情。

铜钴矿的生产流程大概是这样:先是露天采矿,经过剥离、钻探、穿孔、爆破和铲装运输等一系列流程后,矿石被运到选冶厂,再经过破碎、磨矿等一系列流程后,加酸反应将矿石转化为溶液,最后通过冶炼等环节生产出纯度达 99.99% 的阴极铜板和品位超过 30% 的氢氧化钴粉。

原矿石的品位逐步降低,而我们的产品纯度要求非常高,需要消耗大量的原矿石来生产少量的高纯度产品。因此,选冶场地要尽可能靠近采矿地点,以减少运输成本。生产出来的产品则通过陆运运往南非和坦桑尼亚的港口,再通过海运出口。

由此可见,铜钴矿有着漫长的加工流程,对于扩产的要求也就更复杂。

当时,公司请来了国内知名设计院进行扩产的可行性研究并制定方案。在方案初稿形成后,我们立刻进入施工阶段。方案几乎是在执行过程中再逐步优化,整个设计施工节奏非常紧凑,这样的扩产速度可能只有中国团队才能做得到。[①]

在这个过程中,我担任生产调度中心总经理,负责生产组织,深度参与了整个过程。刚果(金)基础设施建设几乎为零,建设成本也很高,从重型设备到一颗螺丝钉,基本要从中国采购,还有部分要从南非或者欧洲采购。

---

① 2021 年 8 月 6 日,洛阳钼业宣布通过《关于刚果(金)TFM 铜钴矿混合矿开发项目的议案》,项目计划投资 25.1 亿美元,计划规划建设 3 条生产线,分别为 350 万吨/年混合矿生产线、330 万吨/年氧化矿生产线和 560 万吨/年混合矿生产线,计划 2023 年建成投产。未来达产后,预计洛阳钼业将新增铜年均产量约 20 万吨,新增钴年均产量约 1.7 万吨。

当时赶上疫情，对所有人来说都是压力巨大，尤其是在刚果（金）这样卫生条件有限的国家。为了应对疫情，我们每个人都穿着工服，戴着多层口罩，每天使用大量酒精进行消毒。为了防疫，我们甚至将不戴口罩列为"零容忍"政策，违反者将被直接开除。

2022 年，扩产过程中，我们还和刚果（金）政府产生了权益金之争，但这并未对生产造成影响。

从 2019 年的一条生产线到 2021 年增加到两条生产线，再到 2023 年增加到五条生产线，我们用了四年时间增加了四条生产线。

目前 TFM 矿区拥有 45 万吨的年产铜能力。自 2023 年 8 月中区混合矿生产线达产以来，TFM 月度产铜量从约 2.3 万吨逐步增长至 2024 年 5 月的 4 万多吨，增长率约为 77%。

## 在地化管理思路

随着生产线从一条扩展到五条，我们发现每条生产线上当地员工数量都有所下降。以前，一条生产线需要约 800 名当地员工，而现在降低为 500 名至 600 名。因为规模越大，依赖设备的程度越高。而规模越小，则更多依赖人力。

矿业企业往往会面临当地政府的严格监管，特别是在用工和社会责任方面。如何管理在地员工，如何与当地社区和谐相处，是每一家出海的矿业公司都需要应对的挑战。

刚果（金）的矿业法和劳动法对外籍员工的比例有限制。在扩产调试阶段，我们来了很多中国技术人员，他们负责培训刚方员工操作自动化设备。现在，我管理的三条生产线，基本都是刚方员工独立操作。

我们的管理模式并不是说要在原有管理方式上增加更多压力。我们只是告诉他们，相比原有的管理团队，我们的措施会更果断，支持也会更多。比如，我们会增加投入，从而引进更多设备和分包商资源，以尽快完善设施或完成生产线。对当地员工来说，他们也希望在一个更积极的环境中工作。我们会扩展他们的工作内容，但不会增加他们的工作时间。

我们对在地员工的招聘主要分为两部分。对于清洁、割草、卡车司机等基础工作，我们更多优先考虑社区员工，我们的矿区有120个当地村落；对于中控人员等有技能要求的岗位，我们要求本科以上学历，因此需要在整个刚果（金）招聘。

刚开始操作自动化设备的员工主要是40岁左右的本地人，因为他们经验比较丰富。但这两年，我也招聘了一批25岁到30岁之间，有两三年工作经验的人，我在着重培养他们，希望能够形成一个人才梯队。

我们在刚果（金）的卢本巴希大学招聘了很多毕业生。这个大学是当时比利时殖民者建立的，学校在矿业方面有着比较完整的培养体系。我们与该校有实习合作的关系，优秀的实习生会留下来工作。

许多刚果（金）当地人以在矿业公司工作为荣，因为矿业公司提供了较多的就业机会和有竞争力的薪酬待遇，很多人愿意加入我们公司。

我们在营地中为外地员工提供了员工宿舍，营地食堂也会提供当地的食物，比如当地特有的蔬菜以及当地人比较爱吃的炸鸡腿、烤牛排、烤牛肉粒等。如果不想住在营地里，员工还可以住在不远的镇上。

我们在镇上资助了学校和医院，为正式员工提供免费医疗支持，还提供了通勤服务。这两个镇的名字就叫Tenke和

Fungurume（TFM 全称 Tenke Fungurume Mining 中的前两个单词就取自这两个镇的名字）。

Fungurume 镇这 6 年变化非常大。2018 年我刚来的时候，镇上居民数量为十几万人，现在可能已经有二三十万人了。此外房子也越来越多，设施也越来越完善。刚来的时候，这里像是二十世纪七八十年代中国县城的城乡接合部，现在看起来已经发展到"90 年代"了。因为很多员工住在镇上，配套服务和人员也随之而来，包括做生意的、开饭馆的、开宾馆的商家等。

TFM 本质上是一家坐落在刚果（金）的公司，我们必须融入当地。当地人比较擅长体育、文艺等，同时他们还很擅长语言、擅长沟通。这点就和中国员工有所不同，中国人不太擅长表达，特别是在海外的中国人，相对比较内敛，但是中国人勤奋肯干，在工程上比较有思路。

为此，我们要在管理上发挥不同地域员工的特长。比如我们会经常和在地员工沟通，让他们讲讲在一线还有哪些问题。当我们收集问题后，再由中国员工主导解决问题。回头我们还会感谢提出问题的当地员工，因为他们很有责任心。

通过这种方式，大家都有获得感，团队就更好相处。

刚果（金）人均 GDP 在全球排名靠后。到刚果（金）以后会发现很多当地员工家里可能有 6 个、10 个甚至更多的孩子，他们的生活压力非常大，很多都在温饱线上下挣扎，他们对于工作也是愿意付出的。

## 矿业出海思考

TFM 矿位于非洲中部的铜钴带上，这附近的中资矿企也不少。我们在生产稳定的情况下会进行一些沟通交流，包括学习交流、访问和考察。我们也会派一些刚果（金）员工去其他矿企参观，相互借鉴，取长补短。有时候中国员工也会一起聊一聊刚果（金）这个国家的变化。

自 2018 年以来，随着矿业的繁荣，金属价格的高涨，当地发生了很大变化，整体基建比以前有很大提升。在这个过程中，当地政府也经历过换届，但无论如何，政府的出发点都是希望通过与企业的沟通，获得更多利益，而不是真正要干预企业的经营。只要企业合法合规经营，就不会有太大风险，毕竟当地政府也要考虑其政绩表现和财政收入。

对于矿业出海，我认为首先需要研究当地的政策和法律。矿业是一个重资产行业，需要大量资金投入。同时矿业有地域要求，矿是带不走的，所以在别人的地头上取利，就需要矿企做好方方面面的平衡。尽管矿业是一个高收益行业，但风险也不低。

在组织生产过程当中，矿企一定要秉持着一颗爱心。这不是虚头巴脑的词，因为不论你和哪个地方的人沟通，其实人性都是一样的。做好管理的第一步就是给予充分尊重，其次是在分歧的基础上努力达成共识。

矿业出海在所有行业中是比较特殊的，每个国家对于外资开矿都会有着严格的监管，不同矿业公司也有不同的管理风格和应对策略。

当时同意公司的调动，从澳大利亚的矿来到刚果（金）的矿上，我也是希望看看不同矿业公司的管理风格。澳大利亚的矿管理和欧洲比较接近，TFM 则延续了美国公司的管理风格。当时，为了这个调动，我在家庭方面也做了挺大的牺牲，2018 年来刚果（金）的时候，我的小孩刚一岁多，一转眼他现在已经上小学二年级了。

现在，我基本是在刚果（金）待 4 个月，然后回国待 1 个月。刚果（金）因为海拔比较高，所以温度适宜，热的时候也就不到 30 摄氏度，到处都是绿色，有些地方看起来像欧洲小镇的郊区。最近几年，许多国内年轻人也来到刚果（金）"淘金"。同样的工作岗位，一名应届毕业生在刚果（金）的薪酬大概是国内的 3 倍多。如果觉得国内太"卷"，年轻人也可以来这里试一试。

第二章

# 从"制造业的优等生"到"制造业的组织者"

# 海尔晏小明：海尔的出海密码 [1]

海尔是如何把业务做到全球的？

从 1998 年加入海尔至今，我从事海外业务已有 26 年了。可以说，海尔是中国出海最早的企业之一。我也经历了海尔从国际化走向全球化的过程。我就以个人的经历来作答吧。

## 先难后易的出海

1998 年，海尔正式提出了"国际化的海尔"这一战略目标。

那一年，海尔招聘了 1700 多名大学生。我就是其中之一。记得进入海尔的第一天，我们的张首席（海尔创始人、海尔集团董事局名誉主席张瑞敏）在迎新大会上提出要做"全球第一"，可包括我在内的在场毕业生们都将信将疑。

海尔全球化大致分为"走出去""走进去""走上去"三个阶段。海尔从创业起，便瞄准了创世界名牌的目标。1989 年，海尔已经开始向海外批量出口。

进入海尔后，我被分派去拓展亚洲市场。起初，我们只能通过广交会寻找海外进口商，将产品卖出国去、赚取外汇。这种一般贸易的方式的好处是测算一下成本、售价，只要有 3%—5% 的利润就能成交。但问题是海尔产品都要贴上别人的品牌，究竟卖

---

[1] 海尔欧洲大区总经理晏小明口述，种昂整理。

给谁、卖到哪里、卖价多少，都不得而知。

海尔在亚洲首先选择进入日本。当时，张首席要求"先难后易"，先要进入发达国家淬炼，就像下棋要找高手，如果在这些地区都能站住脚，在全球任何市场都能做起来。

可创牌确实比贴牌难多了，尤其在发达国家。

当时，日本是有着索尼、东芝、日立等六大巨头的家电强国，出海日本的中国企业却只有海尔。海尔要创立品牌，首先要突破主流渠道，只有卖场摆上了海尔的产品，再投广告、做营销才有意义。可进入主流渠道却受到自身品牌的限制。

S客户是日本最大的家电连锁店。我们第一次联系采购人员、预约面谈时，却被告知"没有时间"。反复去约，直到几个月后，对方才勉强肯见，时间只有半个小时。

为了这次见面，我和日本同事提前做了很多准备，带上企业和产品的简历，坐了3个小时新干线火车到东京，再坐一个多小时电车到群马县，提前一天赶到S客户总部附近住下。日本人一向守时，通常不会延误。可第二天到了见面的时间，我们却被要求一等再等。

终于见到了采购人员，对方称因会议延误表示抱歉，但我们丝毫感受不到诚意。在交换名片后，我们介绍了产品优势和公司情况，对方问起的都是最便宜的产品。原定半个小时的会面，十多分钟后对方把资料一放就离开了。在他眼中，当时的海尔完全是一个无足轻重的小品牌。

为了在海外立足，海尔很早就探索本土化"研发+制造+营销""三位一体"布局。2011年，海尔并购了日本三洋电机，希望借助其研发、生产和销售网络，加快在日本的发展。这一年，我被正式派驻到大阪工作，负责日本市场Haier（海尔）品牌的销售业务。

从出差到常驻,给我和家人带来了很大的考验。我问领导,派驻时间有多长,3年还是5年?结果领导也说不出来。当时,儿子7岁、刚刚上学,妈妈一个人带十分吃力;常年见不到父亲,孩子性格偏于柔弱,常受欺负。和妻子反复商量决定,孩子必须跟着父母一起生活。

今天海尔配套政策已经很完善,如果你被派驻国外,已经不用担心了。但当时我是第一个被派出的人员,企业没有相关的外派配套政策,只被允许携带家属。孩子到了日本上学,老师讲什么都听不懂,只能在课堂上左手跟右手玩。有一次,妻子接孩子放学,发现他孤零零地站在角落看着同学玩耍……我们很心酸,几乎想把孩子送回国内,好在他后来很快适应了新的环境。

常驻日本后,我强烈地感受到不同文化的冲突。海尔一直秉持"人的价值最大化"的理念,探索让每个人成为自主经营体,事事有人管,人人都管事,后来形成了现在的"人单合一"管理模式。通常,海尔领导负责制定战略,提供支持;怎么去干,员工自己想办法。可在日本,当地员工认为,与公司签订的合约是每天工作8小时,老板要分派具体工作,员工照样执行。当我们希望他们发挥主动性、创造性去完成目标时,日本员工却不知所措。

日本员工普遍是论资排辈、固定薪酬的。海尔则希望在当地推行多劳多得的分配制度,激发员工的积极性。但日本员工直言,弹性薪酬有风险,他们只要确定金额的工资,即使业绩不好也不能减少。我们花了很长时间去做工作才让日本员工逐渐转变了思想。

后来,海尔在日本市场不断深耕。在反复向S客户推荐未果后,我们采取了迂回策略,先从它的竞争对手K客户入手。

进入K客户后恰逢三月。这是日本大学生毕业、新生入校的时间。他们均有着租房需求，是家电销售的传统旺季。每个连锁卖场都在开展"新生活"促销活动。

根据学生的需求，我们定制化研制出包括冰箱、微波炉、洗衣机等不同色系的成套小家电。日本企业从未有过如此创新。

在 K 电器，海尔被摆在各门店最显眼的位置，斩获了当年"新生活"促销市场第一的份额。最终，突出的市场表现让日本最大的家电连锁店接纳了海尔。

1999 年，海尔刚进入日本市场时，只有 90 万美元的出口额。等到我 2016 年离开日本时，海尔在日本的总收入已达 300 多亿日元，约 3 亿美元。

这次回到海尔开会，我遇到了目前负责日本市场的同事。他们告诉我，海尔在日本销售收入合计 800 亿日元，位居日本冰箱市场第一、洗衣机市场第二。

## 在大洋洲推行"人单合一"

目前，海尔已经深入全球 200 多个国家和地区。作为海尔从事海外业务的员工，我们的足迹也遍布全球。在日本工作 6 年后，2017 年我的工作又发生了变化。

这时，海尔在美国收购了 GE 的家电业务（GEA），将大洋洲负责斐雪派克公司的同事调去了美国。我被派去大洋洲接替管理这家有着近百年历史的企业。这时，孩子在日本上完了小学，跟着我来到新西兰读初中。

斐雪派克（Fisher & Paykel），始于 1934 年，是新西兰"国宝级"电器品牌、全球顶级厨房电器品牌，在本国的市场地位就如同海尔在中国一样。成立 90 年来，斐雪派克逐渐成长为一家在 50 个国家/地区运营的全球性公司。

## 第二章 从"制造业的优等生"到"制造业的组织者"

斐雪派克最初是一个家族企业，后来在新西兰上市。因新西兰市场规模不大，斐雪派克开始寻求国际化发展，发起多次海外并购，包括在美国收购了一家户外烧烤公司、在欧洲重组了一家厨电公司。可由于投资过大，斐雪派克在2008年全球性经济危机中资金链断裂。看重其品牌、技术和市场网络，2012年海尔将其并购。

我到新西兰时，并购斐雪派克已有5年，面临的挑战是这家企业始终挣扎在盈亏平衡线，即使个别年份挣钱也只是微利。

从日本到新西兰，从管理三洋电机到斐雪派克，二者的文化截然不同。刚搬进新西兰的公寓需安装网络，结果工人迟到了近一个小时，这让习惯了日本人守时风格的我很不适应，但同事却笑着说，这里的工人几乎没有准时过。

日本是一个工作很努力的民族，老板要求做什么事，员工加班加点也要做出来；他们往往是以工作为中心，兼顾家庭与生活。但新西兰是英联邦国家，员工有着西方价值观念，完全是以家庭、生活为中心，工作只是为了生活得更好。他们习惯于慢节奏地工作。今天定个事，明天要结果，在中国看来是很正常的事；在他们看来，这完全是天方夜谭，非得一周以上时间。周末，员工手机一关，再急的事也找不到人。要过圣诞节，任何工作只能等到假期结束、过了这个月再说。

这是当地的文化，也是法律的规定，企业不能强制要求。我们从国内派驻的员工只能身体力行地做示范。他们看到我们是怎么工作的，慢慢受到一些感染，也开始去follow（跟随），但不可能完全follow（跟随）。

斐雪派克与三洋电机相同的是，都有着金字塔形的科层制管理架构。斐雪派克历史悠久，内部组织复杂，好处是体系完善，问题是层级过多。要从CEO往下排的话，八九级肯定是有的。所有员工都在等上面的老板决策，再一级一级地传达下来，整个企业决策慢、效率低。可员工都认为自己是打工的，对工作没有热情、没有主动的心态。

我发现，海尔并购的三洋、斐雪派克、GEA等有着流水线的生产方式，都沿用科层制的架构，但存在这种通病：

科层制组织内部有明确的等级和分工体系——权力从上级到下级逐级传递，保证了组织的稳定性，却反应迟缓、缺乏灵活性，限制人发挥主动性、创造性；从研发、采购、生产再到销售分工明确，但过长的链条导致企业规模越大、与用户的距离越远，企业与用户始终是割裂的。

科层制已经不适合现在对用户负责的时代需要了，根本的转变就是要植入海尔"人（员工）单（用户）合一"管理方式。

2013年，张首席在海尔总部将科层制架构彻底打破，发起了一场颠覆式的变革——重建全新的组织生态，让企业化身平台，让员工成为创客，让创业团队组成一个个小微。此时，海尔"人单合一"改革获得阶段性成功，成为救治斐雪派克"大企业病"的良药。

在斐雪派克改革中，首先，我们将研发、采购、制造、企划、销售、物流等全业务流程全部打通，把所有经营数据放在一个平台上。

过去，每个部门只看自己这段，没人看全局，更没人去看用户，大家计算的都是部门小利益。比如，销售费用即使今年花不完，也要尽量多花，否则明年可能无法申请到这么多预算了。每个部门只对自己负责，不对整体负责。一年下来，各个部门都貌似指标很好，结果一算公司还是不挣钱。

改革中，我们把公司各部门，包括每个产业、每个国家（区域）的经营数据在一个平台上公开，每个环节包括青岛总部也能看得到。每一个员工都清楚地知道，他们为企业做出了正或负贡献，每个环节的损益对公司利润会带来什么影响，一个部门没做好导致全流程亏损要负有什么责任。我们打破过去的"大锅饭"，让每个人把自己当企业的主人，认识到只有公司整体赢利，个人才会有收益。

其次，很重要一点，我们发起了调整组织架构的改革——过去公司是"正三角"的架构，CEO是塔尖、员工是塔基；我们推行"人单合一"将其变成了"倒三角"，小微放在上面，CEO放在了最下面，赋能小微业务。

颠覆性的变革首先是自上而下观念上的转变。过去，斐雪派克的人财物权都在CEO手里，他能力出众，但控制欲也强，不肯轻易放权，反而成为改革的阻力。我们果断地更换了年轻的CEO，打开了权力枷锁，将人财物三权下放给处于业务一线的小微。

从此，斐雪派克变为一个开放的平台，员工在这个平台上变成自主经营的小微公司，直接面对市场和用户需求，成为承担损益的主体。用户需求在变，小微要去follow（跟随）用户，不要去follow（跟随）老板。

改革前，CEO一人是决策者，其他人都是执行者；改革后，公司需要的更多是具有创业、创新能力的创客，而非大量的中间执行层。海尔曾取消了所有职能部门及12 000名中层管理者，孵化出4000多个小微。

我们在斐雪派克启用了大量新人，"大一统"的业务单元被拆分为10个小微公司。这些小微公司由原先分段的、割裂的组织转变为并联的、对全流程负责的组织，通过开放平台让用户参与产品的设计、研发，并为自己的设计买单。

经过了一系列颠覆性的变革，从2020年开始，斐雪派克彻底扭亏为盈，营业收入和品牌价值逐年提升，开始进入持续发展的良性轨道。

## "三位一体"抢占高端市场

2022年，全球疫情好转后，我又被调任为海尔欧洲大区总经理。

欧洲大区总部设在意大利米兰，初到这里，感觉与大洋洲在文化上有着相似之处——对家庭和生活同样十分看重；意大利所在的南欧地区，人们更加崇尚慢节奏的生活。

与大洋洲不同的是，欧洲是一个区域概念，看似一个整体，却由50多个国家和上百个民族构成，英国和法国不一样，法国和德国不一样，德国和意大利还不一样。欧洲各国语言、渠道、消费习惯以及经济发展程度差别很大。一个政策、一个标准在中国可以通用，在欧洲完全不行。这给大区管理增加了难度。

欧洲是海尔最为看重的市场之一，也是全球家电产业的高地。多年前，海尔就以"研发+生产+销售""三位一体"模式进行布局。2001年，海尔并购了意大利迈尼盖蒂冰箱工厂，并在法国里昂和荷兰阿姆斯特丹设立设计中心，在意大利米兰设立营销中心。2011年，海尔设立德国纽伦堡研发中心；2013年，海尔在波兰建立新工厂，生产电冰箱，深化"三位一体"的本土化模式。2019年，海尔收购意大利卡迪（CANDY）公司100%股份完成交割……海尔在欧洲本土布局"三位一体"，让产品设计和生产更贴近用户，更具成本优势。2022年，海尔在欧洲的市场份额已进到前4，连续5年成为市场增长最快的家电品牌。

原以为疫情过去，欧洲会迎来经济的复苏。可谁知，欧洲地区受到俄乌冲突、巴以冲突、红海危机等诸多不利影响，成为全球受外部环境冲击最大的市场。随着地区冲突的加剧，此时的欧洲就像是一座随时可能喷发的火山。

油、气、电等基础能源价格一路飞涨吞噬着欧洲消费者的收入。在日常市场调研中，我亲身感受到用户信心不足、市场消费乏力。从2024年开始，欧洲几乎每个国家的家电市场都下滑了10%以上。我亲眼看到，就连米勒、博世和惠而浦等家电巨头也在裁员、关闭工厂或出售部分业务。尽管二季度欧洲市场有所回升，但恢复增长还尚需时日。

不过，正如张首席所说，只有淡季的思想，没有淡季的市场。危机对于所有企业都是公平的，即使外部环境再差，总有少数好企业能从危机中抓住商机，脱颖而出。

欧洲历来是全球家电产业的高地，海尔特别重视这一市场。一面要应对区域危机，一面要确保产业安全，一面要推行内部改革，一面要维持业绩增长。这如同要给一架正在疾驰的飞机更换发动机，我或许将迎来派驻海外十多年中前所未有的挑战。

当森林里出现一只老虎时，我们想要生存下来，不一定要比老虎跑得快，但一定要比别人跑得更快。在欧洲，我们急需应对的是——

首先，海尔在欧洲要实现可持续发展，只有赢利才可持续，不能只增长不赢利。从区域上看，西欧市场受到外部环境冲击比较大，我们赢利的压力主要在西欧，这是我们重点要去突破的。

其次，品牌要往高端上走，赢利发展也要通过高端转型来实现。在欧洲，海尔在白色家电的品牌价格指数已达130，平均售价是行业的1.3倍，已跻身欧洲高端品牌。但海尔高端产品销售占比相对较低，在西欧只有20%多，未来要进一步提升。

品牌"走上去"，首先产品要进入欧洲每个国家高端、主流渠道。其次，海尔在渠道上要展示出高端的形象，不输于博世、西门子。然后，加强品牌的投入与提高知名度的转化率要结合起来。我们针对高端市场赞助了法网，足球属于大众运动，网球则是高端人群喜欢的运动。我们希望能深化海尔的高端品牌形象，等到用户有需求、去店里或网上购买时，首先想到的是海尔。

2024年，我们开始将卡萨帝引入到欧洲市场，但没有将卡萨帝单独做成一个品牌，而是作为海尔旗下一个超高端的子品牌系列。因为一个新的品牌就需要新的投入，这样可以降低品牌的投入成本。

2019年，海尔并购了CANDY。这原是一个家族企业，品牌相对低端，疫情原因，海尔对CANDY的重组停滞了三年。

目前，CANDY品牌价格指数不到70。我们计划将之提升到90—100，使其进入主流市场，与海尔品牌形成合力，实现从高端到主流市场的覆盖。2024年，我们已经升级了CANDY的LOGO，调整了全系列产品。

任何战略的实施、业务的转型，最终要靠组织去驱动。战略再好，如果组织不支撑，人员、流程、业务体系不支撑，战略也没法落地。所以，我们在整个欧洲区启动了一场更大范围的"人单合一"式的变革。

在市场层面，我们将国家层面的市场部门推到前线去，让他们承担责任的同时，充分给予人财物方面的授权。

在产业层面，产业拥有的研发、制造资源，都要向市场终端看齐。产业和市场是纵向和横向两个维度，市场是从国家区域的维度去看品牌竞争力，产业是落到不同区域的生产力，要把二者能力共同发挥出来。

在平台层面，平台相当于以前的管理总部，包括人力、财务、内控等，总是在上面，市场和产业都是在下面。现在倒过来，把市场放到最上面，平台是给市场提供支持。平台要像"手电筒"

指明方向，像"红绿灯"告诉什么事能干什么事不能干，像"加油站"为市场服务。

未来，海尔在欧洲的整体转型方向是把市场（国家）做"强"、把产业做"专"、把平台做"轻"，一切目标都围绕着用户需求。

与其他地区不同，欧洲用户有着更为强烈的环保意识和市场需求。欧洲特别是西欧，有着全球最高的环保标准。在欧洲能源危机的背景下，用户更加需要节能环保的产品。

海尔推动了全球研发和制造体系协同——中国研发中心负责软硬件设计，大洋洲研发中心负责电机升级，欧洲研发中心重点聚焦解决节能问题，美国研发中心提供新风技术解决方案，而产品制造则是在中国。最终海尔在欧洲推出了一款比欧洲 A 级能效标准还节能 30% 的洗衣机，产品一上市就占据欧洲中高端市场 10% 的份额。现在，我们在欧洲的洗衣机产品可以做到比欧洲 A 级能效标准还节能 60%。

家电平均的使用寿命是 10 年，碳排放的八九成来自使用环节。针对用户的环保需求，我们还推出比欧洲 A 级能耗更加节能 20% 的冰箱产品；开发出洗衣机最低耗水耗电的环保模式；在产品材料上不断探索，选用可拆解、可回收、可降解的环保材料……

在家电行业，海尔是中国第一个出海的品牌。如今，很多中国企业也刚刚开始"走出去"。而海尔出海的很多经验值得借鉴。

全球化的经验告诉我，第一要遵守当地法律法规、尊重当地文化。我去过日本、澳大利亚，目前在欧洲，遵守当地的法律法规是出海企业不能逾越的底线。

同时，文化相互尊重也十分重要。当地有当地的文化，中国有中国的文化，没有哪种文化是百分之百对的，一定是要互相理解、互相融合。我们坚持"沙拉式"文化的融合，但"沙拉酱"都是"人单合一"。不管是欧洲人、美国人，还是日本人，进入到海尔体系就要认同海尔"人单合一"的文化。我们要求员工做创客，要求一线人员能听到"炮火"的声音，能够根据用户需求去调整决策，这在全球都一样。

第二，出海有很多种模式，很多企业只赚加工费，只要把产品成本做到最低，价格竞争力做到最强，就能凭借制造环节的优势赚钱。但对海尔来说，我们必须在全球树立自己的品牌，这是一个终极的目标。

从长期来看，全球"制造工厂"不断在转移——从欧美转到日韩，再转到中国，将来可能又会迁到东南亚、印度。如果从整个产业链角度来看，当"制造工厂"制造成本不断上升，就要丧失制造的竞争优势，如果不能迅速抢占处于"微笑曲线"两端、产业链利润最丰厚的科技研发和品牌营销，单靠成本优势固守在产业链中间的制造环节，将来是很难维持的。

第三，中国企业真正"走出去"应坚持全球化的本土化路径。一方面，要坚持本土化研发、本土化制造、本土化营销的"三位一体"布局，满足当地用户的需求。所有对用户的接口部分一定要当地化，每个地方文化不一样、用户习性不一样，不能从青岛去决定欧洲用户的需求。

另一方面，出海又要有全球化体系，比如全球化的研发体系、工业资源、管控体系、IT系统架构等，不管是中国的、美国的还是欧洲的，模块化的能力都要打通、都要共享。全球化与本地化相结合，通过本地化可以规避全球供应链的风险，通过全球化可以解决本地资源不足的问题。

眼下，全球经济正受到越来越多区域冲突的影响，欧洲则是全球受冲击最大的市场。中国企业出海既要考虑经济方面的因素，比如最优的成本、最高的效率等，又要去研究政治因素、文化因素等各种风险的规避。

这次回国，我参加了海尔全球沟通大会、创客峰会等会议和活动。为了防范风险、保证产业链安全、应对全球新局势，海尔也在重新思考和调整全球布局——如何通过本地化规避全球供应链的风险，通过全球化解决本地资源不足的问题；如何保障全球化运营中资金的安全、效率的提升；如何在全球化中坚持"人单合一"的管理模式，并不断迭代升级……尽管当下的考验是严峻的，但我相信，海尔在欧洲市场的发展一定有着远大的前途。

从 1989 年至今，海尔全球创牌之路已经走了 30 多年了，我从事海外业务也已经超过 26 年。不知道我的经历、我的故事是否回答了你的问题。海尔全球化是企业发展的长期战略，期待着有越来越多的新员工加入、助力，实现当初那个"全球第一"的梦想。

# 美的集团徐理：为什么把业务做到伊拉克[①]

人们常说，三十而立。我 1994 年出生，已经 30 岁了。这也是我入职美的集团的第 8 年，以及作为美的空调业务外派伊拉克第一人出海的第 2 年。

可能正如你们所想：当初面对外派工作，我也同样为伊拉克存在的战争风险、政局不稳和人身安全问题做过大量心理建设。事实上，这些顾虑也是客观存在的。2024 年 9 月底，我从伊拉克首都的巴格达机场飞往土耳其参加经销商会议，在我离开的第二天，就看到新闻报道说受到巴以冲突事件影响，一颗炸弹落到巴格达机场，伊拉克领空因此关闭两天。

或许你们也会好奇，美的集团为什么决定开拓伊拉克市场，我和同事们如何在这里打开工作局面？我们经历过什么，现在这里怎么样了，未来市场前景如何？

我的工作岗位是美的集团（以下简称美的或公司）空调业务中东区域主管。一年时间里，我一半在迪拜、一半在伊拉克，强烈的贫富反差有时让我感觉很不真实。这篇文章是一份回忆，记录我在战争冲突地区工作和生活的日子里，所见所闻、所思所想。

那么，我们还是从头讲起吧。

---

[①] 美的空调业务中东区域主管徐理口述，张锐整理。

## 第二章　从"制造业的优等生"到"制造业的组织者"

## 出发：市场潜力与英雄主义

我 2016 年大学毕业加入美的，到 2022 年 10 月前一直负责国内市场的工作。2022 年下半年，随着美的国际化战略的部署发展，公司内部鼓励我们也"走出去"。

很多人都问过我，为什么选择伊拉克。理由大约来自两个方面。一方面是在美的国际化战略中，非发达地区、艰苦地区的市场越来越受到重视。结合我在一线的感受来讲，空调业务在经济发展比较好的地区已经是"红海厮杀"状态，而在东盟、拉美、非洲、中东等地区，投入产出比明显更可观。

以中东区域为例，这里常年处于高温天气，夏季室外温度甚至超过 50 摄氏度，沙特、阿联酋这些富裕国家的空调渗透率分别达到 80%、95%。包括现在的中国，你要在一条街上开 1 家电器门店，面对的是这条街上已经有 10 家电器门店，但是在伊拉克你可能就是那条街上的第 1 家门店。同时，我们也认为伊拉克有市场前景。参考商务部对外投资指南关于伊拉克的介绍，2003 年伊拉克战争爆发，2017 年伊拉克宣布进入战后重建阶段，随着 2021 年国际油价上涨，伊拉克经济形势有所好转。近年来，国际评级机构对伊拉克的评级为负面至稳定。

除此之外，相比在美国、欧洲当后来者、追赶者，美的在伊拉克可以做当地空调行业标准制定的推动者、领导者。事实上，我和同事们在这里开展工作也得到了正反馈。虽然暂时还不方便透露具体数字，但可以确定的是，2024 年的数据显示，伊拉克在美的空调品类定位的全球重点 20 个市场中，各项预期目标收益已经基本达成或者超额完成。

另一方面是我个人的一些英雄主义。作为美的双职工（夫妻双方均为美的集团员工），我当然感到荣幸和自豪，因为今天的美的在中国已经拥有如此重要的市场地位。但我内心深处始终认为，国内的工作是站在一代又一代美的人努力的肩膀上。我比较崇尚冒险精神，喜欢从0到1的开创性工作，这令我感到兴奋、刺激。

美的空调其实在10多年前已经进入伊拉克，而我是第一个以外派形式负责当地市场的员工。在这之前，美的在中东地区主要以"国家总代理"形式运营，即我们与代理商签署合作协议，由对方全权负责美的产品在该国家或地区的推广和销售等。

在伊拉克这样政治局势比较敏感、经营风险比较大的国家，我们很难从零开始直接参与当地经营。同时，因为多次经历战争，社会环境保守，美的品牌需要依靠本地客户口碑相传、建立信任。目前，美的在伊拉克有两个国家总代理，一个主营空调业务，另一个主营除空调业务以外的冰箱、洗衣机等业务。

2025年初，伊拉克完成了全国人口普查工作，这是近几十年来的首次，政府公布的数据显示当地人口超过4500万人，劳动人口占比约60%，是非常年轻化的人群。此外，国际货币基金组织报告显示，2022年伊拉克GDP为2828亿美元（相较2003年增长约11倍），人均GDP为6695美元，GDP同比增长9.2%。

尽管不发达地区现在的购买能力没有那么强，但就像10年前、20年前的中国，也慢慢发展起来了，这些都让我们有信心去开发市场。

## 困难：基础设施和战争冲突

去伊拉克之前，我做了很多思想准备，甚至不敢告诉父母这个工作变动。这是一个对我和家人来说都既熟悉又陌生的国家：尽管从未真正到访，但我从小到大通过电视、网络认识它，总是与战争、血腥相关。

## 第二章 从"制造业的优等生"到"制造业的组织者"

当我真正来到伊拉克的时候,还是被震撼到了。这里的生活、工作环境条件,比想象中还要更艰苦一些,主要体现在基础设施极差、战争冲突风险较高。每一次,我订完前往伊拉克的机票后,公司的订票系统都会弹出SOS提示,因为伊拉克被列为极端危险的地方。

落地巴格达机场时,这里给我的第一感受是扑面而来的热浪和干燥,就像是有人拿着吹风机往我的眼睛、鼻子吹,很容易流鼻血。这座始建于1979—1982年的机场,大家应该能想象它的陈旧,如今仍然是军事化管理状态,只有政府允许的出租车公司可以运营。当然,Uber(优步)这样的网约车软件,就更不可能使用了。

尽管伊拉克已经没有全面战争,但在它主要城市的街道路面上,仍然是几乎每隔500米就有一个岗哨,我看到他们配备AK47自动步枪、装甲车、坦克,还是会有直面战争中军队的感觉。目之所及,看到他们的基础设施非常差,道路坑坑洼洼是常态,一些被轰炸过的高架桥受损严重、没有护栏,仍然正常使用。

根据世界银行发布的《2020年营商环境报告》,伊拉克在190个经济实体中排名第172位。其中,安全问题是影响伊拉克吸引外资的最重要因素。基础设施落后、法律及金融体系不健全也是其排名靠后的原因。这些问题如今仍然亟待解决。

在伊拉克的主要城市,既没有大家印象中那么危险,但也算不上安全。相比巴西和墨西哥有黑帮、毒贩以及枪支泛滥的问题,伊拉克这些方面比较安全,小偷、抢劫也比较少。比如,我和同事在巴西出差,会被告诫使用手机一定要小心,而来到巴格达,我还能在晚上和朋友出去吃烤鱼。在这里不必担心电信诈骗,因为巴格达的网络环境也奇差无比。伊拉克最大的风险始终来自政治、战争冲突,部分地区有恐怖袭击。

我还是会有对生命安全的担忧。比如,现在的巴以冲突事件,如果伊朗参与其中,就会不断有一些无人机、导弹经过巴格达。我在乘坐飞机的时候,虽然觉得自己应该是安全的,但内心还是会感到不安。

伊拉克公立医院的医疗服务是免费的,但它是缺医少药的状态,我一度觉得无法理解。有一次,我生病持续发烧,幸好住在中国酒店,他们辗转帮我买到了退烧药。那以后,我重新理解了订票系统 SOS 提示里的伊拉克"医疗资源极度匮乏"的意思。

## 适应:本地化和中国朋友圈

在公司内部,我们有一句话叫"全球化最终要做到本地化"。

从我的外派工作开始,也意味着美的在伊拉克的本地化要进一步扎根下去。我的任务总而言之就是帮助、配合当地的"国家代理",推进完成美的在伊拉克每年度制定的经营计划和目标。除了销售工作,还包括加强对本地安装工人的技术培训、产品和用户需求调研等,以及根据具体情况协助当地代理商解决各种突发问题。

比如,最近伊拉克正在推动出台一项新政策,要求我们在当地销售的产品必须符合某个质量标准。而这个标准需要美的在伊拉克开设一家分公司,这并不是一件容易的事,需要集团层面法律团队充分论证、全盘评估。为此,我们正在申请当地政府给予豁免时间,以及寻求中国商务部、外交部、中国驻伊拉克大使馆等的帮助。

在伊拉克工作,需要适应政府缓慢的工作效率。虽然面对重重挑战,我们在伊拉克还是取得了不错的成绩。作为美的空调品类定位的全球 20 个重点市场之一,我们是奔着成为当地市场 NO.1(第一)的目标去的,现在整个中东区域我们还是处于专项资源投入阶段。

因为伊拉克缺乏第三方的数据调研机构,所以对于市场占比,目前有效的方法是通过对经销商进行摸排的方式去统计。据我掌握的数据,如果以销售规模来看,前三名都是中国企业,而美的也在其中。因此,当地人对中国的印象其实还比较友好。

这是我们能够适应、融入伊拉克本地的另一个重要原因。现在,伊拉克市场被越来越多的中国各行业的头部企业关注到,家电领域不止美的一家,还有格力、TCL;3C 领域有 vivo,以及在中东市场做得非常优秀的华为;汽车领域有比亚迪、奇瑞和长城。

另外,中国的央企在伊拉克有许多援建项目,例如学校、公寓、医院等,一方面改善了当地的生存、生活环境,另一方面也提供了大量的就业机会。我在伊拉克居住的中资酒店,会给我们提供一日三餐,这其实给我们带来了很大的便利。

伊拉克驻华大使馆提供的资料显示,过去几年,中国与伊拉克的贸易额逐年增长至 500 亿美元,中国已经成为伊拉克的第一大贸易国,而伊拉克也成为中国在中东地区的第三大石油进口地。在伊拉克,我认为中国人之间还是有互帮互助的氛围的。

总的来说,伊拉克现在还是一个比较艰苦、值得耕耘的市场。但每一次往返迪拜和巴格达之间,就会看见两座城市的天差地别:迪拜灯红酒绿、高楼林立,伊拉克破破烂烂、物资匮乏。

我和我的同事说,哪怕是在伊拉克实现财富自由,生活的幸福感可能也不如在中国云南、贵州的乡镇,因为寻求生存和寻求更好的生活,是两个完全不同的维度。在伊拉克的这段日子,我变得更能理解和感受朴素的幸福。

我想说,中国在短短的几十年里真的发生了巨大的改变,这项工程很伟大,我们的国家很好。我们其实生活在一个极其幸福的时代,只是我们对生活的期待和目标更高了。

## 威海广泰徐晖：让国产空港装备"飞"向全球更多的机场[①]

2024年底，我刚参加完沙特机场设施展览会回来。在这个为期两天的展会中，前来威海广泰展位咨询和拜访的新老客户络绎不绝。但20年前，在这样的国际展会中，中国装备制造业的很多企业只能坐在偏僻冷清的展位里寻找机会。

从一名销售人员到国际营销中心的负责人，我见证了威海广泰的空港地面装备从只能零散出口到如今"全面出海"的订单爆发期。现在，我们不用再迫切地四处寻求海外代理商为我们打开国际市场，反而是国外新老客户主动寻找渠道购买广泰的装备。我们已经在国际市场有了定价权和自主权。当然，在这个过程中，我们曾遭遇过很多困难，受过不少白眼。

此时，我想到的是威海广泰研发大楼前的那句——挺起民族装备制造业的脊梁！在此，分享一些我所经历的威海广泰出海的故事，希望可以对大家的出海业务思路有参考意义。

### "小众"赛道的出海难题

2012年初，我刚结束了在澳大利亚的留学生涯，回到家乡山东威海。在办理学历公证手续时，我在与工作人员的沟通中偶然

---

[①] 威海广泰国际营销中心总经理徐晖口述，牛钰整理。

听到了"威海广泰"的名字。那时,我知道了家乡有这样一家国内制造空港装备的龙头企业——我国空港地面设备行业的第一家上市公司,主要业务是为机场提供各种空港地面装备,如电源车、集装货物装载机、摆渡车、飞机牵引车等。

经过查阅资料,我发现空港地面装备虽然是小众市场,但当时的威海广泰在创始人李光太的带领下,经过20余年发展,逐步解决了国内的空港装备依赖进口、技术"卡脖子"等问题,拥有很高的国内市场占有率,并在2004年成立国际业务部拓展海外市场。这说明威海广泰产品的国际化业务或许大有可为。刚刚回国的我确实需要一份能实现自我价值的工作。这一年,我顺利地成了威海广泰国际业务部的一员。

2012年,全球航空地面设备市场需求不振,威海广泰的出口业务年签约额仅为几千万元人民币,海外业务基本靠老客户采购和代理商的当地客户资源。刚到公司时,并没有销售的业务可以分给我推进,我被派往生产工厂编译了8个月的产品说明书。完成工作之余,"出海"的信念一直萦绕着我。我决定用常见的外贸获客方式主动出击——搜寻所有国际航空公司的联系方式,给他们发邮件介绍公司和产品。遗憾的是,我连一单业务都没有做成。

这时我意识到,空港装备制造业确实是"小众"的赛道。作为飞机的配套专用装备,其产品特性是专业化和定制化,对安全性的要求极高,机场和航空公司极易形成对现有供应商的依赖。而航空业发展较早的欧美国家已经有成熟的空港装备公司,占据了全球行业市场的主动权,彼时的威海广泰根本不被其放在眼里。

除了品牌自身原因外,当时国际市场对"中国制造"是有些抵触和偏见的。我有些气馁了,但很快就遇到了一个让我受益匪浅的机会。不过不是正式的销售签单,而是一个OEM(原始设备制造商)的项目,也就是俗称的"贴牌"代工。

2013年，威海广泰成为法国的国际知名油服公司斯伦贝谢（Schlumberger）的装备制造商。与销售我们自己的产品相比，这种"贴牌"代工产品的毛利润很低，并且跟我们空港装备关联不大。但面对这一与国际制造业接轨的机会，威海广泰在认真应对斯伦贝谢历时3年对工厂的考察、各个零件的产品试样，并满足他们提出的"层出不穷"的要求后，终于拿下这一项目。

海上作业平台必须抗风浪、耐腐蚀，斯伦贝谢要求制作严格按照法国标准，经得起第三方认证，每一道工序都要经过跌落、透水、透光、高温等系列试验，对每个零件、组焊工装等都有标准要求。他们不相信"经验"，也不相信单纯"合格"的结果，只相信数据，要求所有环节都要有文件的留存和报备。在此项目中，我作为产品经理，负责把控整个制造的流程。我开始意识到，制造业的本质是各环节的衔接，精密的产品是这种"本质"运作后产生的结果。

至今，威海广泰依然是斯伦贝谢的合作伙伴。国际制造业的标准化流程也运用到了威海广泰的生产线之中，极大地提升了产品质量和生产效率。虽然我现在已经不负责这个项目了，但那两年的工作经验是我的财富。除了对制造业的新理解，在那些日日夜夜汇报项目进展的PPT中、在斯伦贝谢的高管与客户们访华的接待工作中，我的英文及工作能力得到了极大的提升。

经过几年的不断积累，2014年，威海广泰在中国香港、部分中亚国家的合同签约额同比大幅增长72.3%，创历史新高。此外，威海广泰在东南亚市场也有了可以深入开拓的契机，我终于恢复了"销售人员"的本职工作。

## 构筑东南亚市场"桥头堡"

2014年，一家马来西亚代理商了解到威海广泰的装备后，想

## 第二章 从"制造业的优等生"到"制造业的组织者"

跟我们开展合作，但认为威海广泰产品的报价应在原有基础上打五折，因为他们觉得"中国制造"的价格就应该"奇低无比"。

当时的我们觉得被羞辱了，立即拒绝了这次合作。威海广泰的飞机牵引车等产品从 2009 年开始就陆续获取欧盟市场 CE（欧洲共同体）的"通行证"，产品性能及质量水平与国际标准接轨。从这件事情可见，证书也压不住偏见。这更激发了我们国际部的斗志，一定要拿下"家门口"的东南亚市场！

2015 年，有新加坡的代理商在马来西亚的机场了解到广泰的空港装备后，主动联系我们，表示想在新加坡代理销售广泰的空港装备。但是，他们提出了一个要求——先试用样机。空港装备单价高达百万元，直接将装备给他们试用属实是不小的风险。不过，新加坡是东南亚航空运输业最发达的国家，为了顺利进入这一市场，我们还是答应了客户的要求。在随后的试用过程中，客户提出了不少对于设备的修改期待，项目组都会立刻拿出相应的设备整改方案。这令客户和代理都没有想到，威海广泰真的愿意去按客户需求修改自己的产品。

欧美龙头公司占据东南亚航空装备市场的数十年间，形成了"客户应该去适应我的产品"的自信感。实际上，部分欧美公司没有考虑亚洲人的身高差异等问题，东南亚的机场在设备的使用效率甚至安全方面出现过问题，但他们没有选择。直到威海广泰出现了。

所以，新加坡的代理商很快跟我们确定了合作。其实，新加坡代理商这么快落定合作，有一个很重要的因素是，我们最初的价格确实比欧美公司更低。但低价确实也是没有办法，因为我们也急需找到一个"敲门砖"。打开新加坡市场，是威海广泰出海的重要一步。威海广泰的出海业务开始发生了重大变化——从找当地的代理"全托"销售，到自己开始主动参与新加坡机场的招标。

在持续的开拓中，新加坡的航空公司已经非常认可"威海广泰"品牌，有时欧美公司看到威海广泰的参标甚至会放弃竞标。随着威海广泰的集装货物装载机、食品车的市场占有率超过了五成，瓜分了"奶酪"，一些外国公司"放出风声"：新加坡的空港装备会被威海广泰垄断，航空业因此被威海广泰"绑架"。新加坡航空公司也有过顾虑，尝试换过厂家，但最终还是选择了威海广泰。即使威海广泰产品的价格逐渐跟欧美头部公司持平，看似不具备价格优势，但我们愿意倾听客户的需求去优化产品、可以提供完善的附加服务、产品的质量性能更加可靠。

依托新加坡这一东南亚"桥头堡"，威海广泰在印度尼西亚、马来西亚、菲律宾等东南亚国家的市场占有率快速提升，除了空港地面装备的"拳头"产品，也开始探索机场消防、医疗车辆等设备的销售。即使2024年以来，威海广泰的产品售价已经超过了欧美公司，但还是会有源源不断的订单。一些机场、航空公司、租赁公司会"点名"要威海广泰的装备。

有了一定的市场主动权之后，我们现在选择海外代理公司时，已经不像以前一样要求客户资源，因为威海广泰的品牌知名度已经打出去了。我们现在选择海外代理公司时，更看重他们是否具有售后能力。如果找不到符合条件的，我们就不找代理公司，将出国巡检、设备使用培训等售后流程自己来做，务必要维系好公司的品牌口碑。

### 主动出击"破冰"欧美市场

2018年，威海广泰国际部第一次真正考虑"跳"出东南亚市场，走向更广阔的"蓝海"。

随着威海广泰在国内空港装备领域成为龙头，瑞士国际空港服务有限公司（Swissport，以下简称瑞士空港）这一全球排名前三的地服公司了解到广泰的品牌，2018年与威海广泰在日本站点展开了合作，还主动邀请我们参加其行业内的首个全球招标活动。这一机会太可贵了。即使正值新春佳节，国际部依旧持续加班制作标书。部门的美国同事也用外国人的思维梳理了我们的标书。经过两轮高标准的投标，威海广泰从已交付产品的品质，到提供巡检、设备使用培训等服务，切实打动了瑞士空港。瑞士空港与威海广泰签订了框架协议，这成为拓宽我们在全球的销售网络的关键一步。

同年，为了进一步打开欧洲市场，我们联系到匈牙利机场代表，寄出了两台集装货物装载机给匈牙利机场试用，自此他们就"爱"上了这个装备。其间，这两台设备没有出现过任何故障。"你们一定要看看这个产品！"匈牙利机场方将这个发现告诉了南非明捷（Menzies）的采购负责人。明捷是世界上服务国家数量最多、服务机场数量第二多的航空服务公司，如果能与他们合作，可以助力威海广泰进一步打开欧美市场，能完全改变威海广泰"单点国家，小批量出口"的模式。

此外，随着全球"零排放"环保意识的日益增强，电动化已成为空港地面设备发展的必然趋势。公司创始人李光太敏锐地洞察到这一趋势，早在2009年就坚决地引领公司开启电动化产品的自主研发之路。经过10年的持续研究，威海广泰在2019年成为全球首家实现空港地面设备全系列产品电动化的制造商，实现了"换道超车"。这对威海广泰国际业务的拓展无疑是"如虎添翼"。

正当我们国际业务部门摩拳擦掌准备大干一场的时候，2020年伊始，新冠病毒感染疫情席卷全球，民航业遭遇了三年的行业寒冬。这些所有的突破与积累，都停滞了。

## "爆单"后的出海新思路

在全球民航业遭遇重创的那几年，一些国内外空港地面设备厂商研发生产停滞甚至破产倒闭。威海广泰的日子也不好过，2021年全年海外订单额只有大约6000万元。

我好像又回到了10年前刚进公司那般的"无事可做"，但我会主动给客户打打电话聊聊天，在社交平台更新威海广泰仍在国内市场稳定交付的各种案例、一系列技术水平领先的新产品等。

与此同时，威海广泰也在苦练内功、沉淀能力：开启了数智转型之路，大力开展智能制造和信息化建设，进一步做专做精，使产品性价比获得全方位的提升；通过生产基地建设和智能化改造，为产能的进一步扩大奠定了基础；进行创新产品的研发，智能化技术也在产品上得到逐步应用，无人驾驶开始试用、车联网系统为客户提供数字化的便捷设备管理增值服务、辅助靠机系统大幅提升了机场作业的安全性……威海广泰时刻准备着迎接国际民航市场复苏的浪潮。

2022年9月，欧洲空港地面设备展（GSE EXPO EUROPE）在法国巴黎举办。那时全球疫情处于形势严峻的时期，威海广泰董事长李文轩带领团队代表"中国智造"奔赴法国巴黎。威海广泰作为本次展会的首席赞助商和中国唯一参展商，成为全场的焦点。来威海广泰展台咨询产品的客户络绎不绝。此中原因，一是威海广泰有多年的铺垫和积累，在品牌方面有了一定的知名度；二是中国的空港地面设备电动化技术已经达到世界领先的地位，"中国智造"的产品竞争力更强大了，那些外国公司反而在电动化技术发展上已经落后了。

在法国展会上感受到"热度"之后，董事长李文轩又带领我们趁热打铁，在欧洲拜访了很多客户公司，加强交流合作；另外，他也敏锐地感知到了全球行业的爆发势头，当即通知工厂：加预投库存！

当年年底开始，我们国际部的销售人员只要一上班就能接到客户急着打来的订购电话："有没有产品？有的话速发！"国际形势的变化，导致很多供应链体系瘫痪，要在欧洲的厂家购买设备可能需要等待10个月，而威海广泰能够做到交期缩短至三分之一以内，更是用事实证明我们能够兑现承诺的"真诚度"。说实话，在空港地面设备行业将近两百年的历史中，很少有公司会把交货时间定得如此准确。

2023年，威海广泰的国际市场订单额再创新高，全年海外订单额达到6.21亿元，同比增长352%。众多远道而来的国际客户，在实地考察、检验、深入洽谈后，都对广泰公司的研发、生产、品质、服务模式等综合实力表示认同。

威海广泰拿下了很多大单的同时，与全球行业前五的其他地服公司也都在保持战略合作或深度合作，如世界上最大的联合航空服务提供商之一阿联酋德纳达集团（dnata）、涵盖了全球航空货运量50%以上贸易航线的新加坡新翔集团（SATS）等；与全球最大的地服设备租赁公司TCR签订战略框架协议，共同探讨GSE（地面辅助设备）租赁解决方案。

从全球来看，航空地面装备制造业发生了重大的变化，欧洲的能源、人工价格飞涨，让当地的装备制造业受到了猛烈的冲击，这些曾经技术尖端的企业，已经失去了发展新能源装备的先机。我国空港地面装备起步虽然至少比国外晚了30年，但在电动化上威海广泰却走在了前面，实现了"换道超车"，产品已遍布全球100多个国家和地区，服务1000多个机场，实现了中国空港地面装备从全面输入国到全系列产品输出国的完美"蝶变"。同时，由于威海广泰在空港地面装备行业的发展，现在进口设备价格普遍下降30%—40%。截至目前，威海广泰直接销售的产品可以为国家节约外汇金额超12亿美元。

2024年前三季度，威海广泰的国际订单达到8.2亿元，同比增长129%。我们公司新的战略是：未来3—5年，海外市场将成为我们的主战场。

我们决定在出海业务上进行新的升级。除了销售产品之外，我们将提供机场电动化系统解决方案，引领绿色潮流，大力发展新质生产力，努力实现机场产品智能化、无人化，改变现有传统使用模式。

董事长李文轩在2025年5月作为中国唯一一家民营企业参加"中法人文合作发展论坛"时表示，5年内，威海广泰要争取打造全球空港地面装备行业的第一品牌，并力争成为全国综合性应急救援保障装备系列最全的供应商。

中国制造业的兄弟姐妹们，现在我可以自豪地说，中国空港地面设备已经完全实现自给自足，电动化空港地面设备已经遥遥领先，我们已经成为全球空港地面装备的领跑者。虽然我们的出海故事一波三折，20年的出海征程在这两年才开始迎来海外订单的"爆发"，但我相信，以技术、质量为矛，真诚的服务为盾，我们的民族装备制造业将越来越好，在国际市场的认可度会越来越高。

第二章　从"制造业的优等生"到"制造业的组织者"

# 宝腾动力郭永涛：为大马国宝级汽车装上"中国心脏"[①]

我是宝腾动力副首席运营官，宝腾动力是马来西亚宝腾汽车旗下的动力研发和制造单位。

除此之外，我还有另一些身份，我是土生土长的中国人，家乡在陕西；我也是中国吉利汽车的一名员工。

也许有一些朋友会感到奇怪，为什么一位中国汽车企业的中国员工，会在几千公里之外的马来西亚为当地企业工作？

近年来，中国汽车出海大潮浩浩荡荡，除了直接出口整车产品，其他更多出海方式也相继出现，我们这些在宝腾动力工作的中方人员的经历，就是中国汽车供应链出海与管理出海的一个小小缩影。

诞生于1983年的宝腾汽车，被称为马来西亚"国宝级"汽车品牌。2017年，吉利收购了宝腾汽车49.9%的股份，此后开始主导宝腾汽车的管理，并向宝腾汽车导入更先进的整车与发动机产品，这也是我2022年后来到马来西亚工作的原因。

在大家的努力下，我们宝腾发动机新工厂不仅成功投产，而且生产效率持续提升，稳定地为宝腾汽车提供着高性能的动力产品。

对于这样的成绩，我深感自豪。同时，在异国他乡三年多的

---

[①] 宝腾动力副首席运营官郭永涛口述，濮振宇整理。

工作，让我也深刻地体会到，中国汽车、中国制造要走到海外，不是简单地说一句口号的事情，需要付出很多血汗。

## 起步：疫情冲击与时间压力

2022年3月中旬，我动身前往马来西亚参与宝腾动力项目。当时从国内机场出发的时候，身着全套新冠防护装备，拖着行李箱走在空空荡荡的候机大厅，现在回想起来，多少有点感慨和悲壮。

尽管我与马来西亚的缘分始于此，但宝腾动力项目早在2019年12月份就已启动，也就是疫情暴发前的一个多月，当时我还没有参与这个项目。随着疫情暴发，整个项目的推进受到了很大影响。最终在各方面的共同努力下，于2022年4月顺利交付。

在项目建设中，由于还处在疫情防控阶段，当时供应商方面把工厂的设备准备好了，却不太容易发出来，好不容易发出来，又遭遇港口封控，等运到马来西亚附近时，又因为这边港口封控货物运送缓慢。

等到设备最终运抵工厂，新的问题接踵而至。这些先进设备的安装很复杂，需要供应商派人员进行帮助。但是因为疫情管控，供应商那边派不出足够的技术人员。

最终，为了不影响进度，项目团队只能通过与供应商人员远程视频连线的方式获得技术指导。宝腾动力CEO尚文峰蓄须明志，每日现场办公，亲自跟进各项细节，协调资源，尽力推进项目进度。

在宝腾工作的这段时间，有很多事情让我至今记忆犹新。2022年6月，我们准备引进一款GEP3的变型机用于宝腾新的轿车。但是因为国内疫情管控，吉利的技术专家无法快速到宝腾现场支持，加之项目时间又紧，马来西亚本地团队的技术经验也不足，这些不利因素的叠加，使整个项目困难重重。

宝腾动力设备经理樊奎（当时他还在国内吉利公司工作）每天把自己本职工作处理完毕后，晚上10点多了还要远程连线帮助解决宝腾现场问题。现在已经记不得，有多少个夜晚凌晨2点钟我们一起使用远程协作的方式努力了。

他为了宝腾项目的顺利推进，在陪护女儿住院期间，依然在病床旁帮助宝腾排查项目问题。当他在电话里给我说"郭哥，等一下，我先叫护士给女儿换瓶药"，远在4000公里外的我，眼中的热泪再也忍不住流出来了。后来我总是给团队讲樊奎的故事，中国制造出海，要取得成绩，不是一件容易的事情。

## 挑战：人手紧张与任务繁重

除了疫情防控上的压力，我们还面临结构性的人手紧张问题。在国内的工厂，各部门人员专业能力强，人手也很充足，如果产品质量出了问题，质量部门可以立刻组建一支专业团队进行协同分析。

但在宝腾动力，虽然长期驻厂的中方业务骨干水平也很高，但人员数量有限，所以一旦出现问题，每个人都要担起好几个人的担子，无论是质量问题还是生产问题，大家都需要一起顶上去解决，不会再区分谁是哪个部门的。

由于人手紧张，大家的工作节奏也相对紧张。在工作时间上，大部分本地员工会按照当地规定正常上下班与休息，但我和中方同事们会更忙碌。

通常，我在早上七点左右到公司上班，晚上八九点结束，周末至少有一天会待在公司，有时候两天都会在。我们中国人的思维,是一旦认准一个事情,一定要把它干好,哪怕过程中自己付出多一些。

在宝腾工作中,因为文化、工作习惯、员工技能、管理制度等诸多方面都和吉利公司有很大差异,这就要求我们在日常的工作中更要主动管理、反复思考、精心安排、强力跟进。

例如,我的目标是保证新的发动机产品顺利投产,并且做到质量可靠与效率更优。我会评估,哪些因素会影响这个目标的实现,这些因素中哪些我能直接控制,哪些我能间接施加影响,然后我会想办法推动每个因素朝着希望的方向发展。

由于工作繁忙,我和中方同事们回国的机会不多。春节期间,由于当地只放两天假,所以我过年没有回国。2024年,我回过两次国,一次是4月份借着马来西亚当地开斋节放假的机会,另一次是8月份请了两天假再加上周末的时间。

## 本地化:主动尊重和持续引导

除了中国同事,宝腾动力99%都是马来西亚本地员工。马来西亚是多宗教国家,以伊斯兰教为主,其次是佛教、印度教和其他。所以,要把业务开展好,学习、理解和尊重各宗教文化、当地风俗是必不可少的。

为了改善、提升本地员工的工作意识和技术能力,我们选派优秀员工到吉利动力学习先进的产品技术,精益生产理念、质量意识;同时不间断地在本地组织各种培训,包括常用的汉语词汇培训等;培训结束后,还会立即开展分享活动,夯实培训内容的同时尽最大可能地向其他员工进行横向扩展。

在宝腾工作时,为了和团队保持顺畅的沟通,我办公室的门总是敞开的。我跟他们说,你们不要把我当作领导,只需要把我当作公司端盘子的服务员，任何人只要遇到困难都可以过来找我，我能解决的会立刻解决，我一时解决不了的也会多方沟通，妥善解释疏导。在这个过程中，我更全面地了解到了公司各个方面的情况。

在马来西亚，受当地法律、文化和习俗的影响，企业很难对员工进行负面激励。所以我们对本地员工的管理，主要是正面的引导。正面引导不只指对员工进行物质奖励，也包括一些精神激励。

当员工工作过程中检查出了质量问题、安全隐患以及其他贡献性的发现，我都会尽快找到这名员工，当面对他表达感谢，激励团队成员勇于发现问题、揭露问题和解决问题。

不仅是这种随机性的激励，我们也形成了一些制度性的奖励政策，例如我们每个月会评选月度之星，用以奖励那些在生产效率、质量控制或者安全方面做出了杰出贡献的员工。

如今的宝腾动力，不仅为马来西亚当地培养了一批更加成熟的汽车人才，也成了吉利培养国际化人才的一个基地。

此前，吉利动力派遣过一些刚参加工作不久的优秀"大雁"到宝腾动力轮岗学习，他们向我们共享吉利先进的技术，我们和他们一起探讨跨国文化背景下的企业运营。

有一位"大雁"员工，在我们这边工作一年半。他积极主动的工作态度和高效的学习能力，得到了宝腾团队和吉利团队的高度认可。他在回国后直接晋升为吉利的储备干部，将来也一定能为吉利国际业务贡献出更多的力量。

## 收获：运营突破与自我实现

过去两年多时间，我和同事们遇到了很多挑战，但我们并不害怕挑战，虽然挑战的一面是困难与辛苦，但另一面却是成功与自豪。

在国内，由于资源比较充足，所以每种型号的发动机都是一条单独的生产线。但在这里，一方面考虑产品战略，另一方面也考虑生产投入成本，所以我们现在要实现混线生产，也就是三缸机、四缸机在同一条生产线上生产。

混线生产这件事，对我们的技术以及综合保障体系提出了非常高的要求。很多时候，要做一个新的东西很容易，但要把老的东西改一改，去兼容新的东西，尤其像兼容不同开发平台的三缸和四缸两种发动机家族的柔性化生产，是非常不容易的。

一个很大的挑战在于，我们不能长时间地把现有发动机生产线停下来专门进行改造，因为在宝腾，只有一条生产线可以供应现有的 GEP3 发动机。这就要求我们项目进展要快速、稳健和成功，同时还要展示出卓越的质量管理能力，确保为项目改造准备的上万台发动机的质量不能出问题，否则就是重大的质量事故。

为了确保项目的顺利，同时提升团队的工作效率，我们每天要开很多个日清会，这些日清会涉及人员签证、现场施工、IT 资源、现场变化点管理等。

2024 年 11 月底，经过改造的发动机生产线调试工作接近尾声，马来本地试生产的发动机一次性热试点火成功，这让我们获得了非常大的成就感。

这些年，工厂的本地工程师队伍逐步组建、扩大，相较于最初团队的稚嫩，如今大家更加自信，意志更加坚定。这种培养人、传授知识、共同进步的过程，让我们这些海外工作者们非常有成就感。

对于我们而言，在帮助本地员工成长的同时，自身也在学习和进步。宝腾汽车 CEO 李春荣和宝腾汽车动力总成 CEO 尚文峰都是非常勤奋和谦逊的人,即使是在周末,也几乎看不到他们有休息的时候,平时待人也非常友善。他们带给我和同事们很大的启示和激励。

当初,远离家人,来到马来西亚工作,内心有过挣扎与犹豫。但现在回过头去看,在这里工作的过程中,从语言能力、跨文化交流能力到业务运营能力,我都得到了很大的锻炼,积累了很多宝贵的经验。

更重要的是,作为中国制造出海的一分子,能为吉利事业和国家事业贡献一滴水的力量,我已非常满足了。只是在这个过程中,家人为我付出了太多太多,我无比愧疚,也心怀感谢。

# 艾比森丁彦辉：用"一块 LED 屏"闯荡世界[①]

我想与您分享艾比森——这家来自深圳的 LED 显示企业二十多年来扬帆出海的故事。回望这段历程，从最初怀揣 10 万元起步，到如今业务遍布全球，从懵懂摸索到勇敢亮剑，我们在国际市场经历了无数考验与成长。希望通过我的讲述，您能更真切地了解中国企业走向世界的故事和思考。

## "哀兵必胜"

2001 年，艾比森在深圳注册成立。其实，公司名字的由来就带着一股"不服输"的韧性，它取自"哀兵必胜"的谐音。创业时我们只有 10 万元资金，完全是从零起步。那时 LED 在中国还不算家喻户晓的技术，对于国际市场更是鲜为人知。当时有朋友说："你们这名字像是外国企业的名字，好洋气。"听到这话，我心中隐隐有个念头——能不能把产品卖到外国去？然而，这在当时几乎是天方夜谭：我们资源匮乏、经验不足、语言不通，外贸渠道更是一片空白。

前五年，艾比森在国内挣扎着生存，销售额很低，竞争力不强。中国市场当时缺乏成熟规范与规则，价格战和一些乱象让我

---

[①] 艾比森董事长丁彦辉写于 2024 年 12 月 10 日，郑晨烨整理。

们很痛苦。2005年，我们的年销售额才600多万元人民币，日子并不轻松。我不断问自己：有没有更广阔的天地？有没有一块更有价值的市场，让我们超越现有的竞争格局？

就在2005年，一个偶然的机会改变了我们的方向。当年秋季广交会上，一位伊朗客户在我们的展位上看中了一块LED屏，当场掏出6000美元买走。要知道，这块屏只值3000美元，他竟二话不说多给了一倍现金！这事儿让我大受震撼。这激发了我出海的信念——既然海外市场对优质产品有需求，那么我们为什么不亲自走出去？

那一年，我们第一次迈出国门。我报名参加广州的展会，认识了一位来自沙特的客户，对方有意采购。对方说："你来沙特，我就给你签合同。"我记得是2005年8月，我揣着合同去了沙特，第一次踏上中东土地，在那个陌生的国度艰难地寻找机会。签下的合同是40万元人民币，20万元利润，对我们当时的规模来说简直是天降喜讯。

可随之而来的经历，让我在海外舞台上了真正的一堂课。那位中间商告诉我："你别说你来自中国，如果客户知道你是中国人，他们就不愿买单。你就说你是日本来的，或者干脆别说话。"当时的中东市场上，到处是韩国现代、三星、LG和日本索尼、松下的产品，中国制造的影子并不多，中国品牌在当地消费者心里并无地位。中间商希望用日本品牌的名头糊弄客户，从中赚取数倍差价。可是这与我们诚信经营的价值观背道而驰。我拒绝隐瞒产地，我不想靠欺骗的方式赢得市场。

我在沙特待了将近一个月，发现广告显示的需求很大，于是扛着样品、记下广告公司的电话号码、回到酒店一通电话打过去，自称来自中国的LED屏品牌，这才陆续吸引客户主动上门考察。其间，我误入麦加圣城，在高速路上看到"Only 穆斯林"（仅限穆斯林）的标志才意识到自己闯进了宗教禁地，险些出不来，还好中国使馆帮助了我。

回国后，我在中国使馆遇到一位姓杨的经济参赞，留下了一些资料。没想到后来一位中东客户来办理赴华手续时，无意中看到了这些资料。于是，使馆人员推荐了我们，间接促成了一个600万元的大订单！想想看，2001年成立到2005年，我们用5年时间才做到600万元的年销售额，这一下，一个海外订单就让我们翻倍，而且还有300万元利润。这笔钱让我们迅速发展壮大。于是，我决定把更多的资源和精力集中于拓展国际市场。就这样，我们先在中东站稳了脚跟，然后再延展到印度、东南亚、美洲和欧洲市场。

## 向欧美进军

2006年后，我们去了美国，2007年开始在美国市场探索，零零星星地卖出一些产品。2008年，我们的销售额就已突破1个亿。随着经验积累，我们逐渐涉足高要求的发达国家市场，如日本、德国和英国。这时，另一件冒险之举为我们奠定了长远竞争力的基础。

2007年，我决定投入1000多万元资金用于研发和生产LED灯珠，从而摆脱对美日供应商的依赖。当时公司账上只有1000多万元的流动现金，全是客户预付款和供应商货款，一旦赌输，公司可能崩盘。但我坚信，如果不掌握核心技术，老是依赖美国和日本的LED灯组件，就会处处受制于人，不仅在价格谈判中毫无优势，连交货周期也无法得到保障。

我狠下决心引进了新加坡的顶尖封装设备，并组建了一支专业的技术团队，实现了自主封灯投产。这让我们从零配件开始把关品质，不仅大幅降低了成本，还显著提高了生产效率，形成了独特的品质与成本优势。

2008年国际金融危机爆发，欧美市场萧条，客户订单急跌，导致我们一度陷入困境。但2009年后，随着中国政府推出4万亿元投资计划刺激内需，我们凭借高品质和快速交付能力赢得国内市场认可。一方面，国内的广告公司和地产商发现我们的产品不输海外品牌，价格还更具优势；另一方面，我们同时也推出了零首付、现货供应的市场政策。就这样，我们迅速打开了市场局面，2009年销售额已突破2亿多元。

这次自研封装的冒险，为我们在未来竞争中奠定了坚实的基础。经济回暖后，我们开始在日本、美国以及欧洲高端市场发力。日本客户严苛却谦逊，会把他们的标准毫无保留地告诉我们，还会派工程师到我们工厂手把手指导，直到产品能符合他们的要求。他们不会对价格斤斤计较，只要求品质到位，愿意支付合理利润，认为这是我们研发和管理投入应得的回报。美国市场的特点则是法律与竞争极其复杂，有时我们需要应对突如其来的法律挑战，维护自身的合法权益。

面对不同国家的文化和商业习俗，我们的全球团队不断学习，提升自身应变能力。日本重礼与信任，美国讲规则与博弈，德国刻板而严谨，中东讨价还价不断，东南亚与印度更看重价格……这些都成为我们成长过程中的磨砺。

## 从沙特户外广告牌到登陆巴黎奥运赛场

当你在电视上看到巴黎奥运会、卡塔尔世界杯、NBA全明星周末篮球赛、杭州亚运会、欧洲杯等顶级赛事时，或许未曾留意到那些赛场边的LED围栏屏、交互地板屏、计分屏，而它们就来自我们艾比森。对于艾比森而言，能为顶级赛事提供显示解决方案，是多年深耕海外市场的结果。

2008年后,我们成功在欧美高端赛事市场站稳脚跟。曾为德甲定制电子围栏屏,让原本只能挂两块广告牌的球场实现轮播多条广告,大幅提升了赛事赞助的商业价值。2022年卡塔尔世界杯,我们为8座场馆提供LED显示解决方案,从记分屏到看台屏,从球场围栏屏到互动设备,总面积超2000平方米。

2024年,NBA全明星周末篮球赛首次使用我们的LED地板屏,球员可佩戴特制追踪设备,与地板屏互动。赛事直播将我们的技术呈现给了全球观众。2024年,我们为巴黎奥运会提供超过50块巨型LED屏幕,让60万名塞纳河沿岸的观众能清晰地欣赏开幕式盛况。

这些舞台是世界级的,进入它们意味着我们通过了全球最严格的筛选,证明我们的品牌、技术与服务已获得国际公认。这是最有力的"出圈",也是中国企业在国际体育商业世界的金字招牌。

## 知识产权"战场"

在全球市场上,没有技术与规则意识就走不远。2018年,我们遭遇了一场凶险的知识产权诉讼。一家美国公司通过"337调查"手段控告包括我们在内的中国LED企业侵犯其专利,企图获得高额和解费或阻止我们在美国市场销售。

"337调查"是美国威力巨大的贸易保护武器,一旦败诉,我们的产品将被禁止进入美国市场,我们在北美多年的耕耘将付诸东流。不少中国企业面对这种调查常选择退让和解,掏钱了事。我却认为,我们没有侵犯专利,为何要支付这笔钱?这关系到中国企业的尊严和根本利益。

我聘请中美两国的律师团队,用了3年多时间收集证据及论证技术独立性。其间对方屡次试探以几百万美元的金额和解,我坚持不让步。我们拿出公司价值观证据链:不说谎、不造假、不行贿；我们依法合规经营美国市场，产品创新有据可查。2021年6月，美国得克萨斯州东区联邦地区法院陪审团一致裁决我们胜诉，对方专利全部无效。这在中国LED行业属首次获胜，令许多国内外同行振奋。

赢下这场官司，我们花了整整5年时间，投入了大量人力物力，但证明了中国企业可以在对方的法律体系中，堂堂正正赢得尊重。这场胜利为行业树立了标杆，也展示了我们坚守诚信、严守品质和规则的底气。

随着我们的全球市场扩张，我越来越体会到企业文化的力量。艾比森的价值观，很早就定下底线：不说谎、不造假、不行贿。因为有坚守，才能赢得海外客户的信任。日本客户看到我们如实沟通、不虚报数据、按时履行承诺；美国客户在法庭上见证到我们证据链清晰、无歪门邪道；欧洲客户感受到我们对品质和环保标准的尊重。这一切，让艾比森能与高端客户建立长期合作关系。

2007年起，我们着手数字化转型，建立18个IT系统，投入超过5亿元，从研发、采购、生产、销售到财务数据全部打通。全链条信息化管理，让我们能实时掌握库存与订单，快速响应全球客户需求，也让我们具备应对海外市场突发变化的韧性，提高了决策效率。

当全球疫情突袭时，海外业务受阻，我们迅速调整策略，在国内市场推出"植树计划"，100天内在337个地级市建立经销网络，反而在2020年逆势保护了现金流和业绩。在这种灵活应对中，数字化体系和流程制度化功不可没。

**品牌出海的意义与全球布局的思考**

2023年，我们营收突破40亿元，海外收入占比超过六成。

2024 年我们入选第八批国家级制造业单项冠军企业。未来，我们的策略依然是深耕全球市场。

随着国际形势多变，地缘政治与贸易摩擦加剧，我常思考未来的出海之路。有人说，逆全球化抬头，是否该退缩？我相信人类命运仍有交集，科技与贸易分工终不会轻易倒退。中国走向高质量出海的时代已来临，但出海不应盲目，不要一窝蜂地"冲"，而应重视规则、技术、文化与品牌建设。

我经历过中东市场的讨价还价，也亲历过欧洲客户的高标准要求。不同国家和地区有着各自独特的市场需求：欧洲市场多元，法国强调奢侈品与文化氛围，德国严肃严谨，这都要求我们用真技术、真品质赢得市场。在美国，法制和竞争环境崇尚对抗，企业必须敢于应战；日本则讲求谦卑、长期互信。我们必须理解每个市场的独特性，以当地化团队、本土化研发制造、持续创新来赢得尊重。

企业出海不是简单赚加工费，而是要成为全球品牌。制造业要走上价值链高端，从代工到品牌创立，从满足海外订单到赢得海外客户信任，需要持续进步。否则，一旦成本优势不再，企业将在国际竞争中失去立足点。

## 让世界绽放至真光彩

至此，我回顾了 20 多年的出海历程。我们曾在异国寻找第一个客户的踪迹，也曾在法庭上为知识产权而战；我们在麦加高速路上迷路过，在美国市场上与专利流氓周旋过，在日本客户面前学习过谦卑和精细化标准，在欧洲聚光灯下绽放过品牌光彩。

这些经历让我愈发相信：一个中国企业走向世界，靠的不仅是价格优势，更靠技术实力、品牌意识、文化自觉和守法诚信。

我们以"一块 LED 屏"闯荡世界，其实也是以我们独特的价值观和企业精神，在全球商业文明的棋局中落下一子。

我希望各位读者，你们能坚信——中国企业大有可为，但必须耐得住寂寞，坚持不说谎、不造假、不行贿，坚持创新和服务，不怕与世界强者交手，不畏眼前的低谷和漫长的黑夜。

未来，艾比森将持续攻坚高端市场，创新技术路线。或许有一天，你们会在非洲大陆的体育场、南美的商业街、欧洲的文化地标看到我们的大屏幕，借由商业这个载体，把中国的诚信、创新与智慧传递给世界。

当我们在世界各地点亮那一块块 LED 屏时，也是在改变他人对中国的固有成见，让更多人知道：中国品牌不仅经济实惠，也更有技术含量，有道德准绳，有持续改进的决心。

回顾过往，我仍感自豪，我们从一家不足 30 平方米的小办公室起家，如今全球客户在 140 多个国家和地区都能见到艾比森的名字。在充满变化与不确定性的时代，我们将秉承初心，用诚信与创新在世界的舞台上不断进取。祝愿你们——无论是正在海外事业前线的同仁，还是对中国企业国际化充满兴趣的读者，都能在这条出海之路上找到自己的坐标与方向。

愿这篇文章让你感受到，我们的出海历程并非平坦，但始终笃信分工协作和价值共创。尽管有风浪，我们仍以诚信、创新、责任为帆，驶向更广阔的世界。中国企业与世界共享机遇，最终让全球价值链更繁荣，让人类在多元合作中互利共赢。我们会继续坚守初心，在国际舞台演绎中国制造的魅力。

当时代洪流湍急，我们唯有坚守本心，拓宽能力圈，与世界各地的合作伙伴共建公平、可持续的产业生态。也唯有如此，中国企业才能在全球经济版图中书写新的篇章。

# 雄奇音响陈小峰：耐心陪伴客户，剩下的交给时间[①]

身处更加细分的汽车音响赛道，雄奇当前的业务规模、出海路径，或许并不能对同行或大企业提供建议。但对于更多中小制造企业来说，我们可以跟大家分享在海外打拼30多年历程中的一些体悟。

在20世纪90年代初成立时，雄奇音响器材有限公司（SAGA，下称"雄奇"）还是一家名不见经传的小家电制造商，产品以蓝牙音箱、卡拉OK机等为主。1997年亚洲金融危机时，我们其实遇到了很大的生存困境。当时的"最后一搏"反而为后来的业务转型打下了基础。

1997年前后，家庭影院是市面上的流行产品。相信现在很多"80后"对客厅电视机两侧摆放的音响还有印象，即俗称的功放（功率放大器，以下简称功放）。早期的家用音响其实是没有功放的，里面就是几个普通的喇叭，即无源音箱。我们当时做了设计上的创新：把功放进行微型化改造后放进了音箱里，也就是现在说的有源音箱。雄奇算得上是开发家庭迷你音箱和有源音箱的先行者。这个在今天看来或许很寻常的设计，在当时却是爆款产品，雄奇也因此起死回生。

但家庭音响始终是一个技术门槛低、产品设计同质化严重的

---

[①] 雄奇音响器材有限公司董事长陈小峰撰写，高若瀛整理。

赛道，行业发展的天花板不高。

2000年前后，我们偶然间接下了香港外贸代理商开发汽车功放的订单。开始，我们只是小批量试做。没想到，外贸代理商对成品十分满意，订单也越来越多。

在这个过程中我们发现，无论是当时的海外市场还是未来的中国市场，有更高技术壁垒的汽车音响都会有更大的发展空间。汽车功放的门槛体现在产品的设计工艺和电路配合等方面。当使用场景变成汽车时，音响要面对振动、灰尘、湿气潮气侵蚀、高低温急剧变化等各种复杂问题。

但我们认为，有高门槛的技术才有投入的价值。尽管当时汽车音响业务仍处在从零到几千台的起步阶段，我们最终还是决定两条腿走路，转型做汽车音响。

彼时，全球汽车产业的发展格局决定了汽车音响这个配套业务生而全球化的命运。2000年前后的国内市场远没有成熟到支撑如此细分领域的发展。因此，转型做汽车音响那刻起，我们绝大部分业务都来自海外。做到2008年时，雄奇的汽车功放年产销量已超百万台，位居全球汽车功放产量第一，产品也销售到了全球100多个国家和地区。

## 出海1.0：从寻找到陪伴

出海一直在雄奇的基因中。还没有涉足汽车功放领域时，我们就一直做边境贸易。当年刚大学毕业进入父亲创办的雄奇时，我负责管理的就是广州的线下零售店，时常会跑到边境城市开拓业务，很早就接触过来自缅甸、泰国等各国的商人。

但对于当时的雄奇来说，最快打开全球市场的办法就是参展。当时印象很深的是，2004年，我们就在国际消费类电子产品展览会（CES）上租了60平方米的大展位。以至于美国当地很多品牌商路过时都很好奇：SAGA是谁？这是个很大的品牌吗？之前怎么没听说过？

正是这种机缘，我们能够结识很多客户，MB QUART（歌德）就是其中之一。MB QUART是德国一家有70年历史的资深汽车功放品牌。MB QUART当年正好在考虑更换供应商，但他们对我们的资质始终将信将疑。展会结束不久，品牌商就连同美国当地的经销商飞到中国香港。我们又专程派人把他们接到工厂考察。这是雄奇比较早期接触到的头部品牌，直到今天我们还保持着紧密合作，已经将近25年了。

在早期拓展阶段，我们以每两个月参加一次国际展会的节奏，全年无休地在全世界各地参展。哪怕是当地名不见经传的小展会，我们也会参加。只要到现场，就会有收获。通过这种方式，我们收获了大量来自全球各地的客户。

一个有意思的分享是，今天泰国最大进口商之一的TAESHIN INTERTRADE（泰信国际贸易），背后的老板当年只是一对年轻的零售店夫妇。我们就相识于2003年的香港秋季电子展。当时，MR.SEE（西先生）很懂音响，却没做过进口生意。后来就变成，我也去考察他的泰国门店，发现他们夫妇二人很真诚。尽管没钱，两人却有年轻人敢闯的干劲。我们就针对泰国市场的需求定制产品给到他们，出于信任，有时我们给他们的账期能拉长到一年。

印度尼西亚也有类似的案例。Mr.Irwan（伊尔万先生）最开始也是什么都不懂的年轻小伙，但通过十多年的合作，当年的小老板如今创立了印尼最著名的汽车功放品牌VENOM。在这些过程中，我们见证着世界各地大大小小客户的成长，乐见于他们销售我们的产品，做大做强。

也有人会问我：当年这些客户都很小，你们是抱着怎样的心态去跟他们合作，不担心被骗？我父亲时常教育我：做生意要会看人，要长远地培养客户。就像MB QUART最开始也愿意相信我们一样。我们出海到一个国家，从简单的销售产品代理或卖货的客户，到最后彼此的互相成就，这些都需要时间。

雄奇不是严格意义上的品牌出海，却是相对成熟的产品和服务出海。只有客户不断成长，我们才能够通过他们的订单来支持自身的壮大。不夸张地说，雄奇在全球100多个国家和地区都有这样深度关系的客户。

如今，雄奇合作的品牌既涵盖行业近半数的头部品牌，也有一半业务来自世界各地的区域性中小品牌。有些品牌甚至跟我们建立了"背靠背"关系，即雄奇成为品牌的服务商。上述提及的MB QUART，我们就买断了其在全亚洲的经营权，负责该品牌在亚洲整体的研发、生产、销售及运营。我们秉承着一种理念：亚洲人才知道亚洲人需要什么。我们会根据亚洲人的特性，自主研发适合亚洲市场的产品。2023年，在我们的运营管理之下，MB QUART在亚洲地区的销售额上涨了200%。

即使在疫情封控期间，我们与全球客户也保持着每周3至5场的项目开发会议。2022年11月底，我还是佛山首批出海抢订单企业家团中的一员，从德国的法兰克福、波兰，到意大利、卢森堡，再转机去美国、墨西哥，又转头去泰国、马来西亚、澳大利亚。前后将近3个月时间，我几乎拜访完了雄奇所有重要的客户。很多客户看见我的第一反应是"老朋友终于能够再聚"的惊喜，他们很多人说，我是疫情后第一个前来拜访的客户，就凭这一点也不能让我空手而归。这一圈跑下来，我也收获满满地给公司带回了10万个订单。

## 出海 2.0：先找需求再生产

不同品牌的音响千差万别。就像服装，有人喜欢运动风，有人喜欢西装。音响的差异性也会体现在音质以及整体的设计风格上。在音质方面，有的消费者喜欢比较安静的音乐，有些品牌的设计就更倾向于人声的轻音乐。像雄奇的自有品牌 Marriola（马路乐）就更加时尚，比较符合年轻人喜欢较重低音的欣赏品位。而美国品牌 JBL 低音和摇滚的感觉会更多一点。

消费偏好的差异不仅体现在品牌调性上，还会体现在区域性的特征上。当面对全球众多细分市场时你会发现，没有哪个爆款可以直接复制，这也是雄奇在过去出海多年间面临的最大挑战。

像亚洲市场特别流行的高级 DSP（数字信号处理）数码调音功放，在美国就不流行。不管亚洲、欧洲卖得多疯狂，美国人就不"感冒"。当我真正来到美国市场会发现：别看那里是全球科技的高地，但普通百姓并不喜欢复杂的调音技术。美国消费者会觉得这些功能很麻烦。我们随之调整策略，把设计重心放在传统的功放产品上，在基础功能之上再相应增加新功能，尽量用最简单直接的设计去迎合美国消费者的需求。

同样的道理，在美国市场，我们做了很多大功率的功放产品，如 5 千瓦、8 千瓦，甚至 1 万瓦的功放都有。1 万瓦的功放是什么概念？就好比一面墙里安装了 20 个 15 寸的低音喇叭同时外放。美国消费者称这样的方式为"炸街"，音量大到能炸碎玻璃。

美国消费者就喜欢这样的风格。但亚洲和欧洲的消费者就完全不"感冒"，他们只喜欢更加柔和的音乐。针对后者，我们更多是要做低音设计，把产品设计成大概月饼盒大小，可以放在汽车座椅下面。我们要因地制宜随时改变产品思路。

除了生产不同的产品，我认为中小企业出海，企业家最重要的是要调整营销观念。至少在雄奇看来，我们要做市场需求的东西，而不是自己做好产品再去销售。从这个意义上看，我们从不做市场调研，从来不会主动推新品。我们是反过来的，先去市场上看有什么产品，前瞻性地了解市场需要什么，才去做市场需要的产品。

有人会好奇：究竟如何预判，又该去哪里获得这些信息？这些信息其实就在品牌客户的脑子里。我的方法或许看起来很传统甚至有点"笨"：跑到各地市场，与每个客户当面讨论。但我们当面聊的重点不是谈订单，而是谈未来的需求。

前不久，我刚从墨西哥回来，此前一直住在当地 HF AUDIO 品牌客户的家里。我们两人三天三夜、没白天没黑夜地聊当地的市场和未来需求。我相信，如果能和客户做到这种程度，企业肯定能够拿到订单。

但跟客户谈需要时间，不可能客户今天说有什么需求，明天企业就加紧去生产。这样的客户大概率已经发了同样的邮件给到几十个供应商。竞价压力大不大？肯定大。几十家工厂，每家便宜一美元，整体就低了几十美元。若产品才卖五十美元，企业接这样的订单哪里还有利润？

因此，我们要明白，中国企业的优势在哪里。整体供应链的制造能力是我们的优势，品牌营销也是中国企业逐步要加大的一个发力点，我们在这方面还需要练好内功，从而增加产品的附加值。目前，广大的中小企业只有先把产品做好，把服务做扎实，才能做到与客户共同聊市场和附加值，客户最终才会将订单回馈给你。

# 捷仕金属、多乐食品薛光：一颗钉子铆定非洲市场[①]

人生过半，回想起来，一直在赶路，都没有好好停下来总结。我叫薛光，1997年毕业后在江苏镇江外贸公司工作，出口小五金；直到2012年，深知做中间商只能赚到微薄的差价，我带着一腔孤勇飞到埃塞俄比亚（以下简称埃塞），买地建厂，先后投资了五金厂、纸箱厂和饮料厂等，真正把根扎在东非这片土地上。

## 从一颗瓦楞钉开始

我是河北定州人，大学在兰州读了计算机相关专业，在大学毕业前都鲜少接触到外贸行业。1997年大学毕业后，我到了江苏镇江一家做小五金出口的公司工作。

从那里开始，一颗瓦楞钉改变了我的一生。

瓦楞钉有什么用处？非洲许多国家的老百姓有钱后，喜欢把房顶改成彩钢瓦，但由于没有电钻工具，也没有国内常用的钻尾螺丝，当地人常用杆直帽圆、细长形的瓦楞钉，把彩钢瓦和木头钉到一起。我在埃塞成立的第一家公司叫捷仕金属，它的车体广告画就是一只大象站在一颗瓦楞钉上。

在来埃塞之前，我主要采购江苏、浙江一带的小五金产品，

---

[①] 捷仕金属和多乐食品创始人薛光口述，陈月芹整理。

将它们销往非洲,中间需要经过许多外贸商的手,利润也一再被摊薄。

2012年,我决心直接到埃塞寻找机会。当时,埃塞还处在工业化初期,物价是中国的2—3倍,几乎所有非农产品都需要进口,附加在产品上的关税、运输成本、交易成本都很高,光运输费用就能占到总成本的三至四成。

来到埃塞后,我选择建工厂生产瓦楞钉。当时卖瓦楞钉基本是100%以上的利润,而我们实现本地化生产后,把中间的供应链缩短了,跨过了出口商、进口商,直接进入终端市场。后面几个工厂的投资本钱,都是靠这一颗颗小小的瓦楞钉挣出来的。

最初到埃塞时,我一边在当地培训机构教中文,一边向政府申请建厂的土地。那时,在埃塞买地不算难,提交买地申请后不到一个月就收到了政府的电话"你的地批下来了,可以过来办手续了"。那一刻,我是蒙的,过去我是做贸易的,没有开过实体工厂。

最终批下来15亩地,约1万平方米。我壮了壮胆,那就开干吧,没有回头路,找来当地施工队就筹建起4800平方米的大厂房。

在建厂过程中,土建是最难的。因为埃塞的土地是黑土,遇水会膨胀,一下雨,整个小腿全被黑泥包围。第一个集装箱到货时,大货车直接陷在半路,最后得用吊车吊出来。我们只能把土换掉,挖掉地面以下一米多的黑土,再到山上取火山灰等其他土来回填,步步艰辛。毕竟从来没有盖过房子,不懂土建,跟当地施工队也不太熟。

我对厂房的大小也没有概念,建成后,偌大的厂房里孤零零地放着十台机器;我也没有算好账,没调配好资金,最后把建厂经费都花超了。

这些都是我踩过的坑。

不过，就凭着这股冲劲儿，先迈出步子，才会知道哪些地方错了，再去改正、优化。建完第一个工厂，第二个工厂就有了经验，到牛奶饮料厂的时候，我就直接买工厂，不再从头建厂了。

## 瓦楞钉撬动纸箱商机

我在埃塞开的第二个工厂是纸箱包装厂，和瓦楞钉工厂息息相关。

早期，瓦楞钉工厂年产量才 1000 来吨，慢慢涨到 3000 吨甚至 5000 吨，封装的纸箱都是在当地采购，常常紧缺，因为埃塞工业化基础薄弱，工业化产品封装的需求较少。

我们都知道现实情况是纸箱不足、价格偏贵，但在当时，纸箱对任何一个工厂而言，仅仅是包装物，只占成品售价的 3%—5%，因此我们对纸箱价格不太敏感，瓦楞钉的利润之高已经足以让纸箱费用忽略不计。只要你能供应纸箱，我就谢天谢地了。

为此，我们"忍"了 5 年，后来随着瓦楞钉产量逐年上涨，到 8000 吨时，纸箱短缺的矛盾变得十分突出。我们窘迫到只能找各类小（纸箱）厂凑货，有时货送过来才发现质量不太好，有时送货不及时，大纸箱厂还偶尔说话不算数，延迟交货。纸箱供不上来，五金产品只能在工厂里堆着。确确实实吃了很多苦后，我才有了投建纸箱厂的冲动。

当然，我没有生产纸箱的经验，契机是有一次回老家河北定州，对接上了当地有十余年经验的纸箱厂，双方一拍即合。

2017 年，我在埃塞新开了一个纸箱厂。开纸箱厂，起初是为了解决自己钉子的包装问题。不过，现在来自钉子厂的收入对比纸箱厂的收入已经显得微不足道。纸箱厂快速赢利，在两三年内就把投资额全收回来了。

大背景是埃塞的工业化逐渐上轨道后，每个工厂的产品都需要包装，而纸箱行业属于卖方市场，生产方拥有充分的定价权。而且，我们工厂的纸箱供应稳定、质量好，即使价格稍贵，但纸箱占客户整个产品的成本不会超过10%，因此客户并不太在意箱子的价格。

纸箱厂来自外来客户的订单多起来后，每个纸箱订单过来，我就清楚对方的产量到底有多大。我从中发现，纸箱需求最大的甲方主要是食品企业，占比60%—70%。在这样的情况下，我们觉得，埃塞的饮料行业充满商机，我想做一个埃塞版的"娃哈哈"。于是在2020年新冠病毒感染疫情期间，我又通过收购牛奶厂，成立了饮料公司多乐食品。

## 做 To C 生意好难

迄今为止，在我投资的所有工厂里，经营难度最大的是饮料公司多乐食品。

我对牛奶饮料的生产管理、产品定位和设计、营销等毫无经验，在国内也没有相关的产业根基和人脉。

这不仅仅是跨行业的问题，经营策略也需要从 To B 向 To C 转变。以前不论是做建筑五金，还是做纸箱厂，外贸或直销背后都是 To B 的生意，而我有着国内和埃塞十余年的经验，自然得心应手。

To C 就不一样了，To C 把我搞得好苦！我必须建立一个庞大的营销体系，这时我的弱项就出来了，这也是20世纪90年代一批较早出海的小老板们的共同弱点：我们对某个垂直领域的生产和成本把控熟能生巧，但要去横向了解整个消费市场时，理论和实战经验都不足。

2020年，我们到呼和浩特等奶业发达的地方考察，同年5月，疫情期间，我两个月时间飞了1万多公里，签了18份合同，终于把奶线全都定下来。9月，我带着十来个中国师傅，回到了非洲。

埃塞的奶源主要依赖小规模牧场，产奶量和质量都很不稳定。为了确保原料供应，我与当地奶农展开合作，通过技术培训和资金支持，逐步提升他们的养殖水平。同时，我们从国内引入了先进的加工设备，与中国乳业企业展开战略合作，构建了一条从牧场到终端的产业链。

生产出来的牛奶怎么在埃塞销售、怎么营销是一个很棘手的问题。我多次到新加坡、美国谈合作，对方一听是非洲就觉得没什么潜力，最终都不了了之。一番折腾后，最终解决销售渠道的"贵人"，竟然是我现在办公室对面超市的老板。

有一天，一个在埃塞做电缆工厂的中国老板到我办公室吐苦水，无意间指了指我办公室对面一家当地最大的商超说，这超市原来是法国人开的，现在被埃塞当地人买下来，是面向高端阶层消费的超市，有大量进口商品。这位朋友已经和商超（超级商场或者大型连锁超市）老板合作了10年。

我一听，眼睛都瞪大了，这不就是我满世界找的牛奶销售渠道吗？开超市的人直接To C，知道哪些产品卖得好，而一家要做高端进口商品超市的老板，本身缺外汇，货架经常放不满，本地供给不足，进口奶又急于找到本地化替代，尤其是高端人群有喝巴氏杀菌奶、超高温杀菌奶的需求，这恰好是我下一步要投资的方向。

有了中间人的信誉背书，我和商超老板一拍即合签约合作，如今，多乐食品的乳制品已经进入埃塞的大型商超。

# 第二章 从"制造业的优等生"到"制造业的组织者"

## 四座大山压顶

埃塞既充满机遇，也充满不确定因素：2020年11月，埃塞俄比亚爆发内战，尤其是在疫情之后，通货膨胀难题正在考验各行各业。

有四座大山压在中国投资人头上，这是不争的事实。

第一座大山来自移民局，外国人的工作签证从2023年的100美元/年涨到1500美元/年，中国人去埃塞后最先头疼的就是怎么取得一个合法身份留下来工作。

第二座大山是关税，本来一个正常货柜的关税是100万比尔，现在收完后过一两个星期要求补200多万比尔。加税名义是海关产品估价不合理，例如原本从中国进口1美元的东西，海关认为估价过低，要求按照3美元重新收税。从中国进口东西，但拿欧美的价格（如亚马逊）做参考标准。

第三座大山是企业和个人所得税，对外国投资者，个税起征点是2000美元（约25万比尔），而当地人的最低个税起征点是600比尔。

第四座大山是消费税，在15%增值税的基础上，2024年6月，埃塞政府宣布对电力、交通和水消耗征收新税，把原本针对奢侈品、汽车等高价商品的消费税征收范围扩大到酒、瓶装水和非酒精碳酸饮料（包括含糖饮料）等，收取25%的消费税，这极大地增加了生活成本以及生产成本。而且，埃塞政府要求企业按新标准，补缴自建厂营业以来的所有税款。

四座大山是一点一点压过来的。当外来投资者一计算，须缴纳的税款高于自己的收入甚至历年经营所得时，就只能撤出了。

这两三年，我累计被罚了上千万元人民币，也算被罚"干净"了，继续往前走。

至于内战，目前双方交战的区域聚焦在埃塞北部，距离首都亚的斯亚贝巴有 600 多公里。2020 年底刚开始打仗时，我们也天天关注，到后来连新闻都不看了，双方变成常态化的僵持。

付出同样的努力在不同的地方可能会得到完全不同的结果。个人能力其实非常渺小，赚钱或亏钱，很大一部分原因是运气。

## 全球化后的本地化

如果让我给想来埃塞投资的中国人一些建议，首先是常怀"敬畏"之心。

你到一个地方投资，不要带着教育、教训当地人的心态，老老实实地成为一家当地企业，遵守法规，尽量合规化经营，去"嗅"出这些发展中国家从短缺经济到工业化初、中期过程中所产生的资金、技术需求，搭一个舞台，再一步步落地。

我常把现在的埃塞经济社会发展程度类比为二三十年前的中国，用这个视角去思考接下来哪些产业可能有商机。

这 10 余年，我投资的主要是两大类行业：一类是建材及其上下游，如瓦楞钉等五金制品；另一类是食品和包装。

和中国一样，当老百姓解决有房子住的问题后，钱就会更多地花向消费领域，让自己过上更好的生活，买饮料、买面包等；日常消费兴起后，又跨到第三个阶段——买耐用消费品，买彩电、冰箱、手机等，电子产品开始进入普通老百姓的家庭当中。

第四个阶段，或者说埃塞乃至非洲的下一个风口，我认为是本土化电商。跨境电商有一定难度，京东、阿里、抖音等已经在埃塞落地了，但四座大山也一样压着他们。

简单估算，非洲大陆有 14 亿人口，其中半数以上是 25 岁以下的年轻人，2024 年一个季度就销售了 2000 万部智能手机，一年就超 8000 万部，据此计算，未来 4—5 年，有近一半有消费能力的非洲中青年将人手一部手机，这就是发展电商必须具备的硬件基础。

大量年轻人、电子设备、移动支付网络、物流等，都是电商发展的必要因素，其中每个细分领域都暗藏商机。

中国人出海，底气主要来自国内强大的供应链。有谁能比中国人更了解怎么在中国买到更便宜的东西？国内"内卷"的供应链反而变成我在海外投资的最强大依靠。

所以，不用教中国人怎么在海外找商机，他们本身就是商人；不用教他们怎么强化供应链，因为中国供应链本身就是最强的。

相比之下，全球化之后的本地化才是最难的。对于所有出海的中国企业，我觉得最困难也最应该重视的短板是文化的适应和融合。

简单来说，埃塞的文化总结起来主要是三个方面：咖啡、足球和舞蹈。小到一个工厂，我们能做的事是给工人提供喝咖啡的区域、定期办一场足球赛或跳舞活动，给工人们宣泄和分享快乐的地方。我自己不是个擅长精细化管理的老板，常常到工厂拉着工人踢球，但工人们都很喜欢我。

任何一个国家的老百姓都要生活，都要发展。一个工厂里，哪个工人生病了，我们也集资提供帮助；谁家结婚或生孩子，我也给他们包个红包；每次从中国回埃塞，我也给他们带手机等电子产品。钱是小事，但这些细节能传递出善意。你对他好，他肯定会对你好。

我是个非常幸运的人，在 1997 年即中国加入 WTO 前夕进入外贸行业，在 2012 年，也是中国开启"一带一路"倡议前夕，到埃塞投资建厂，举家扎根埃塞至今，一路都较为顺利。

我也很庆幸，我的女儿贝贝和儿子毛毛从年幼就来到埃塞生活，成为"非二代"，一家人还经历战乱、疫情等变故，也因为看着我长年奔波，耳濡目染间形成了全球视野。他们能跟非洲各地区的孩子打成一片，也能自信从容地和欧美小孩相处，勇敢、自信、带着一种"松弛感"。这是比起创业上的成败，于我而言更重要的东西。

2025 年我就 50 岁了，人生过半，仍觉得一切才刚刚开始。

# 第三章

# 数智时代的"快艇"

# 中兴通讯饶珑：出海征程[①]

作为一名在中兴通讯海外营销综合方案部已工作17年的"出海人"，我想向大家讲述这些年来我在海外工作的点点滴滴。

当提笔写下这些年跟随中国企业出海征战的故事时，记忆像电影般在脑海中一幕幕闪过。那些充满挑战与希望的瞬间、奔波于不同国家的经历、文化碰撞中的成长，交织成了我职业生涯的主旋律。

还记得大学时，同学曾"算过一卦"，说我的手相显示"没有出国的命"。但命运总爱出其不意。自2008年加入中兴通讯以来，我的足迹已遍布全球40多个国家，从尼泊尔5363米珠峰大本营的通信站，到应对日本运营商的严苛标准；从探索欧洲的文化差异，到驻足墨西哥欣赏街头壁画……这些年，我在海外不断奔跑，在这个过程中收获了温馨的家庭，养育着活泼的孩子们，也继续过着既有点忙碌，又有点刺激的海外生活。

如今，我担任中兴通讯海外营销综合方案部副部长、海外营销品牌部部长已有四个年头。

2024年是极具特色的一年。这一年街头巷尾都在谈AI；这一年中国更加铆足了劲儿加大数字化和智能化投入；这一年全球呈现多极化趋势；这一年我们发现经济不再强势上涨，让许多人不得不面对新形势的选择；这一年中国企业出海的数量又上升了……

---

① 中兴通讯海外营销品牌部部长饶珑口述，邹永勤整理。

尽管国际局势复杂多变，中兴通讯在这一年里依然保持强劲的海外市场表现。

作为见证者和参与者，我为中国企业在全球舞台的卓越表现感到由衷地自豪。

## 启航：带着梦想与未知出发

2008年那个阳光洒满港口的春天，我初入中兴通讯，仿佛登上一艘驶向全球通信海洋的巨轮。彼时，中兴通讯经过14年的海外打磨，业务已覆盖全球，海外业绩甚至一度超越国内。那是通信行业的3G（第三代移动通信）黄金窗口期，公司架构为适应海外发展的需要适时做出调整优化。我从最普通的技术岗位起步，带着当时并不算太流利的英语，在南亚粮仓尼泊尔开启了自己的海外征程。

对我来说，初入海外职场的兴奋感至今仍记忆犹新：不同的肤色、语言、地貌、文化带来了无尽的新鲜感，而相同的真诚与技术创新则成为跨越差异的桥梁。但我很快意识到，兴奋只是短暂的，真正的成长来自不断挑战自我。每到一个新的国家，我都发现自己知识储备的不足，必须逼着自己学习，追赶技术的迭代。从3G到4G，再到5G、5G-A，以及全光网、AI智算、绿色能源……在这十几年的积累中，我从一个通信行业的技术员成长为综合型的"通才"。

这一路走来，我深刻体会到：世界是动态变化的，所有的产品、技术，甚至职业生命都有生命周期。只有抓住时代机遇，敢于挑战、敢于试错、敢于下水，才能走得更远。

## 挑战：品牌认知与市场的碰撞

在中国，中兴通讯是一个大家耳熟能详的品牌，很多人羡慕我在一家高科技企业工作。但在海外，故事并不一样。十几年前，在我初入职场时，很多客户一提到中国品牌，第一反应是"低价"或"替代品"。要打破这种刻板印象，我们必须付出10倍的努力。

2017年，我负责一个南亚国家的城市数字化项目。项目初期，客户对中兴的能力持怀疑态度，认为我们可能无法提供端到端的产品与服务。为了打消客户的疑虑，我们邀请他到中国参观中兴的研发中心、生产线，以及真实运作的数字化样板项目。结果，客户不仅被中国的发展速度震撼，也对中兴的技术能力刮目相看。这种从不信任到信任的转变背后，是我们长期以来在技术积累和品牌建设上的努力。

近年来，中国品牌正在经历从"Made in China"（中国制造）到"Created in China"（中国创造）的转型。在国际通信展上，当我向客户介绍中兴的5G产品及应用时，越来越多的客户用"创新""可靠"来形容我们。

这样的改变不是偶然。中国企业在多个领域有着持续技术突破和长期积累，从通信到新能源汽车、从光伏到人工智能，中国企业已在全球多个行业占据领先地位，而这一切都离不开技术研发能力、制造力与品牌力的全面提升。

中兴通讯的国际化进程，其核心是技术创新与品牌价值的双轮驱动。从4G到5G，我们始终走在技术前沿，持续推动通信行业的革新。与此同时，品牌的国际化也成为中兴通讯在全球市场上站稳脚跟的关键。近年来，我们在多个国家深耕本地化运营，推动技术与文化的双向融合。

## 突破：融入当地，创新发展

从 1994 年中兴"3 人小组"带队走出国门，到如今业务覆盖全球 160 多个国家和地区，中兴通讯的海外拓展成绩离不开其扎实的本地化战略。通过深度本地化策略，才得以逐步突破困境，实现发展。

我们在海外建了很多研发中心、创新中心和实验室，覆盖日本、意大利、德国、泰国、马来西亚等国家。

在东南亚，与泰国运营商 AIS 一起建设创新中心的时候，我们给创新中心起名为"A-Z Center"：A 是"AIS"及"Asia"的首字母，Z 代表"ZTE 中兴"，寓意着两家企业握手合作，也定位于亚洲战略；从 A 到 Z，也意味着从头到尾的全流程服务支持。时至今日，这个创新中心还在持续助力客户推动新技术研究，并探索如何更好地在本地应用。

在马来西亚，我们与本地大学合作多年，把中兴设备和工程师都带到当地电信高校，教他们通信技术原理，教他们实战操作。学生们的反馈往往带来我们意想不到的灵感，而这种互动也帮助我们更好地实现本地化定制。

此外，在许多项目研发阶段，我们直接把研发团队拉到客户所在地，与客户一同研讨与开发。这种深度合作不仅提升了产品的实用性，也进一步加强了客户对中兴的信任。

这些本地化举措不仅提升了客户对中兴品牌的好感度，也让我们真正融入了当地社会。

## 蜕变：数智化浪潮的全球扩展，从幕后走到台前

数智化浪潮不可避免地席卷而至。

5G 建网的 5 年中（2019—2024 年），很多人仍在发问：5G 建好了到底能做什么？它能给我们生活带来什么改变？5G 的意义，远不止是更快的网速，而是像高速公路一样，为信息化产业铺设了基础。就像要致富先修路，5G 是高速信息化之路，而各种行业中的应用就像是跑在上面的车。跑在这条路上的，不仅是通信企业，更是各行各业的数智化应用。

5G 建设的这几年我们可没少忙活，建成了国内首个五星 5G 工厂——中兴通讯南京智能滨江 5G 工厂，创新实现了 24 大类、120 余种场景下的 5G 工业生产融合应用。凡是海外客户到中国想考察 5G 智慧应用的，首先想到的就是它。我们还有其他 10 多个不同垂直行业的合作……

然而 5G 不是独立存在的，网络 + 数字 + 智能 + 低碳，四者相互融合才能催生真正的产业革新。

基于通信管道，更超越通信管道的数智化，是我们现阶段的发展战略。数字基础、数字平台、数字应用、数字生态，既能帮助更多的企业实现真正的数智化，也能帮助更多的中国企业出海。例如，我们与广汽埃安全面合作，帮助他们建设首个海外生产基地。2024 年 1 月广汽埃安泰国工厂项目在泰国罗勇府罗勇工业园正式开工。

在泰国，我们协助建设了东南亚最大的 5G 网络，并推动 5G 应用落地；在印尼，我们帮助落地了 5G 智慧矿山；在马来西亚，我们推动边远区域的网络覆盖，让村里的孩子也能在线上课；在孟加拉国，我们独家承建了第一个国家级数据中心。这些项目不仅是技术及产品输出，更是将中国智慧与国际需求深度融合的缩影。

## 2024：一个承前启后的节点

2024年注定是中国商业史上的一个重要节点。一方面，科技的迅猛发展为企业带来了前所未有的机遇；另一方面，国际局势的复杂性也让每个出海人心头多了一份压力与责任。在这一年里，作为一名深耕海外市场的参与者，我见证了中国企业在全球化浪潮中挣扎、突破、重塑的过程，也从自己的经历中，体会到中国商业社会在这一年所发生的深刻变化。

展望未来，中国企业的全球化进程必然会更加深入。AI、5G及未来网络、绿色能源等领域依然是技术竞争的主战场，而品牌建设和生态布局将成为企业突破的新方向。

作为一名深耕海外市场的"出海人"，我见证了中国企业从追赶到超越的历程。我始终相信，国际化不仅是企业发展的必然选择，更是提升国家经济竞争力的重要途径。在这一过程中，每个出海人都像一座桥梁，通过他们的努力，将中国的技术、文化和价值观传递到世界的每一个角落。

2024年即将过去，但它留下的变化却将深刻影响未来。对于中国商业社会来说，这一年也许是一个承前启后的节点，它见证了从技术到品牌、从制造到生态的全面升级。而对于我个人来说，这一年是继续奔赴海外市场的第17年，也是我不断学习和成长的一年。

未来的路依然充满未知，但正如我初入职场时所坚持的那份热血与执着，我始终相信，只要敢于拥抱变化，敢于迎接挑战，我们一定能在世界的舞台上，书写属于中国企业的辉煌篇章。

**写在后面的话：**

在讲述上述的点滴故事时，我也想分享一些个人层面的感受。作为一个在海外工作了17年的"出海人"，我深知这条路上的艰辛与挑战。

每到一个新的国家，我都要重新适应当地的文化和商业环境。在南亚工作时，我学会了用茶和客户拉近关系；在欧洲，我深刻体会到"契约精神"的重要性；而在拉美，客户的随性和灵活让我重新思考"效率"的定义。

这些经历让我逐渐明白，国际化不仅是技术和产品的输出，更是文化和价值观的相互碰撞与融合。只有真正尊重对方的文化，理解对方的需求，才能在全球市场中立足。

2024年留下的蜕变将深刻影响未来。作为一名出海人，我期待着继续奔赴海外，用脚步丈量世界，用技术连接未来，为中国企业在全球舞台书写更多精彩故事。

# 神州数码郭为：出海，中国方案与文化共鸣 [1]

一转眼，2024年的脚步已经渐行渐远。这是市场环境比我们的预期还要更困难的一年，也是神州数码持续突破的一年。2024年，我们在困难的经济环境下，保持了较好的发展态势，也开启了对海外市场新的探索。"数字中国"开始贴上了"国际范儿"的标签。

## "数字中国"出海启航

2024年初，我们在深圳的国际创新中心正式落成。在37层生长空间与众多嘉宾一起远眺大湾区两岸壮阔景色的时候，我们也第一次宣布了神州数码的"出海"计划——依托深圳国际创新中心，打造国际业务总部，将自主品牌产品及方案、专业的云服务、成熟的金融科技解决方案、实用性的数字化经验和服务能力输出到海外，与全球合作伙伴共同面对数字时代的变革，实现神州数码业务的全球化布局。

选择2024年"出海"并不是突然间的决定。其实早在2021年神州数码20周年司庆活动上，我就提出了这个新的增长点。那时候，我们已经收购了东南亚一家以提供云服务为主的公司，有

---

[1] 神州数码董事长郭为写于2024年12月，郑晨烨整理。

了自己的根据地。2023年，我们派驻神州数码"原生"干部到泰国主导和经营这家公司，与当地团队一起共同拓展东南亚的业务。非常有意思的是，这家公司的管理层一共8个人却来自7个国家，有英国人、美国人、荷兰人、南非人、印度人、泰国人、中国人，但我觉得这是一个非常国际化的公司的雏形——不同肤色、不同信仰、不同文化背景的年轻人，凑在一起，往往会迸发前所未有的创新。我们希望通过泰国这样一个拥有七千万人口的市场，依托这个东南亚的第二大经济体，作为基地，一点点摸索和积累，进而将业务拓展至东南亚、中东、欧洲、共建"一带一路"国家甚至是全球。

将神州数码的"出海"首站选在泰国，现在想来带着点不期而遇的必然。2023年我们开始调研海外的市场，一次偶然的机会，我到泰国去参访交流。在跟泰国数字经济与社会部（DES）部长普拉瑟·詹塔拉隆通（Prasert Jantararuangthong）先生见面交流的过程中，普拉瑟部长向我分享了泰国发展数字经济的宏伟蓝图，也表达了对数字化、云和AI技术的关注。我感受到了双方在推动数字化转型过程中从理念到实践的高度契合。后来，在泰国本土的一个不大的工业园区里，我们发现已经有400家中国企业在此落户。而当地伙伴告诉我，在中国银行泰国分行开户的中资企业已经有1400家。这些企业不仅需要进行数字化转型，更在积极拥抱数字化服务。仅从此一点就可以看出，中国企业出海已经是大势所趋，我看到了非常好的前景。

2024年3月，我们和泰国数字经济与社会部签署MOU（谅解备忘录），成为泰国政府推动数字经济发展、云计算、数字化基础设施建设、大数据中心、数字化人才培养、人工智能等领域发展的重要伙伴。

## 数字时代出海，依赖独特方案

改革开放以来，中国企业"走出去"已经走过40多年的历程。而新冠疫情之后，我们再次切实体会到新一轮"出海"热潮的到来。

其背后固然有中国企业寻求新增长点的现实需求，但我们也应看到，后疫情时代，中国经济和全球经济的发展靠什么去推动？迄今为止，中国仍然是对世界经济增长贡献最大的国家，我们有责任继续推动全球经济的发展。

但依赖传统模式显然是不行的。中国企业在与国际社会的交往过程中，其实存在着非常独特的视角与洞察力。过去，我们在海外是依靠低成本劳动力所构成的产品。今天，我们要依靠自身在全球范围内独特的技术能力和价值。

例如，在数据资产方面，虽然今天的国际市场对于数据资产的看法已经非常普遍，但至少我们曾在一段时间内较早地认识到了这个问题。这也是中国企业在数字化技术领域快速成长的体现。

事实上，近十几年来，中国企业不断突破自我，从最初的模仿学习到如今的自主创新，在数字化技术领域始终保持着高水平的快速成长。这也使得我们在技术层面上的自信，越来越源于我们所拥有的原创成果，这些成果也让我们从主流走向前沿。我们要为全球数字化进程贡献中国智慧和中国方案，提出中国的技术创新主张。

这为我们提供了为全球其他企业提供服务的机会。我们希望把一些有特色的方案和服务，比如金融行业的解决方案、云迁移的方案、在 AI 应用上的方案等，逐步向海外去推广，以小步快跑的方式，为海外的行业客户打磨出最佳解决方案。

以银行业的发展为例，过去的几十年里，全球银行体系有很多都采用以 IBM 大机为主要计算主体的基础架构，大部分银行的核心业务系统都建立在主机基础之上。然而，由于云计算和数云融合的兴起，技术架构本身发生了颠覆性的变革，甚至重构。这给我们提供了新的机会。

2023 年，神州信息与汇丰银行达成战略合作，希望以金融科技带动业务创新，共同构建面向未来的数字化创新实践。2024 年，在汇丰银行战略合作的基础上，我们又与三菱日联银行签署了战略合作协议，就新一代银行核心系统及配套周边系统建设展开全面合作。此外，在全球范围内，神州信息也将与领先的大型云架构公司展开合作，为大型国际化银行面向云架构转型提供服务。与此同时，在过去的七八年间，由于中国整体金融科技应用场景的快速发展，我们的业务创新已在全球范围内有了一定的领先优势。这两者的结合，使得我们有可能成为全球领先的金融科技领导者，进入世界前列。

再比如，伴随中资企业的海外扩张，神州控股旗下科捷，也开始向全球化、数智化的供应链企业蜕变。为了帮助企业解决出海过程中的物流和供应链问题，我们加快了海外仓储资源和运输服务网络的布局。自有境外仓储网点，已在马来西亚、印度尼西亚、缅甸、泰国等多个国家和地区建设运营，运输服务网络也已经覆盖了全球各大洲 50 个国家和地区。配以自主研发的 KingKoo Data 供应链控制塔系统，我们正帮助更多跨境企业实现精细化的全链路的供应链管理，改善绩效并提升效能。

**理念 + 文化出海，更在于寻求共鸣**

后疫情时代，跨国界的商业、学术交流显得非常重要。究竟世界对中国的看法是什么？还愿不愿意合作？究竟用什么样的方式合作才能使大家双赢？抱着这样的想法，从 2023 年开始，我也走访过很多国家，与全球领先的科技企业、顶尖高校、科研院所展开了非常多的深度交流。在这个过程中，我发现很多很有意思的现象。

今天，我们讲数字化、ESG（环境、社会与公司治理）等其实都是全球共同的话题。全球，包括欧美国家其实还是非常关注中国企业、中国经济、中国社会的发展。比如他们会通过很多国际顶尖院校的案例研究来更多地了解中国在发生的故事。

2023 年，我访问伦敦商学院的时候，与当时任职伦敦商学院副院长兼战略与创业学教授的朱利安·伯金肖（Julian Birkinshaw）先生进行了很多的探讨和沟通。在了解神州数码 AI 驱动的数云融合战略以及我们在数字化领域的实践之后，朱利安教授认为我们的想法是和世界同步的，甚至有些想法可能比学院的研究还要超前一些，是中国 To B 企业独特的"数字化转型样本"。于是朱利安教授就提出，希望能将神州数码作为案例研究，在全球商学院案例中给教授、研究者提供一个借鉴。

2024 年 5 月，神州数码数字化转型案例正式发表，进入伦敦商学院和哈佛大学商学院的案例库，我也受邀到伦敦商学院，与朱利安教授一起，走进伦敦商学院最受欢迎的管理数字化组织（Managing the Digital Organization）课堂，与学生们共同分享了神州数码数字化转型案例的相关内容。

我非常重视这次的分享，因为这是件很荣幸也很特别的事情。不仅是因为伦敦商学院这个案例研究本身也是为我们、为跟神州数码一样的中国企业走向世界创造条件，也是因为在今天如此复杂的国际环境下，一个中国企业能够向世界讲述自身故事、得到世界的认可是很重要的一件事。这说明中国的现代化、中国企业的创新与思考、对于数字化以及 AI 等前沿技术的认知，和世界是同步的，我们能够为世界提供带有中国视角和中国实践的方案。

这一点不仅在伦敦商学院得到了正向反馈和印证，事实上在过去一段时间里，我在和包括欧洲工商学院（INSEAD）、哈佛大学、麻省理工学院（MIT）在内的学者们交流的过程中，都感受到了同样的反馈。这也让我有了更多的自信。

2024年10月，我写的《数字化的力量》英文版，在德国法兰克福书展上亮相发布。我也非常荣幸这本书能够作为中国图书进出口（集团）有限公司"中国企业家系列图书"品牌重点成果推荐到海外出版。

法兰克福书展被誉为全球最大规模的国际书展，历届书展都是全球出版界的一次盛会。能够站在这样一个舞台上，发布一本中国人写的书，我觉得首先是要感谢这个伟大的时代。改革开放以来，经过40多年的发展，我们才终于有机会走向世界舞台的中央。其次，我们也是通过《数字化的力量》英文版的发布，向世界发出呐喊，让世界听到中国科技企业的声音。这个声音是对技术创新的渴望和追求，是探索与世界同步的技术发展，而不仅仅是商业模式的创新或规模的扩张。

在现场交流的时候，大家提到几个词，例如"理念出海""讲述中国故事的载体"，让我印象深刻。钱钟书老先生曾经说过，"文化就是人类共同的记忆"。我写这本书，就是希望以书为载体，把成长的记忆和经验分享给世界。这本书是我和同事们在实践中不断总结、不断观察的成果，也是在国际交往中，向一切先进国家、企业和专家学习的一次汇报。但中国有句俗话叫"酒香也怕巷子深"，我们如何让这些经验在全世界范围内产生共鸣，是非常重要的。只有共鸣，只有共振才能产生力量。文化的力量，就是找到内心世界最柔软的部分，产生共鸣。

未来十年，走向海外是神州数码一个重要的战略目标。我们能否用 10 年时间，打造一个跟国内一样体量的海外业务集团，我们如何能够借助各个渠道和平台，与海外市场的客户以及各类相关群体，产生共鸣，实现共赢，是我们从现在起就要思考的问题。

这将是一段 10 年的旅程，也将是神州数码的另一场蜕变。

# 影石 Insta360 朴薪卫：把全景相机做到全球份额第一 ①

很多人可能还没有听说过影石 Insta360（下称"影石"）这家公司的名字，但也许看过我们的产品拍出的视频，我个人也更倾向于通过影像来向各位朋友介绍影石。

2024 年 7 月，在巴黎奥运会开幕式上，中国、法国等多个国家的运动员，手持影石全景相机 X4 拍摄开幕式，一些画面"刷屏"社交媒体；

2023 年，我们与 B 站千万粉丝博主影视飓风合作，通过卫星将网友愿望送上太空，并用影石的全景相机记录这一同框的故事，镜头还拍下了从西伯利亚到印度洋、从非洲好望角到波斯湾的画面；

除了这些宏大的影像，乳腺癌晚期患者邓静也一直在使用我们的全景相机，拍下她给两个孩子"未来 18 年"的陪伴视频，创造一个有妈妈在场的 360 度完整时空，留下母亲的"时光胶囊"。

这些瞬间都传递出我们的愿景与使命——帮助人们更好地分享和记录生活。

再回过头来介绍影石这家来自深圳、成立了 9 年的公司，我们的产品远销 200 多个国家和地区，积累全球硬件用户数百万。根据市场调查机构弗若斯特沙利文的统计，2023 年，影石的销售

---

① 影石 Insta360 亚太市场负责人朴薪卫口述，周悦整理。

额占全球消费级全景相机市场近七成，连续 6 年位居全球第一。

## 成立即出海

2014 年，我们创始人团队关注到网络上的 360 度全景视频，很受震撼。那时，国外 VR（虚拟现实）概念特别火，而国内 VR 概念刚刚走进主流视野。

当时三星、理光都推出全景相机了，但用户反馈不太理想。有一个痛点是拍 10 分钟的内容，要等 10 分钟传到手机上，再等 10 分钟让它拼接才能最终看到，这对于已经习惯了即拍即得的用户来说非常痛苦。

我们想生产一款可以让用户即拍即得的全景相机。就这样，影石成立了，专注于全景影像技术。

2015 年，影石成立之初，我们就决定要布局海外市场。

一方面，极限运动、户外运动在当时是海外生活娱乐的重要组成部分，运动群体有大量的拍摄需求；另一方面则是被恐惧驱动的。当时国内电子消费都在走低价策略，尤其是后来国内也有大厂跨界做相机，大打价格战，没有太大的生存空间，出海给我们打开了新的方向。

2016 年，我们推出第一款面向大众的 VR 全景相机 Nano，可以直接外接苹果手机，能够做到实时拼接并一键分享到网上，极大地拉低了 VR 内容创作的门槛。

我们带着 Nano 参加国内外的一些展会，并且在社交媒体上和消费电子爱好者、影像创作者交流互动。在全世界最大的消费电子展（CES）上，Nano 吸引了全球各地经销商的注意，很多海外的经销商主动联系我们。上市第一个月，Nano 卖出去了大约 2 万台，销量达到几千万元人民币，影石迈出了走向全球市场的第一步。

当时，不断有用户给我们发来超长邮件，详细分享他们的使用体验。在与滑雪爱好者聊过后，我们发现过去滑雪拍摄创作非常复杂、昂贵、缓慢。滑雪者想要记录自己的滑行，需要额外配一个跟拍摄影师，拿着重重的云台和单反，甚至倒着滑去拍摄滑雪的场景。请摄影师跟拍，对滑雪创作者来说成本太高。

这让我们意识到，影石可以塑造一个新的影像创作流程，轻松拍摄、轻松输出，让每个人都能成为摄影师。

于是，我们首创了"隐形自拍杆"功能，也就是让自拍杆在画面中完全消失。在这一功能出现以前，其实没有人觉得相机装着自拍杆碍眼。我们做出来以后，用户用过就会发现回不去了。

像这样"用户用过就回不去"的独创功能还有很多，比如"先拍摄后取景""AI 高光助手""AI 魔术师"等。用户可以先拍摄，后期任意调整镜头角度，找到需要的影像，把素材交由 AI 进行分析，就能自动生成一条高光时刻的视频大片。

如果用户需要实现类似电影《黑客帝国》里的"子弹时间"效果，也只需要一人一机就能完成。在此之前，这种效果需要一整组人加上轨道以及多个机位。

一直以来，影石都非常注重在全景技术和智能影像设备创新的研发投入。最近 3 年，我们的研发费用都过亿元，公司研发人员占比也近 50%。

**出海要重视品牌**

我们公司的 Slogan（口号）是"Think bold"（大胆思考），一切始于敢想，强调一个"敢"字。时间回到 2021 年之前，我们其实还没有提出"Think bold"这一品牌 Slogan。我们的创始人刘靖康曾说:"过去我们对品牌的需求还不是特别强烈,还处在生存的阶段,我们就是品类的开创者,极少有竞品(产品在同领域的竞争对手)。当公司慢慢变大,可以预见的是我们将来做的很多品类,都会是已有的品类。维持产品溢价的基础有三方面:有竞争力和差异化的产品、服务,以及长期积累的品牌。"

影石看似在一个小众赛道,实际面临非常激烈的竞争环境,硬科技的牌桌上坐满了参与者,尤其是来自国内的玩家,大都具备相似的供应链优势。

除了把产品做到差异化,品牌传播也变得至关重要,这也是我们的产品能卖出溢价的重要原因。在我看来,消费品牌始终需要有独特的审美、个性和文化,去跟用户建立深厚的关系。

我加入影石6年了,对于一家成立9年的公司来说,已经算是一个"资深"员工。我最初面试的是国内市场,因为熟悉中、韩、英三国语言,公司认为我可以担任起亚太市场的开拓工作,所以我个人的业务主要集中在亚太地区,这也是影石近些年增长最快的地区之一。

亚太地区人口众多,有大量的中产阶级,他们是影石产品的核心目标用户。在亚太市场或全球范围内,全景相机可能仍被认为更适用于运动和旅行场景的记录,如潜水、摩托车等垂直运动应用。但近几年我们也做了很多面向大众用户的科普全景相机、全景视频的活动。

我们的想法是:让创意的产品内容为品牌代言。其中,最关键的是培育和挖掘本地创作者。

早期我们更关注韩国和日本市场,但自2022年以来,我们发现亚太其他地区的市场增长非常迅猛,也开始投入更多资源在东南亚等地区。当地消费群体偏年轻化,很流行水上运动、山地骑行,以及摩托车运动。

在菲律宾，我们与 28 岁的阿里安娜·埃万杰利斯塔（Ariana Evangelista）长期合作，她曾获得 5 次菲律宾国家山地车冠军。阿里安娜会把我们的相机挂在身上，记录骑行当地的风景、车队训练，也会在骑车休息时，把我们的相机吸在玻璃或是铁架上，记录吃饭、聊天的场景。阿里安娜会与粉丝互动分享拍摄经验，也会在社交媒体的介绍栏放上我们官方商城的链接，这些都能为我们的消费者带来更加贴近生活的体验。

在马来西亚，我们与马来西亚观光局合作，发起了名为"360Malaysia"（360 马来西亚）的品牌活动。在这个活动中，我们邀请了 20 名来自亚太地区的创作者，共同前往马来西亚兰卡威岛进行了为期 5 天 5 晚的旅程。

参与活动的创作者发布了超过 1000 条社交媒体内容，包括当地最为出名的跳岛游、日落巡游、水上运动等内容，产生了近 300 万人次的曝光量。在这一系列活动结束后，这些创作者也以"Team Insta360"（Insta360 团队）的身份在世界各地活跃。

我们认为，本地的创作者更懂当地的文化与生活方式，他们拍出的内容能为本地消费者带来一种更有沉浸感、更贴近生活的品牌印象。未来，影石也会寻求更多的全球合作伙伴，增强品牌全球知名度。

## 真正掌握当地的情况

亚太地区是一个非常复杂多元的市场，有着不同的宗教信仰、语言、经济发展趋势，以及不同的社交媒体习惯和支付习惯。

本土化营销、打通销售渠道、提供售后服务三者实际上都贯穿在品牌传播的过程中，环环相扣，因此每一步都需要作为出海的重点。

我最大的经验是要真正掌握当地情况。这是进入一个市场的基础工作，同时也是很多企业最容易忽略的地方。很多企业不够重视本地化，比如官网的文案，不少企业认为只需要找一个专业翻译机构即可，但其实叙事逻辑和内容本身是非常重要的。

还是以菲律宾为例，当地潜水资源丰富，用户人群也非常精准。潜水用户主要聚集在社群里交流，他们会分享潜水装备、护具、摄影记录设备等用品的体验心得，也会发文求助一些产品的玩法、售后等内容。有些用户兴之所至时，能写出上千字的长文来表达对某款产品的热爱，有些用户反感某款产品，也会在社群里发布差评。当地用户极为看重一个品牌口口相传的声誉，所以我们在菲律宾等地也格外重视社群的运营与口碑的建立。

影石很早就组建了海外的营销团队。2015—2016年，我们就在海外建立办公点，了解当地市场的需求，提供没有时差的、快速的服务响应。

我们也组建了完备的线上和线下销售体系，几乎打通了消费者能快速触达的所有渠道。线上渠道包括影石官方商城和亚马逊、Lazada（来赞达）、天猫、京东等海内外知名电商平台。线下形成了遍布全球60多个国家的销售网络，与Bestbuy（百思买）、Costco（好市多）、Sam's Club（山姆会员商店）等知名经销商合作。

海外地区的消费者非常看重社交媒体和在线社区的经验和建议，我们在Facebook（脸书）、YouTube（油管）、Instagram（照片墙）等海外社交媒体平台十分活跃，影石的官方Instagram积累了超过100万的粉丝，这在中国出海电子消费类品牌中是极为少见的。我们会在社交媒体上发布品牌的活动。

2024年，"进击的巨人"这一挑战在韩国很流行，也就是把我们的全景相机咬在嘴里跑步，记录下巨人模式，许多人争相模仿。社交媒体上带着"进击的巨人"标签的视频热度很高,观看量在几十万到上百万不等。许多看到视频的用户会在评论区留言,询问是哪一款产品。这一活动让很多人意识到全景相机不光可以记录运动,也能记录生活。当他们决定购买一款全景相机时,第一反应可能就想到影石。在韩国市场,我们的出货量增速尤其快。

回顾近10年的出海历程,影石最宝贵的经验是出海的策略需要变。

过去可以很快地通过短期效果营销类广告获得流量和回报。未来最大的区别在于,出海的流量成本上升,用户购买的不仅是产品或是产品的功能,而是要和品牌实实在在建立互动体验。我们更倾向于与用户、与博主们共同成长,加强和对品牌有认同感的博主平台合作。我们希望面向全球消费者讲述引人入胜的品牌故事,寻找一种能够跨越地域和文化差异的叙述方式。

# 黑湖科技李政龙：数字化让出海工厂更"松弛"[①]

出海和出口不同。出口指的是商品走出去，而出海是指工厂、供应链和管理等层面的输出。对于中国制造企业而言，工厂出海是走向全球的第一步。一些企业不再满足于仅仅作为"世界工厂"，而是选择直接在目标市场建立生产基地，实现本地化的生产和服务。不过，国内工厂的成功并不意味着出海历程一帆风顺。

"遇见问题、解决问题"是出海巨浪中绝大多数企业的做法。

我是黑湖科技海外客户成功经理李政龙，今天想分享的是我们如何帮助出海企业工厂实现数字化生产的故事。黑湖科技是一家为企业工厂提供生产管理和供应链管理软件的工业互联网企业，成立8年，已相继推出"黑湖小工单""黑湖智造"和"黑湖供应链"等产品，赋能企业3万余家，其中约2.5万家为中小微企业。

这些客户里，有的是为了争夺海外市场份额、规避贸易制裁及降低成本等种种原因而走向海外，也有的企业仍把生产放在国内，通过跨境电商把产品销往世界各地。他们都面临着更复杂多变的销售市场，生产一款错误的产品导致库存积压、供货不及时或者不良率过高等问题，都可能成为一家工厂的"致命伤"。

与此同时，随着互联网电商的兴起，营销方式愈发精准，市场正从"以产定销"向"以销定产"转变。以往抢大客户、手握

---

[①] 黑湖科技海外客户成功经理李政龙口述，陈月芹整理。

大批量订单的模式面临挑战，企业主不得不转向小批量、多批次、多品种的订单模式，这也被称为"小单快反"。新的模式对工厂内部的协同运作能力、供应链的敏捷性都提出了更高要求。

## 为中大型工厂提效

2024年7月，我到越南海防市负责福莱特越南工厂的数字化改造项目。福莱特是光伏玻璃领域的龙头企业，2023年4月开始，我们陆续给福莱特国内的嘉兴工厂、安徽工厂做了改造，每个工厂都用上了"黑湖智造"系统——这是一款基于云端的智能制造协同平台，主要为制造业提供计划排产、生产执行、质量管理、资源分配和人力管理、物流物料管理、可视化数据分析等协同管理功能，尤其适用于中大型工厂。对这种体量的企业，一个集团内往往有多个工厂间需要将工业数据聚合并且达到业务协同。

改造前，福莱特工厂没法实时展示工厂的生产进度，因此不能得知工人们每天做了多少架玻璃。从第一架玻璃制作完成到在ERP（企业资源规划）系统里呈现入库信息可能需要2—3天的时间。一般流程是这样的：第一天，工人下班后将统计工作量的纸质单据交给统计员；第二天，各个车间、各个产线的单据收集完毕后，统计员录入Excel里，再发给现场进行核对；确认无误后已经到了第三天，统计员才将数据输入到ERP（企业资源计划）系统里，做成品入库。

此外，福莱特越南工厂的一线员工都是越南人，会英语和中文的很少，语言沟通有障碍。因此需要使用翻译软件先翻译纸质单据的内容，但专业词汇有可能会被错误翻译，最终曲解工人原意。

改造后，数字化的系统上线，工厂不再需要各类纸质单据，系统会对每道工序做自动化报告。车间主管有了更多精力去集中处理现场的异常问题，比如玻璃生产期间要更换模具或者设备故障。他们不再将很多精力用在每天收集产量、核对信息上。无论是哪个管理层、无论身处何地，都能了解到工厂当天的生产进度。

除了生产透明化，"黑湖智造"系统还能提高产品的良率：系统会实时地收集、分析检测数据，以数据看板的形式展现，及时预警，管理人员可以查看哪项指标出现异常、做调整，最终带动良率提升。对于大型工厂而言，良率提升1个点，每天能增加20万元—40万元人民币的效益，但玻璃碎了一毛钱都没有，所以良率每变动一分都牵动着经济效益。

越南工厂的升级持续了3个月左右，其间，试运行和上线环节是最难的环节。我们发现部分一线越南员工执行不到位，很多数据报错，需要针对具体问题一一处理，比如哪条产线、哪个工序遇到了什么困难，是排序错误还是其他操作失误，抑或某个环节培训不到位。系统试运行和上线期间，我周一到周六整天都在工厂，有时一天要工作15个小时，因为工人们实行白夜班两班倒，我们得比早班工人更早到，先去每条产线上巡视一遍，查看任务有没有开启，程序有没有开始执行，还有哪些问题需要解决；到了晚班交接，我们也要跟着连轴转。

## 服务小微工厂

大多数人对于数字化有刻板印象，认为这是又贵又耗时的选择，其实不然。

除了服务中大型工厂，黑湖科技也服务了很多在珠三角、长三角等地生产各类小商品的工厂。他们的产品一般通过跨境电商等方式销往海外。这类客户使用的是"黑湖小工单",这是一款轻量的数字化工厂小程序,专为小微工厂开发。系统能在众多产线里快速检索到信息,比如某件非标准化产品什么时候开始生产、生产到哪一步了、放在哪。

"黑湖小工单"还有一个功能是快速切换产线,比如生产某款潮玩盲盒,企业主在前期并不知道市场反响,就只在小产线上生产少量商品"试试水"。一旦成为爆款,工厂就得马上调整,清出一条产线,尽快量产爆款产品。问题是,传统代工订单往往连续生产25天,随后停机5小时切换产线,而小批量定制化订单5小时就生产完毕了,但还是要停机5小时才能开始生产其他订单,产能利用率低。

"黑湖小工单"可以压缩停机期间更换模具、调试设备、载入新原料等任务之间无效等待的时间,实时提示进度并且分发任务。在"黑湖小工单"上,工人任务和预期绩效等管理项目一目了然。热销商品订单来到工厂后,系统能实时显示各生产线进度,尽快腾出地方给小订单落地生产。工厂端能根据线下门店销售数据,灵活调整排产状态,快速供货,减少库存与资金压力。这可是争分夺秒的活儿。

越来越多工厂站在了十字路口,一条路是延续传统的小作坊生产方式,靠"卷"工人工价、持续作业等留住低毛利订单;另一条路是适应电商(无论内销还是外销)激发出来的多样性消费需求,在生产端快速反应。凭借数字化的能力,工厂即使在规模迅速扩张或高频的产线切换下,都能从容有序,多一点"松弛感"。

当然,生产不同类型产品的工厂,对数字化的诉求也不尽相同。例如,化工类工厂多采用流程式生产,他们偏向于使用SOP(标准作业程序)记录管理,更关注投入了多少物料、产出了多少产品；而像药品，比起产量，企业主更关注生产环节的安全、投入原料的时机以及最终产生的结果；而做新能源电池的工厂，每块电池都有序列号，如果产品出现瑕疵，要求对每一步生产环节做追溯管控。

  出海不易，市场需求和政策多变，出海企业只能实时监测"风向"，让工厂有序、精准地生产，才能提高自己抗风浪的韧性、柔性和"松弛感"。出海考验着一家工厂的供应链能力、本地化能力和品牌能力，而黑湖科技所提供的数字化系统，便是助推企业出海的其中一项"硬实力"。

# 晶澳科技范京超:"落子"海外的考量[①]

在晶澳科技持续加大全球化布局的过程中,我很高兴能跟大家分享公司选择"落子"海外的考量。

2024年12月份,阿曼作为公司全球化发展的重要战略区域之一,公司最终决定拟投资建设阿曼年产6 GW(吉瓦)高效太阳能电池和3 GW高功率太阳能组件项目,项目投资总额为39.57亿元。

在此之前,公司一直在积极探索全球化产能布局——除了东南亚产能布局,也在积极探索包括其他区域在内的产能布局机会。目前,晶澳在海外市场的主要出货地区除了包括欧洲、美国等主要成熟光伏市场,还涉及东南亚、大洋洲、拉美、中东、非洲等新兴市场。

总体来看,晶澳已构建起全球销售服务网络体系,海外业务占比超过50%。随着海外市场需求的持续增长,同时受国际贸易保护政策的影响,公司海外产能布局需求日益迫切。

## 出海的初心

顺应潮流大势,制造出海是晶澳落实全球化战略的应有之义。回顾晶澳选择"落子"海外,我发现,从光伏行业全球化视角来

---

① 晶澳科技阿曼基地总经理范京超口述,蔡越坤整理。

看，也有客观原因。

自20世纪90年代起，能源危机与环境污染使得世界各国向新型清洁能源转型。欧美各国相继出台鼓励政策，光伏市场迎来爆发式增长。与此同时，中国企业也掀起光伏"建设大潮"。相对低廉的制造成本使中国光伏企业的外贸订单大增。中国成为全球光伏市场的"制造工厂"，并形成了内产外销的出口贸易模式。

但彼时，中国企业面临"三头在外"的局面，即光伏原料依赖的进口、核心设备和终端市场需求均掌握在欧美国家手中。此种发展模式无疑过度依赖海外。

2008年金融危机时，欧美国家减少光伏支持政策，市场相应萎缩，中国光伏制造业遭受重创。此时晶澳刚刚成立不久，却是少数在这一危机中安然度过的光伏企业。

此后，我国出台光伏领域政策及规划，助力开拓国内光伏装机市场，光伏产业成为战略性新兴产业。同时，海外光伏市场逐渐回暖，由此催生了新一轮中国光伏产业投资热潮。

但好景不长，自2011年起，美国、欧盟等国家和地区为保护本国产业，先后发起针对中国光伏产品的反倾销、反补贴调查，极大地影响了中国光伏产品的出口贸易。光伏产业快速发展的势头受到遏制。在当时的环境下，地缘政治关系和全球经济变幻莫测，贸易摩擦事件频出，给中国光伏企业的海外单一出口模式带来了极大的风险与挑战。

2014年前后，包括晶澳在内的中国光伏制造企业纷纷加快向东南亚"出海"的步伐，先后在马来西亚、泰国、越南等国家投资建厂。东南亚地区逐步成为中国光伏企业出海的桥头堡。

令我印象深刻的是，2015年10月，晶澳首个海外制造厂——马来西亚槟城具有400 MW（兆瓦）制造产能的高性能光伏电池制造厂顺利开业。

该厂是晶澳在海外的第一个制造厂，旨在生产用于光伏发电的高效率多晶光伏电池。马来西亚工厂总投资达到 9500 万美元，由晶澳太阳能公司独家投资。事实上，在晶澳马来西亚工厂建设之前就有海外客户支付预付款，在工厂投产之前已下订单。这样，在工厂建设过程中，晶澳既不发愁订单，也不太发愁资金来源。这家客户之所以能够这样"慷慨"，正是看中了晶澳的产品质量和价格优势，于是双方一拍即合。

马来西亚基地是晶澳首个海外基地，不过在空间距离和人力成本等要素上相较越南作为后发国家的综合优势不占优势。这也是晶澳海外市场再开拓的原因之一。2016 年 11 月 30 日，晶澳越南 1.5 GW 硅片工厂正式开工建设。这是晶澳继马来西亚（电池）基地之后第二个海外制造基地。

晶澳除了在欧洲、美国等主要成熟光伏市场出货，还积极布局东南亚、大洋洲、拉美、中东、非洲等新兴市场。

## 在犹豫和怀疑中前进

晶澳的出海过程，并非一帆风顺。

回顾 2018 年，彼时，我负责越南基地的生产制造。我们拉制出了越南首根单晶棒，填补了产业空白。但是，我们在越南拉晶工厂的建设过程十分煎熬。

越南虽然是发展中经济体，但是合规要求很严。政府和环评专家对我们的产业闻所未闻。他们对我们的环境审核报告不理解，导致我们的施工建设延误了数月之久，公司的战略部署迟迟不能落地。作为晶澳首个海外拉晶工厂，很多参与的建设者都是首次出海。面对未知的未来，有的人在抱怨；有的人在犹豫和怀疑；有的人退缩了；有的人始终憋着一口气，不干出点事情，不能回去。

面对专家的质疑和尖锐问题,我们与国内基地的同事手机联系,视频传输我们拉晶生产的现场工序、环境给他们看,为专家顾问答疑解惑,条分缕析,一点点消除他们的顾虑。

在这样的傻瓜式"工厂生产环境"搬运下,专家们终于竖起大拇指,为我们"踏实、认真做事"的工作态度点赞,让我们顺利通过环评,工厂得以复工建设。

除了越南,马来西亚是晶澳产能出海第一站。在"一带一路"前端,我们首次出海比较稳健,产能主要围绕需求展开。这个阶段给我们带来明显的经营和文化方面的冲击。语言、宗教、饮食、法律,甚至着装和交通出行都给我们带来不一样的感受。

在马来西亚,我们要结合宗教习惯来安排员工和调节生产。在槟城这样一个美丽的海岛,来自多个国家的员工共同组成一个复杂的"生产联军"。不同的肤色、不同的语言在一个1500人左右的工厂会聚。

为了提升指标,我们甚至按不同国籍的员工设置不同国籍的生产线。对待表现优异的员工,我们会发放非常务实的就餐券。当然,员工来自多个国家,也带来了沟通的不便。印度、尼泊尔、印尼、斯里兰卡和马来西亚等国家的语言不同,员工在学习和理解上都存在困难。因此,一个普通的会议,我们常常要开好几遍。

2021—2022年,新冠病毒感染疫情尚未结束。当时我们的电池工厂已经拔地而起,这是影响越南晶澳产业链的关键因素。因为当时马来西亚的工厂面临转型,我们早一点介入,公司的海外运营节奏就不会受到影响。那个时候,感染新冠病毒的人数每天都在增加,我自己也提心吊胆,生怕自己病倒,影响公司稳定。大家有工作的信心和能力,但是也有身处异国他乡的担心和对家庭的挂念。

有一次，我走进戴满口罩的施工现场，大家看见我来了，都和我挥手打招呼，都戴着口罩，看着黑压压的人群，我一下认不出来大家，一股莫名的心酸涌上心头。我忍住了眼泪，默默地回应着大家，走出车间的时候，眼泪控制不住地涌出来。我当时就想，大家在异国他乡，一定要多为大家考虑，保护好大家的安全，为公司员工背后的家人扛好这份责任。

我想，以上的故事就是晶澳人兢兢业业做事的最好见证。

## 以全球化服务全球化

全球化的发展模式成为晶澳的长期战略目标。

在销售方面，公司在海外设立了13家销售公司，销售服务网络遍布全球178个国家和地区。

在生产方面，公司发挥国内生产基地的质量、成本优势，供应国内和全球市场客户；为更好地服务国际市场，公司在东南亚建设产业链垂直一体化生产基地。在美国建设光伏组件基地，年产能可达2 GW组件，增强海外供应链能力。

公司还在欧洲和美国建设区域运营中心，把海外销售公司从单纯的产品销售职能升级为具备技术、财务、法务、交付等一系列运营职能的地区运营中心，结合未来的海外生产工厂和供应链能力建设，进一步形成当地完整职能的区域中心。

在品牌渠道方面，晶澳已在全球光伏市场建立起较为明显的全球化市场布局优势，五成以上的组件产品出口海外，全球品牌影响力不断提升。公司积极与海外本土的渠道商和安装商合作，开拓分销渠道出售分布式组件，海外渠道商数量达数百家。

在产品服务方面，晶澳为全球提供多元化解决方案。除了光伏组件，公司还在加大下游光伏应用的投入，不断扩大集中式、工商业及户用分布式光伏电站开发建设规模，同步探索多种光伏发电应用场景的开发，以及节能降耗、资源回收再利用、储能、碳管理等综合能源解决方案。

不止以上，我们还在积极推进研发的全球化。2024年我们已经与新南威尔士大学建立了研发战略合作。后续，我们还要继续与更多全球知名的高等院校和科研机构开展合作关系，推进建立海外研发中心，借助全球顶尖的科研人才，提升公司研发创新实力。

全球化布局策略有利于减缓个别国家或地区市场阶段性低谷及国际贸易摩擦等不可控因素的影响，进而保持稳健的发展态势，并在技术研发、产线技改、设备投入等方面保持连贯性，形成良性循环，并保持长久的生命力。

可以说，以上多种策略共同构成了晶澳科技在海外市场的发展蓝图，旨在通过积极推进集研发、采购、生产、销售、服务等于一体的服务模式落地，为全球市场客户提供高性价比的组件产品，提升公司的国际竞争力和市场份额。

当下，在国际贸易摩擦时常发生的背景下，晶澳也在调整发展策略。

为了顺应本地化需求，晶澳深度融入目标市场，与当地能源开发商、政府及企业合作，参与可再生能源项目并提供定制化光伏解决方案，提升市场黏性。

此外，晶澳也会密切关注市场动态和用户需求，并基于对市场趋势、成本、订单情况等因素做全面考量，根据市场环境的变化持续评估和动态调整；同时积极跟踪不同市场的政策要求，深入了解贸易对象国对外贸易的政策和法规，做到合规经营；持续推进技术创新，探索低碳/零碳生产，降低产品碳足迹，同时提升产品效率，推动产品的销售。

在全球化浪潮中,由"出货"向"出产业"转变,以灵活策略与创新实力占据产业链高端位置,赢得未来市场竞争。

总而言之,中国企业"走出去"是必然选择。晶澳也根据市场形势,主动适应国家共建"一带一路"倡议,经历了"出海"初期的"产品出海"到"产能出海",再到现在的"全球化服务全球化销售",晶澳综合考量了空间、人口、市场、政策等多方面因素,选择"落子"海外。如今事实也证明,这个选择是正确的。

第四章

# 生物医药的国际化新航道

# 稳健医疗李建全：企业出海不只是生意，更是"价值共鸣"[1]

这是一次对稳健医疗过往30多年企业发展的回顾与思考。我希望通过这些经历，为你呈现中国企业在全球化进程中的真实片段。

**不能始终依赖代工**

回溯到20世纪90年代初，稳健医疗的起点并不算高。1991年，我们在珠海拱北区迎宾大道旁租下不到一百平方米的小场地，生产医用纱布、口罩等基础耗材，以低附加值的代工模式将这些产品销往海外市场。当时，中国制造在国际医疗耗材领域几乎没有话语权，海外客户对中国出品的医用耗材抱有疑虑，更看重的是低成本和短交期。我和团队只能从OEM（代工）做起，努力学习国际规范和不同国家客户的产品标准。

90年代中期，我曾走访欧美多家领先的医疗耗材企业。他们拥有先进的设备、成熟的技术研发和市场品牌，中国的代工厂只是附属在全球价值链底端的小角色。这些经历让我意识到，要在国际舞台站稳脚跟，光靠成本优势是不够的。我们相信质量是立身之本，为此，1992年起我们在湖北投资建厂，为的是更好地按

---

[1] 稳健医疗董事长李建全口述，郑晨烨整理。

照客户要求控制全链条质量。1996年,稳健医疗在行业内率先取得ISO9000质量体系认证,让产品与国际标准接轨,这为未来的全球化奠定了基础。事实证明,那个时代对质量和标准的重视,是我们后来得以获得国际大客户信任的核心,同时也造就了稳健医疗扎实的质量管理能力。

进入21世纪,中国加入世界贸易组织(WTO)让更多中国企业有机会融入全球经济体系。2001年起,国际市场对中国企业的固有偏见逐渐开始松动,这给了稳健医疗加快转型的机遇。然而,仅仅参与全球市场还不够。我意识到,如果始终依赖代工,始终无法掌握品牌话语权和更高的价值分配。医疗耗材作为关乎生命健康的产品,本质上要求更高的品质与创新,如果能在技术层面实现突破,公司就有可能在全球产业链中扮演更具主导性的角色。

2005年前后,稳健医疗在"全棉水刺无纺布"技术上取得重大突破。这项创新直击传统纱布的痛点:传统纱布掉线头易引发潜在感染风险,而全棉水刺无纺布能在保证透气、柔软的前提下,杜绝掉线头问题。这项由公司自主研发的工艺,我们满心欢喜地打算推向医疗市场取代传统有纺纱布产品,然而事与愿违,我和团队经历了无数次被拒绝。临床医护无法接受看起来不是纱布的全棉无纺布敷料,使用习惯无法被改变。苦于推广无门,日思夜想,一次偶然出差,在飞机上让我发现了它作为棉柔巾亲肤的极致体验。

2009年,我们创立了"全棉时代"(Purcotton)品牌,这是企业战略上的重大转折点。全棉时代品牌的诞生,始于将医疗级品质标准用于日用消费品领域的棉柔巾和婴儿用品,"医疗背景、品质基因"是我们最早宣传的定位,让普通消费者能感受全棉带来的安全与舒适。这种从医疗到民用的拓展,使公司形成了"医疗+消费"双轮驱动格局。日后在海外推广我们的产品和理念时，全棉时代的品牌经验与理念输出为我们积累了宝贵的品牌运营和消费者教育经验。

2020年9月17日，稳健医疗成功登陆A股创业板。在国际局势多变、竞争激烈的当下，上市给予了我们资本市场的认可和更充裕的资源，为全球化战略注入新动力。疫情期间，稳健医疗坚守品质和交付，不盲目涨价，维护了海外客户对我们的信任。这些累积的信任与品牌形象，为日后的国际拓展奠定了良好基础。

## 出海不仅仅是生意

在上述历程中，稳健医疗始终坚持品质与创新，这样的积累为我们打开了更为深远的国际化路径。传统代工模式下，中国企业很难在国际市场上获得溢价与尊重。然而，技术创新和自主品牌建设改变了这种局面。以全棉水刺无纺布为例，高投入深研发的企业基因，也为公司在例如高端敷料等领域的持续发力奠定了基础。我们由此进一步思考：要在国际市场获得长期认可，必须在产品背后注入品牌理念和企业价值观。

这种坚守与创新的精神，让公司能够从21世纪10年代后期开始布局更深层次的国际化尝试。稳健医疗不再满足于向海外出售基础耗材，而是希望向全球医疗体系提供整体方案，展示中国企业的研发实力与管理水平。同时，在全棉时代品牌下，我们坚持推广天然棉花在环保与可持续上的优势，借此在国际消费市场开拓空间。

国际化进程中，让我印象深刻的案例之一是我们对美国Global Resources International, Inc.（成立于2000年，一家总部位于美国佐治亚州的全球性医疗耗材和工业防护企业，以下简称

GRI）的收购。2024年9月，稳健医疗完成以1.2亿美元收购GRI 75.2%股权的重大交易。这不仅是公司全球化道路上的里程碑，更使稳健医疗成为同行中首家在美国——全球最大医疗单一市场——拥有当地品牌、生产、渠道、物流和运营团队的中国医疗企业。

在此之前，GRI在美国、越南、多米尼加等地有生产与仓储基地。当我们决定收购GRI时，并非没有竞争对手。若仅比拼价格与条件，中国企业在跨境并购中未必具备优势。然而，稳健医疗以长期积淀的技术创新力、完善的生产自动化与严谨的质量管控体系，以及全棉水刺无纺布等独创技术为基础，打动了GRI高层管理团队。我们特意邀请他们来到湖北的工厂实地考察。在那里，他们看到自动化生产线、智能物流、严格的质量体系，以及稳健医疗推动人类与环境和谐发展的理念。

这些软硬兼备的实力和对可持续发展的重视使得GRI团队愿意与稳健医疗深度合作，甚至保留部分股份共同成长。这说明出海不再只是签订订单，更是一种价值共鸣的过程。当合作伙伴意识到稳健医疗和其他企业相比有更高的追求，不仅追求赢利，更在乎品质、品牌、社会价值与环保理念的传递时，就愿意站到我们这一边。

在品牌出海方面，2021年我们开始推动Winner品牌模式升级与价值再造，围绕高端敷料建立海外品牌心智。因为疫情影响，全球市场推广与临床试用的节奏受阻，稳健医疗在海外市场持续扎根、推广两年多，短期内看不到显著回报。但我们坚持深耕临床教育、做学术佐证，建立品牌认知。正是这份长期主义，使2024年在马来西亚举办的全球伤口年会上，Winner品牌获得了专家组委会的认可，获邀在先进伤口护理领域发表学术内容。

这次学术发表机会背后，是稳健医疗长期对临床一线的投入和对产品力的坚持。面向来自 30 多个国家的专家委员会成员和全球广泛受众（线下 2000 名、线上 6000 名），Winner 品牌在国际知名大会上呈现了自身的技术优势和临床价值。大会现场，有更多医护人员和潜在经销商主动向我们了解产品特性和应用场景。此刻，我们不再只是被动的供应商，而成为国际学术与临床对话的一方。当学术界认可我们的技术与理念时，这种认可比简单的商业交易更具分量和延续性。

另一个令我难忘的案例是与泰国最大商业地产集团之一的合作。2024 年 8 月，我们收到对方的邮件，希望全棉时代（Purcotton）品牌能入驻其旗下的高端商业中心。原来，他们的管理团队曾在中国进行商业考察，以分组方式在购物中心评估品牌，会合时意外发现各自手中都提着全棉时代的购物袋。这种来自终端消费场景的"碰巧"，使得他们对我们品牌产生浓厚兴趣和高度肯定。

这封主动邀请的邮件背后，是全棉时代产品品质与品牌理念在国际消费者身上的自然扩散。没有浮夸的宣传，只是凭借产品力和用户体验，让国际商业伙伴主动伸出橄榄枝。这说明当品质和理念达到一定高度，品牌出海不必强求，海外伙伴会自动识别出价值，从而实现商业与文化的共振。

在更具挑战的非洲市场，我们也有生动的案例。2024 年 9 月，我们前往肯尼亚与当地 Winner 品牌代理商一同调研并拜访了当地 5 家医院。当地手术室感染控制技术尚不成熟，术后感染比例高。在此情况下，我们不仅提供耗材，更提出整体手术室感染控制方案，包括手术衣的分级管理、手术帽的颜色识别、洞巾和洞巾包的分级使用，以及提升手术室高效运转的方法。

肯尼亚医护人员对这些新理念表现出极大兴趣和需求。为此，我们在 2024 年 11 月再次前往肯尼亚，在 4 天内为 8 家医院进行了 12 场培训，深入讲解如何降低术后感染风险。这不仅是商业层面的拓展，更是对当地医疗体系的实际支持。我们将中国企业积累的经验与方案输出，让当地医护人员看到改进路径。这种深入终端、关注实际医疗问题的出海方式，不仅提高了稳健医疗品牌在当地的信任度，也体现了企业的社会责任感。

事实上，稳健医疗的全球化之路也受益于国内多年的沉淀。2004 年开始布局国内医院和药店市场时，中国消费者对医疗品牌的认知尚不清晰，我们通过不断改进产品和服务，逐渐获得国内认可。全棉时代的推出则是公司从医疗领域向民用消费品延伸的里程碑。中国 14 亿多人口的多元化需求让我们学会了在复杂市场环境中进行品牌教育、终端渠道管理和品牌口碑建设，这为出海时对海外多元文化与不同监管标准的适应打下了基础。

这些经历证明，出海绝不仅是扩大销售半径的动作。我们在各个市场中遇到不同的文化、制度、消费理念、技术标准和市场痛点。每一次的磨合与对话，都像是一堂跨文化交流的课程，让我们更清楚地认识自身的优势与不足，并不断完善全球战略。在地缘政治和贸易格局多变的背景下，中国企业唯有坚持技术创新和长期主义，才能在国际市场中找到自己的位置。

就像当年二十世纪七八十年代日本企业在贸易摩擦中崛起一样，我们相信中国企业也能在严峻挑战中找到发展的新途径。我们的全球化战略不是一时兴起，而是结合了多年的积累与反思。正是因为经历了代工阶段的积累、全棉水刺无纺布技术的创新、全棉时代品牌的创建、疫情期间的坚守，以及对海外不同市场案例的深度参与，我们才能在世界舞台上呈现出更丰富的企业形象。

全球市场非常复杂，尤其是现今的地缘政治格局，但我坚信只要未来的国际化团队不忘初心、坚持创造价值，这个价值可以是为用户提供更优质的产品、引进新技术、提质增效、创造就业与税收、担起当地社会责任，就不怕各种风险。只要我们为当地创造价值，稳健医疗的价值就随之而来，就能有一席之地。

2024年是继往开来的新元年，我们站在全球化的关键转折点，是挑战更是机遇。愿我们以今日为起点，重新书写全球化发展的成就和辉煌。让稳健医疗代表中国品牌立足全球之巅，这也许还要30年，也许20年，但我们会坚定不移朝目标迈进！

# 君实生物姚盛：一款中国生物创新药如何敲开欧美市场的大门[1]

我在美国的制药行业工作超过 25 年，一直都在抗肿瘤药研发领域。对于出海，我有些自己的感悟可以和同事、友人们分享。

我现在住在美国东部的马里兰，担任国内创新药企君实生物美国子公司 Top Alliance 的 CEO，负责海外业务，包括研发、注册申报、商业化等工作。我们在马里兰的办公室对面就是美国国家癌症研究所（NCI），离美国国立卫生研究院（NIH）只有 15 分钟车程，离美国食品药品监督管理局（FDA）也只有 20 分钟车程。

因为这个地理位置的优势，我们马里兰团队的 20 多个同事中，大概有一半都曾经在 FDA 工作多年，所以这个团队比较擅长处理全球药物注册、法规相关的事务。作为中国公司在海外的分支机构，我们的工作时间也需要跨越两个时区，一些跨部门沟通会持续到晚上 12 点左右。

这个"出海"的故事，我还是想从我们的 PD-1 抗体产品特瑞普利单抗在美国获批时说起。这是中国首个获得 FDA 批准上市的自主研发和生产的创新生物药，也是 FDA 批准的第一款治疗鼻咽癌的药物。

我们都知道，FDA 有丰富的药物审评经验。和化学小分子药

---

[1] 君实生物高级副总裁姚盛口述，瞿依贤整理。

物审评相比，大分子生物药审评具有特殊的复杂性。从2017年我们在美国递交一期临床试验申请，到2023年10月药物获批，过程难言容易。

关于特瑞普利单抗成功闯关出海的故事，就从FDA获批当天开始说起吧。

## 获批

马里兰时间2023年10月27日下午2点左右，FDA给我们发了批准通知邮件，不久后就在FDA的官网公布了特瑞普利单抗获批的消息。

我收到消息后，立刻按照流程向公司管理层以及涉及信息披露的业务部门分享了这个好消息。不过那时已是北京时间的深夜，和还醒着的同事互道祝贺后，我开始等待更多人醒来。

其实早几天就有即将获批的征兆了，因为FDA从10月中旬开始就和我们确认药品的说明书以及他们官方新闻稿中的措辞。按照惯例，说明书定稿就离获批不远了，另外在获批当天或前一天，FDA会和企业确认FDA的官方新闻稿。还有个不成文的现象，FDA喜欢在周五发批件。10月27日就是个周五，那天下午我隔一会儿就刷一下FDA的官网。

虽说有心理准备，但当获批真的到来，我还是有点百感交集。为了这一刻，我们从2012年立项开始准备了10年。我很少发朋友圈，但这件事我第一时间转发了FDA官网的新闻稿，希望把这个大好消息分享给所有的朋友、合作伙伴、国内的研究者们。

获批之后，很多人来道贺，也有很多人询问我们如何做到的，毕竟特瑞普利单抗是FDA历史上第一个获批的鼻咽癌药物，同时在主试验里只有亚洲的患者，没有入组美国患者。在这之前，

FDA 针对一款只有中国数据的药物专门开过专家审评会，认为除了一些特殊情况，美国以外的单一地区人群无法支持其获批。所以大家还是会好奇，君实生物是怎么做到的。

## FDA

针对特瑞普利单抗这个产品，我第一次和 FDA 接触是在 2017 年，为了申请临床批件，整个过程都通过书面交流和系统提交。真正面对面开会是在 2018 年四季度，在某项研究二期临床结束节点（End of Phase 2，简称 EOP2）举行了会议，我们希望以二期临床数据为基础，和 FDA 讨论如何在美国开展注册临床。

在 FDA 的办公室系统上完成预约后，我和医学、注册的同事一行 6 个人，与 FDA 医学、统计、项目管理相关的审评员一共 4 个人，在 FDA 的会议室开了个会。这种会议一般都限时 1 小时以内，不会给企业额外的时间。

当时没想到的是，这是我们最后一次和 FDA 面对面开会。疫情期间，FDA 所有面对面会议都取消了，改为线上会议，直到现在都很少举行线下会议了。

在正式做注册临床之前，跟 FDA 达成一致是很重要的。他们主要考虑几个内容，你想做哪个适应证，试验怎么设计，对照组怎么选择，打算在全球什么地方入组什么人群，统计假设是什么，主要终点和次要终点是什么，可批的试验终点是什么……

这些是需要公司内部国内外同事通力合作的，从医学到临床运营到统计。我们还做了好几遍演练，谁来主持，谁来主讲，什么问题由谁回答，交叉领域的问题谁先谁后等，不能有问题大家就随便拿起话筒说，都要事先排练和预演。

几年前，FDA 对于在缺乏有效治疗方法的疾病临床试验中美国患者的比例要求还是比较宽松的，整体原则是临床试验招募的人群具有代表性。比如鼻咽癌在美国相对少见，在美国招募鼻咽癌患者非常困难，而且鼻咽癌是未满足的临床所需，对于这类情况，FDA 的态度比较开明，在沟通时认可了我们在亚洲开展研究的计划。

但是现在来看，FDA 这几年监管要求的变化还是比较大的，对于临床试验中美国患者比例、欧美患者比例要求都比以前更高、更严了。

## 核查

值得一说的还有现场核查，FDA 要到我们的生产以及临床试验单位现场来核查，这是批准一款新药之前的必经步骤。在有多年 FDA/CDE（中国国家药监局药品审评中心）质量和核查经验的王刚博士带领下，我们的质量和生产团队做了长达 3 年的准备工作。

本来核查应该安排在 2021 年底，但因为疫情，FDA 的检查员无法成行，我们跟国内几个一同等待 FDA 核查的药企合作，和 FDA 开了多次会议，商量如何避免核查人员被新冠病毒感染，怎么创造一个安全的闭环环境，尽量保证检查员在安全区内的通勤安全。最终大家讨论出了一个方案，但还没来得及具体执行，全球疫情基本结束。所以在推迟了大概一年半后，FDA 的检查员终于来到了我们的工厂。

生产现场核查的地点是在我们位于苏州吴江的生产基地，仅仅是核查之前的材料预审阶段，工厂就已经收到了 10 多轮 FDA 提的信息要求，其中包括通过 4 轮 FORM-4003 信息要求（FDA 评审阶段要企业提供的一种信息要求），工厂为检查提供了 800 多份文件资料。

而为了准备 FDA 的现场核查，我们内部进行了 5 轮模拟检查，模拟检查员都是前 FDA 和世卫组织的监管人员。5 轮审查共发现 300 多项需要整改的缺陷项，我们对这些缺陷项一一进行了整改，同时准备了 300 多份 mini-PPT 报告以备回答 FDA 提出的问题。

4 名 FDA 的核查员到苏州工厂进行了为期 10 天的现场核查，其间他们基本是高强度工作，核查每天持续一整天，他们晚上回酒店还需进一步审评我们提供的材料和写报告，有任何问题或疑问都会在第二天向具体操作人员单独问询。

很明显，他们开始时还是比较谨慎，问得很仔细。一周之后，他们对我们公司的质量体系和执行情况比较了解后，工作气氛就放松很多。

除了准备 mini-PPT，我们的生产和质量团队还准备了超过 350 个与核查相关的问答，这些问答被分为六大体系，可以帮助我们的同事在核查期间完整、自信地回答 FDA 的问题。因为工厂员工大多数都是中国本土员工，过去的文件体系以中文为主，那两年我们对超过 2000 份文件进行了翻译，翻译的字数超过了 1000 万字。现在，我们工厂内的双语文件体系已经建立完善，后续所有的文件都是双语的。

在实际的核查过程当中，根据 FDA 的要求，我们生产了 2 批原液和 1 批制剂，最后现场生产的原液和制剂全部符合放行标准。

FDA 的核查向来以严格著称，除了访谈、文件审阅、生产现场和实验室检测观摩，我们有 200 多位同事在现场回答了 FDA 共 300 多个问题。FDA 花了 20 多个小时观摩生产现场和实验室检测，仅在制剂灌装的那一天，FDA 的官员就观摩了 8 个小时。

最终生产现场核查顺利通过，没有严重或者是重大的缺陷。

随后在 2023 年 8 月，FDA 核查专家对 3 家开展了我们鼻咽癌研究的临床中心进行了非常严格和细致的现场核查，对我们临床医院的研究水平给予了充分认可，认为研究团队成员尽职尽责，严谨的工作方式保证了临床试验质量。

## 出海

FDA 来中国核查过化药厂，但核查生物药厂是第一次。我们通过之后，也跟很多同行分享了经验教训。

现在大家都在焦虑出海，FDA 的要求确实很严格，检查员都有非常多年的经验。FDA 最讲究的是科学，一个问题如果你有充分的科学解释，能提供数据支持并提出符合 GMP（药品生产质量管理规范）标准的见解，FDA 也会给予客观评价。

还有很重要的一点，我们跟很多合作伙伴交流过，FDA 现场核查的时候，要查历史记录，就是查这个厂成立之后发生过什么偏差，是如何整改的，包括操作上和制度上的整改，怎么避免同类问题的发生。FDA 的理念是，你要有一套质量系统来保证你能应对将来可能发生的新问题。

说到出海，特瑞普利单抗现在已经在超过 35 个国家和地区获批，过程中我们也跟欧洲（包括英国）、澳大利亚、新加坡等全球各地的监管机构打交道。

欧盟的药物监管机构是 EMA，其审评员来自 27 个欧盟成员国。相比单一国家的监管机构，EMA 审评一定程度上会受到各成员国不同诉求的影响，这些国家在临床需求、经济水平等方面都存在不同，每个申请项目所面临的审评要求都可能存在差异。

FDA 现在对临床试验的要求非常明确，要做 MRCT（Multi-regional Clinical Trial），也就是我们说的国际多中心的临床试验。

但 EMA 官方还没有明确规定，是否批准需要综合考量临床的需求、疾病的自然分布情况和试验结果。像我们 2024 年 9 月在欧盟获批的食管癌适应证，它就是基于一项纯中国研究。鼻咽癌适应证研究入组的也都是亚洲人群。

另外，FDA 是不做药物定价规范的，都是企业自己结合市场情况独立定价。但在大部分全民医保的欧洲国家，EMA 获批后，各个国家的获批准入需要和政府谈好价格才能上市。

现在我们说"出海"，也不仅仅是欧洲和美国。全球范围内有相当一部分国家会拿美国、欧盟作为参考地区，这些国家的监管部门会要求你提供在美国、欧盟审评的所有文件、问题、回复。他们中不少与 FDA 有沟通交流机制，可以进行多个国家监管部门的同步审评。我们在澳大利亚和新加坡的上市申请就是通过奥比斯项目（Project Orbis）提交的，这个计划由 FDA 发起，为 FDA 和其他国家及地区的监管机构搭建合作机制和框架，有助于肿瘤患者更早地获得来自其他国家的新疗法。

所以，特瑞普利单抗在美国、欧盟的获批，成为其在全球注册的"敲门砖"。

接下来，在已经获批或即将获批的几十个国家和地区，我们的工作重心将转移到商业化上。现阶段我们采取的海外商业化策略以合作为主，借助在当地拥有丰富商业化经验的合作伙伴的能力，打开市场，树立特瑞普利单抗的品牌。而像中国香港、新加坡这类相对较小的区域，我们正在尝试自己经营。同时，在原有基础上进行各国的适应证拓展也是我们海外团队目前的工作重点。

特瑞普利单抗的出海让同行看到了希望，中国的创新生物药也可以通过欧美监管部门的批准，说明我们的生产和研发水平达到了国际标准。所以我们需要坚持做创新，要解决未被满足的临床需求。

我在美国很多年了，10年前国内基本上没有太多的抗癌新药，经常有患肿瘤的朋友托我帮他们在美国寻找药物或者治疗方式。这10年变化很大，国内研发的新药好药更多了，治疗方法也多了，这也体现了中国新药研发能力的增强。我们的药物研发，从模仿、跟随到现在在个别领域做到了引领，这是大家一起努力的结果。

我们也要有信心，要看到未来的方向，还要立足中国、解决全球临床所需。真正解决临床所需了，企业的商业价值也会实现。

# 圣湘生物丁海：我在印尼与人合伙建工厂 ①

过去几年，我有幸参与并见证了圣湘生物与印尼卫生部建立深度合作的全过程。从用我们的产品帮助印尼防控新冠等传染病，到在这里新建工厂，落地本土化生产，我们用技术和智慧努力为印尼的医疗体系注入活力，我由衷感到自豪。

上一次回国，我到北京大学医学部拜访了我的老师，在与他的交流中，我再次感到，虽然毕业后我没有做医生，但我在印尼做的这些工作，也是在回馈社会、回馈生命。

## 从投诉电话到 80 家基础客户

我们公司是国内分子诊断龙头企业，主要围绕传染病防控、妇幼健康、癌症防控等提供检测试剂和仪器及第三方医学检验服务。公司同事最初到印尼是在 2018 年底，当时为了判断东南亚市场的前景，公司同时也派了团队到泰国和马来西亚。

经过近一年的调研，团队的结论是，印尼市场在东南亚国家中不算特别好的市场，因为这里的医学诊断水平有限，能够做分子诊断的实验室非常少，而且民众的健康意识不是特别高。最后公司决定在泰国做更深入的布局，对马来西亚和印尼市场都没有

---

① 圣湘生物印尼子公司负责人丁海写于 2024 年 12 月 25 日。

拍板。

我们真正在印尼广泛布局是在新冠疫情期间，这起源于中国政府发起的对外援助抗疫项目。这个项目由中国政府牵头，同时鼓励有社会责任感的企业参与。当时我们通过国家援助计划向印尼捐赠了一批新冠试剂，下发到80家医院。

其实起初我们并不知道捐赠的试剂分发给了哪些医院，直到有一段时间集中接到来自印尼的电话和邮件，说我们的产品有问题，效果不好。我们更进一步了解到，这批试剂是同期发给了泰国、法国、菲律宾和印尼，但除印尼之外的其他国家都没有发现问题。

我当时负责国际营销中心，收到印尼的这些反馈后，觉得很值得重视，想搞清楚到底是我们试剂的质量存在问题，还是运输问题，或者是实验室操作的问题。

后来公司决定派研发团队的一位专家到印尼去摸个底，他是湖南省百人计划专家，对产品非常了解。他过去后和我们当地的合作伙伴一起到80家医院了解情况，发现这些医院中会操作分子诊断的不到10%。当时印尼卫生部给这些医院安装了设备，但没有派人去教他们怎么规范使用，导致最后呈现的检测结果不行。

我们的专家在印尼做了一个多月的技术培训，不仅教他们怎么操作仪器，也会培训实验室布局以及生物安全、生物防护、检验流程规范等。我们董事长戴立忠常说："授人以鱼不如授人以渔。"如果检验人员只知道操作动作，不知道背后的科学道理，往往动作也会出现失误。

通过培训，这些医院对我们公司产生了信任感，也是在这种情况下，圣湘的品牌才在印尼真正立足。当时印尼疫情非常严重，几乎没有公司愿意派人过去做长时间的技术服务，可能就我们一家，所以印尼这些医院都非常感动。我们成功地把原来有意见的

80 家医院转化为我们在印尼的基础客户。

## 成立第一家海外子公司

有了 80 家基础客户后，我们就需要考虑是否要在印尼建立专门的团队。当时刚好有一位在印尼商会认识的印尼朋友告诉我们，多头代理商的经营模式要被禁止了。多头代理商是指一家外国企业在印尼有多个代理商。其实印尼的法规是不鼓励多头进口商代理的，只允许外国企业有一个海关备案的进口商，也就意味着一家外国企业相同系列的产品只能有一个代理商持证。但在新冠疫情期间，印尼希望进口更多的医疗物资，因此没有严管，很多外国企业通过设立多个子品牌的形式在印尼寻找多个代理商。

如果印尼严管，我们要么得把所有产品聚焦到一个代理商，要么自己在印尼建公司。在这种情况下，我随即带了几位同事到印尼调研，发现虽然现阶段很多情况不理想，但印尼其实是一个需求很大并且值得长期投入的市场。2021 年，集团同意在印尼设立一家子公司，把所有产品的注册证转移到这家子公司。

设立子公司时，我们都很兴奋，这是圣湘生物最早成立的海外子公司。但兴奋之后我们得认真考虑，在印尼要做些什么业务。

之前那位印尼朋友帮我们引荐了 UBC 公司的老板。UBC 集团是印尼非常大的公司，与中国很多企业都走得很近。这位老板是一位华裔，中文名字姓林。我当时给他做了一份 PPT，内容是关于印尼如何防控病毒性肝炎的。乙肝和丙肝在印尼的流行率很高，我们觉得这是一个值得被关注的病种。

林总拿着我的 PPT 去见了印尼疾控中心的主任和卫生部部长，疾控中心主任和部长说相比于肝炎，他们更需要防控的是结核病，他们建议我们做结核检测产品。在结核检测上，印尼和赛沛合作了很多年，赛沛有全球最好的结核检测试剂。但在新冠疫情期间，印尼也遇到很多问题，包括技术服务保障、供货保障不及时等，再加上赛沛试剂价格昂贵，一台仪器能做的检测项目不多，所以印尼卫生部希望能够实现结核检测设备和试剂的本地化。

印尼将这个需求提给了很多家企业，当时没有人敢接，因为挑战很明显：一是竞争对手已经垄断市场多年，二是必须马上在本地投入建厂。

后来我们团队亲自去见了印尼疾控中心的专家，详细了解了他们的需求，觉得可以试试。大概花了三四个月的时间，我们就把检测结核病的产品进行了适应性优化和调整。2022年底，我们在万隆的一家重点医院做了测评，我们的产品综合得分87分，比较优异，得到了专家和印尼政府的认可。

## 印尼员工说我是机器人

2023年，我们开始在印尼建工厂。在开始之前，我没想到这件事会有这么多的困难。

我们是和UBC合作建厂，UBC集团此前只有建设疫苗工厂的经验，在体外诊断方面缺乏经验。疫苗和体外诊断在工厂建设标准方面完全不同，所以UBC派来与我们合作的团队是临时搭建的。

在合作过程中，我才真切地意识到印尼人的"慢热"文化。任何一件小事，他们都需要找我们反复开会论证，比如插座怎么选、地板和墙壁颜色怎么选、每条电线承载多大功率。他们还会不断变化要求，有时是因为对国际标准的理解不同，有时是因为某位专家提出了不同意见，工厂图纸来回改了十几次。但回过头来，工厂的设计并不完全合理，比如现在闲置的两个淋浴间，当时我们就提出不需要，但 UBC 一位负责法规的同事说，按照法规必须有，结果是没有使用过。

那段时间，我的身体和精神都濒临极限，连睡眠都成了一种奢侈，每天只能睡 3—4 个小时，稍微闭上眼睛，脑海里就是未完成的任务和各种突发状况，完全无法放松。我的体重一度轻了 30 公斤，连海关人员都认不出原来的模样了。

印尼的员工私下里会说中国人是机器人，起初我们还有点气愤，后来觉得也无所谓了。因为在合作过程中，遇到问题了我们会加班加点想办法克服，而他们就没有那么紧张。在印尼员工的生活中，祷告是最重要的事，不能因为其他事情耽误祷告的时间，比如斋月（3—4 月）时他们会提前到下午 4 点下班。

工厂建好后，取名为 ESORA。E 是 UBC 的总公司首写字母，S 是圣湘生物，O 和 R 是 operation（运转）和 reliable（可信的），意思是未来要相互信赖，A 是 alliance，意思是联盟。ESORA 意即 UBC 和圣湘生物组成的一个可信赖的联盟。而 ESORA 在印尼方言中本来的意思是天空中的图画。

建好工厂后，公司的人员班子就要完整地搭建起来了。我们与 UBC 的合作模式是，我们做智慧资产投入，UBC 负责劳力资产投入。我方团队一共 10 多个人，我之下有技术负责人、销售负责人、研发负责人和生产运营负责人。我们同时需要帮助 UBC 制定员工招聘计划，比如说不同的工种需要多少人，每个岗位的职责是什么，汇报关系是什么，员工需要什么资质。最后我们帮他们招了 35 个核心员工，35 个外围员工，一共 70 个人。

团队搭建好后，进入设备调试阶段。我们严格执行每日监测，力图及时发现问题并加以解决。然而，由于本地团队的技术能力尚在提升中，一些问题未能被迅速捕捉和处理，设备运行迟迟无法达标。其间，抱怨和质疑声此起彼伏，团队士气一度降到了最低。为了打破僵局，我们从圣湘生物总部邀请了生产体系专家，对第一批招聘的10名本地员工进行了系统的技术培训。从基础理论到实践操作，专家们一对一、手把手地指导，希望通过技术赋能打造一支专业化的本地化团队。

当生产线逐渐扩大时，新的问题又接踵而至。生产人员数量增加后，管理漏洞也逐渐显现。比如，某些生产步骤未按照标准流程操作，导致产品质量波动；库存管理混乱，时常出现原材料积压或缺失的情况。这些问题导致实际产能与设计产能悬殊。我们多次组织紧急会议，制定了一系列优化方案，从留住核心人才、加强管理层培训，到引入更科学的生产计划机制，逐步为团队注入信心与动力。在之后的几个月里，通过细化管理、优化流程，我们终于看到产能逐步提升，工厂的运营趋于稳定。

尽管困难重重，但当我们看到项目一步步推进，合作伙伴的工厂按照中国标准顺利建成投产，产品最终成功实现本地化生产时，所有的辛苦和压力仿佛都烟消云散了。这些努力不仅为印尼百姓提供了更便捷的医疗检测服务，也让我们深切感受到，这份事业的意义远远超越了个人成就。

## 当"HPV检测"遇上当地民情

2023年三季度，我们正式推出了本地化的结核筛查产品和宫颈癌筛查（HPV检测）产品。2023年底，这两个产品中标了印尼的政府采购项目。但2024年的进展没有很顺利，一方面是总统换届、内阁改选以及政府预算变化等原因，导致整年的医疗采购市场都不繁荣，另一方面也与当地民情有很大关系。

在很多国家，既然中标了，不管政府如何换届，企业都应该持续供货，但印尼往往不是这样。项目的执行是分阶段的，比如宫颈癌筛查项目，目标是每年要做 1000 万人，但他们并不是一开始就已经筹措好 1000 万人的经费，而是经费有一笔做一笔。

他们采购的第一批 HPV 检测试剂是用于完成一项前瞻性研究。这些试剂分发给大雅加达地区的 13 家医院，这些医院都是印尼当地非常好的医院。

没想到的是，前瞻性研究执行得很不理想，最后有一半的试剂没能用上。背后的原因更是在我意料之外——印尼很多妇女不愿意接受 HPV 检测。如果她们被检测出 HPV 阳性，会被认为是性生活不洁。实际上，HPV 阳性并不代表女性有不洁的性生活，它只是一个常见的病毒，提前发现有助于提早预防宫颈癌。

印尼卫生部的专家告诉我，在这项前瞻性研究执行期间，大雅加达地区的离婚率和家暴率骤增。

印尼过去曾开展过宫颈癌筛查，但主要采用传统的视觉检查技术。这种方法并非通过检测 HPV 病毒来筛查宫颈癌，而是依靠肉眼观察评估宫颈癌的风险等级（如一级、二级）。然而，该技术存在准确性低、效率不高的显著缺陷。我们率先将世界卫生组织推荐的 HPV 病毒检测技术引入印尼，用于宫颈癌筛查，大幅提升了筛查的科学性、精准性和效率。

我们特别邀请了印尼妇产科学会的专家来中国访问交流。

他们首先参观了广州的中山大学第三附属医院，与广州的专家深入探讨两国妇产学科的发展经验，随后在北京参加了肿瘤预防与控制大会，与国家卫生健康委员会和疾控中心的专家交流了中国在宫颈癌防控领域的成功经验。之后，他们还前往湖南，与湖南省妇幼保健院领导及常德市卫健部门的官员交流，分享了中国在"政、企、学、医"多方协作下成功防控宫颈癌的实际案例。

2024 年 12 月，我向印尼卫生部的专家提交了一份关于中国如何防控宫颈癌的经验报告，共有二十几条经验，包括怎么做科普、怎么做"政、企、学"联合、怎么鼓励女性去做检测等。

在印尼的这段岁月，我对"责任"有了更深的理解。看到我们的努力得到印尼政府和百姓的认可，听到他们真诚地说"感谢中国方案"时，我的内心无比满足。这不仅是我们公司的成就，也是"一带一路"倡议在全球卫生事业中结出的硕果。

# 科兴孟伟宁：到拉美去[①]

中国疫苗企业扬帆出海，哪里是最佳目的地？我的答案是拉丁美洲。

我从 2007 年加入科兴，在疫苗行业已经工作 17 年了。在这 17 年中，我主要负责海外市场，从事过国际产品注册，也做过国际销售，把甲肝疫苗、肠道病毒疫苗、流感疫苗、新冠病毒疫苗等销往海外 80 多个国家，对东南亚、中亚、中东、非洲、拉丁美洲等市场都有所了解。

你知道，在海外销售疫苗不是一件简单的事，至少不会像卖玩具、卖电脑那么容易，甚至比销售药品、医疗器械的难度还要大。因为疫苗是给健康人群接种的，任何政府都会非常谨慎。

新冠病毒感染疫情之后，中国疫苗企业如何在海外市场谋新篇是大家共同面临的挑战。这两年，我每年都会花四五个月的时间待在海外，就是希望能够第一时间掌握海外市场的变化。

我始终认为，中国疫苗企业在海外的目标市场是发展中国家，不是美国和欧洲。

欧美疫苗企业的主要市场是欧洲和美国，尤其是美国，因为其价格是其他市场的 5—10 倍，这个吸引力很大。相对而言，欧美疫苗企业在发展中国家投入的精力有限，当然他们在本地的团队也很强，毕竟已经经营了二三十年。但决策灵活度没有那么高，

---

[①] SINOVAC 科兴质量委员会主席、国际业务负责人孟伟宁口述，张英整理。

比如他们不会因为某个区域市场出现了竞争对手而允许产品降价，这给了中国企业机会。

## 拉美市场好在哪里

我之所以认为拉丁美洲是中国疫苗企业出海的最佳目的地，有三方面原因：

第一，拉美国家经济水平不错、资源丰富，富裕国家人均GDP在1万—3万美元，差一点的国家比如哥伦比亚，也能达到近7000美元；

第二，拉美国家在19世纪独立战争之后，没有经历过大的战乱，所以他们对卫生的投入是持续的，而且很多国家在医疗卫生体系建设上会向美国、加拿大看齐。

例如，秘鲁有3300多万人口，年GDP约2600亿美元，政府每年采购疫苗的支出大概是1.6亿美元，其疫苗支出占GDP的比例远超许多中等收入和低收入国家。

拉美国家的免疫规划疫苗（指政府采购，供居民免费接种）平均有25种，例如季节性流感疫苗、13价肺炎球菌疫苗（PCV疫苗）、人乳头瘤病毒疫苗（HPV疫苗）都属于免疫规划范围，所以是一个很大的公共市场。相比之下，东南亚以自费市场为主，政府采购的疫苗种类不到10种，而且主要依靠联合国儿童基金会等公益组织捐赠，在东南亚很难获得比较大且持续稳定的市场份额。

第三，从市场格局看，拉美市场上只有几家欧美跨国企业，不单是疫苗行业，单抗、细胞基因疗法等领域也是如此。拉美本地企业只做最基础的仿制药，这些企业原本是给跨国企业做分装、包装，不具备研发能力。所以，拉美市场对创新产品的需求是巨大的。

需求存在，定价也不错，产品只要质量过硬，赢得本地人尤其是政府的信任，可以稳定供应，在拉美市场长期做下去问题不大。

当然，世界上没有免费的午餐，拉美市场的难度是进入门槛比较高。尤其是走政府采购渠道，必须与政府紧密合作，疫苗这个生意跟政治是高度相关的。我非常关注当地的政治状况，下一届政府是左翼还是右翼，在产业发展、卫生投入等政策方面有什么倾向，都是我关注的问题。

拉美国家的执政党通常每四年换一次，换届可能导致政策有较大变化，尤其在哥伦比亚等国家，但总体而言，其社会经济的运行不会出现大问题，不会发生战乱、政变。像智利、巴西这些国家就更稳定了，上届政府签的合同，后一届是遵守的。

我这里说的好市场，主要是指有比较大的公共市场（指政府采购），跨过门槛后可以很快实现广覆盖，花比较小的代价获得比较大的回报。像东南亚这样的市场也有价值，具体得看产品线，比如我们的肠道病毒疫苗，是一款新产品，拉美国家对此还没有太多认知，那么它根本就没有公共市场；但在东南亚，老百姓愿意用比较高的价格买来给自己的孩子打，虽然量不大，但因为价格好，也可以提供比较好的利润。

## 怎么进入拉美市场

每个国家对疫苗都是很谨慎的态度，一款新疫苗要进入政府采购名单是非常难的，哪怕这款疫苗已经获得了世界卫生组织预认证。

我们在10年前就意识到，拉美是一个非常好的市场，但要进

## 第四章 生物医药的国际化新航道

去是很困难的。很长一段时间都只能通过泛美卫生组织向拉美相对较小的国家供一点点,大国我们进不去。这些国家不太会对采购什么公司的产品做决策,主要还是看泛美卫生组织的倾向。

这个情况在新冠病毒感染疫情期间发生了变化。原本很多拉美国家是向欧美企业订购的新冠疫苗,在它们的临床试验结果还没出时就已经达成承诺,但后来随着新冠病毒感染疫情越来越严重,一些企业没有遵守供货承诺。这些国家突然发现即使有现金也买不到疫苗,当时我们手里是有产品的,所以他们迅速跟我们建立了合作。

2021年上半年,德尔塔毒株在南半球流行,拉美死亡人数很多,最严重时,巴西每天死亡人数达3000人,我们在这段时间向拉美供应了大量新冠疫苗。在这个过程中,我们建立了良好的口碑,赢得了普通老百姓的信任。

具体的合作过程,我就以智利为例具体讲讲吧。2020年中,我们需要做新冠疫苗三期临床试验,那时国内已经几乎没有新冠病毒感染病人了,只能去国外做。2021年1月,我找到智利天主教大学一位教授开展合作,他当时把智利卫生部也拉了进来,智利卫生部出钱,我们出产品,这位教授负责做临床试验。当然三方合作的前提是,试验做完后,科兴的疫苗要优先保障智利的需求。

通过这次合作,我与智利卫生部、外交部、经济部都建立了联系。即便后来执政党换了,工作团队还是他们,我们一直保持沟通。这也是2024年上半年能迅速向智利供应流感疫苗的原因。

向智利供应流感疫苗的背后也有一段故事。以往我们的流感疫苗只在智利的私人市场销售,没有在政府采购名单中。2024年上半年,可能因为气候变化比较厉害,智利的流感疫情提前了。当时疫苗还没打够,导致感染人数很多,到了6月,按理说已经是南半球流感疫情末期了,但仍然严重,民众质疑智利政府没有推动流感疫苗的广覆盖,但以前经常供应的欧美企业这时没有库存了,其他企业不可能下一周就给运过去,只有我们在如此短的时间内满足了智利100万剂流感疫苗的需求。基于这样的合作,加上我们在竞标中分数领先,我们中标了智利2025年流感疫苗政府采购项目,这个国家全部的免费接种流感疫苗都将由我们供应。

其实像新冠病毒感染这样的全球疫情我们不是第一次遇到。2009年,甲流暴发,最早是在墨西哥。我们的甲流疫苗完成临床试验后,墨西哥是第一个批准上市的国家。当时我在墨西哥的合作伙伴跟当地卫生部一起来找我,说至少要1000万剂,但由于种种原因这单生意没有做成。6个月后,当我们的生产满足国内需求后再向国外出口时,已经没机会了。

到现在,我们的流感疫苗都未能进入墨西哥政府采购名单。本来那一年他们批准了我们的甲流疫苗,也在第二年批准了我们的季节性流感疫苗上市,应该是最好的市场机会。墨西哥有1亿多人口,每年流感疫苗的使用量超过4000万剂。

## 本地化

在通过新冠疫苗树立品牌形象后,我们近两年致力于将更多产品带入拉美政府采购清单。

我们采取的策略是:首先保证产品质量与欧美跨国公司一样,价格相对低一些,同时,我们可以在本地进行投资,可以与当地的研究机构一起做研究,也可以购买土地、厂房,招收本地人员。

我们不像部分欧美跨国企业,把拉美当作一个倾销产品的市场,我们会跟当地政府、合作伙伴长期合作,在为当地带来税收之外,还帮他们培育产业工人、技术人员,未来也能够实现在当地投入研发。

我想这也很符合许多拉美国家的需求。我在与很多拉美官员的交流中发现，他们逐渐意识到以往完全依靠外来贸易是错误的，建立本国工业体系很重要。

比如巴西就很典型，它的工业化水平在拉美应该是最强的。他们有本国的疫苗生产商，也有本国的药厂，但总体来说，他们70%的疫苗和药品是依靠进口。以前巴西经济部与欧美跨国公司签署过本地化协议，不过10年过去了，能在当地做技术转移、稳定生产的厂家仍是凤毛麟角。2023年卢拉政府上台后，提出"再工业化"战略。2024年巴西经济部推出了一项长达10年的本地发展计划，企业可以在这10年间获得稳定的市场份额，条件是要在本地投入研发和生产。最近我们正在与几个合作伙伴一起去申请，以往这些市场都是由欧美跨国公司来控制的，希望这两年我们能够有所突破。

不仅是巴西，最近智利的经济部正联合卫生部、科技部计划推出一项流感疫苗的长期采购计划，也是10年，要求中标企业在这10年里在本地进行灌装、包装。我现在已经买好了土地和厂房。

我们在拉美国家雇用的员工都是本地人，目前我们在智利、哥伦比亚、巴西都建立了本地团队，每个国家的团队规模在10人左右。当地的运营，例如产品注册、销售、财务、人力等全由本地员工负责。这些员工都是高素质人才，我们也很舍得在这方面花钱，很多员工以前是在欧美跨国公司工作，我们给他们的薪资比欧美公司还要高，还有部分员工有长时间的政府工作经验。

一定要信任本地员工，其实他们的教育背景非常不错，很多都接受过西方教育。我们在哥伦比亚的员工都能讲非常流利的英文，在工作中也能持续稳定地输出。你需要尊重他们的职业习惯和信仰，如果简单要求他们遵循"996"工作制，肯定是不行的。

我举一个例子来说明本地员工的重要性。2024年五六月时，泛美卫生组织给我们总部发邮件，询问能给巴西供应多少支甲肝疫苗，我们往年一般是供应20万—30万支，2024年也就按照这个数量回复了。泛美卫生组织收到信息后也没有多问，准备直接报给巴西卫生部。

当时，我们巴西团队看到了总部回复的邮件，马上来电说不能这么回复，巴西当地发生了洪灾，此次采购甲肝疫苗是为了预防洪灾后的病毒流行，需求可能在100万—200万支。得知这个情况后，我们总部也立即反应，再次跟泛美卫生组织沟通，最后我们抓住了这个机会，向巴西供应了180万支甲肝疫苗。如果没有本地团队，这个机会也就错过了。

## 正考虑代理药品

不单是疫苗，很多国产药品在拉美市场也有很好的机会。

拉美市场上的单抗、Car-T等抗癌药基本是欧美跨国药企生产的，价格还非常高。比如，打八因子无效的部分血友病患者必须用的艾美赛珠单抗，一两万血友病患者中大概有2000人必须用，但这款药价格非常高，在巴西大概一年要花20万美元。尽管这个市场非常小众，但是它一年的规模是4亿美元，而且这些费用医保是买单的。拉美的医疗保险覆盖范围比很多地区广得多，这就意味着其市场容量也更大。

另外，对于药品，拉美部分国家的药监部门是接受在其他国家做的临床数据的，不一定非得要求企业在本地做临床试验，除非这款药在不同人种身上可能存在不一样的风险。

我想不久的未来，科兴在拉美不单是销售产品，还会有本地临床研究、本地生产。等建好了本地的分装厂，有了本地研究团队，自然而然就会把更多产品带入拉美市场，不仅是我们自己的产品，也可以是中国合作伙伴的产品。最近我们也正在跟中国的细胞基因治疗企业沟通合作的可能性。

哪怕部分产品不向政府供应，供应私人市场也是可以的。后期我们还计划开发针对拉美本地需求的产品，比如在中国不严重但在当地严重的登革热，我们可以跟本地的研究机构一起开发新产品。既有常规的产品供应，也有本地新产品，相信未来我们在拉美能够枝繁叶茂。

# 达华药业周成杰：帮助全世界贫困女性避孕[①]

我是周成杰，上海达华药业公司分管销售工作的副总经理。达华药业从事着一项重要的事业：帮助全世界贫困女性避孕。

达华药业是生长在崇明岛上的企业，这里虽然和浦东新区只有一江之隔，但并不繁华。我们的厂房建于20世纪90年代，公司周边至今还有许多建于20世纪五六十年代的建筑。你们或许也听说过，20多年前，达华药业曾经濒临倒闭，整个公司只有一个大学生。现在，我们就从这个小岛，把产品卖往全世界数十个国家和地区。

达华药业当年是如何挺过生存危机的？产品又是如何改变远方人们的生活？让我来讲讲我所知道的那些故事吧。

## 让女性自己来决定

2017年之后，我们的皮下埋植避孕产品（以下简称"皮埋"）Levoplant（左炔诺孕酮硅胶棒）就成了全球第三大皮埋品牌，"LOVE MY LEVO"这个口号则是我们为这款产品量身定制的。那么，这句口号因何而来？

在解释这句口号之前，我想重复一个非洲女性玛利亚姆

---

[①] 上海达华药业副总经理周成杰口述，张铃整理。

（Mariam）的故事，这个故事我在许多场合都提起过。

玛利亚姆是乌干达女孩，她一生生育过 44 个孩子，其中 38 个活了下来。12 岁时，她就结了婚，第二年生下一对双胞胎，15 岁时又生下一对三胞胎，成为 5 个孩子的妈妈，而她那时还是一个未成年的少女。玛利亚姆对丈夫说，"我们一起做点计划生育吧"，丈夫没有同意。往后的年月，她只能一胎又一胎地继续生育。

在非洲，很多爸爸不管孩子，女性自己生，自己养，生育这件事对他们几乎没影响，所以他们对避孕就不太上心。有的女孩才十几岁就怀孕了，胎儿的父亲是谁都不知道。我们的老厂长以前去非洲，看到一个女性肚子里怀着一个，手里牵着一个，还有一个在吃奶，三个孩子年龄非常接近。那里的女性不仅生育数量多，而且怀孕间隔极短，这是不健康的生育状态。对于这一切，很多女性很苦恼，但没什么办法。

我们的皮下埋植产品主要出海非洲，这是一片女性生育负担巨大的土地。联合国数据显示，截至 2024 年，全球十大高生育率的国家全部在非洲，生育率最高的是尼日尔，每名妇女平均要生育约 7 个孩子。畸高的生育率和极低的避孕率直接相关。联合国人口基金会数据显示，在撒哈拉以南非洲的大部分地区，只有四分之一的女性使用过现代的避孕方法。

我们在非洲的经销商伙伴 DKT International[①] 曾拍过一个视频：他们采访了一些非洲女性，发现有的女性没有获得避孕产品的渠道，有的负担不起长期使用的费用；有的女性虽能获得避孕药，但偶尔会忘记吃药；安全套虽然容易获得，但许多女性的丈夫不喜欢、不愿意用。

---

① DKT International 于 1980 年在美国首都华盛顿成立，是一家致力于人类健康、提供有关生殖健康产品及服务的国际机构。

最近几年，越来越多女性发现了我们的产品，一次皮埋后，好几年都不用担心怀孕，这种避孕方式简单、可控、可逆。她们终于可以掌控自己的生育了。

"LOVE MY LEVO"的意思很简单——女性要爱自己。生育还是不生育，什么时候生，都应该由女性自己来决定，而不是由男性做主。我们在非洲的合作伙伴请过一位非洲女大学生做广告，广告内容大致是，"我就是我，在成为一个妈妈之前，我要完成我的学业，要去向往的地方旅行，要交很多朋友，要做很多事情，总而言之，我要先爱我自己"。

## 转机

我们的皮埋产品从诞生至今已经 32 年了。

正如你们看到的那样，它由两根长约 2.4 厘米的药棒组成，主要成分是左炔诺孕酮，一种人工合成的强效孕激素。由专业医护人员通过一根植入针把两根药棒埋植在女性上臂内侧皮下，几分钟就可完成。这之后的 3—4 年里，它会持续缓释孕激素，有效率 99% 以上，不会影响女性的日常生活。

最初十几年，我们的订单几乎来自中国国家计生委药具管理中心，每年卖上 10 万—20 万套，起初很稳定，不愁销路。但慢慢地，因为皮埋避孕会在使用初期产生一些副作用，越来越多的中国女性开始不愿意用它。再加上国家生育政策的逐渐变化，它的销量越来越低，渐渐一年只能卖掉几万套了。

到了 1998 年前后，达华药业几乎走到山穷水尽的地步，产品卖不出去，工资发不出来，还裁了不少人。最困难的时期，我们差点就被一家跨国公司以 500 万元的价格收购了。

当然，说这些往事，并不是忆苦思甜。我想讲的是后面的故事，关于转机的发生。

在达华药业遭遇生存危机的那些年，一家致力于研究安全有效的计划生育手段的国际非营利组织 FHI360（Family Health International，家庭健康国际组织），正巧在尝试寻找一款好用、平价的皮埋产品，用来帮助贫困女性避孕，但一直没有找到。当时，全球只有三家药厂能生产皮埋产品，分别是默沙东、拜耳和达华药业。我们的产品只在中国销售，国际市场被两家巨头垄断。他们的产品价格很高，难以在贫困地区推广。

转机在 2006 年出现。那一年，在英国伦敦召开的计划生育峰会上，国家人口计生委科研所的研究员吴尚纯向 FHI360 的流行病专家马科斯推荐了我们的皮埋产品——彼时，外企一套皮埋产品售价 18—21 美元，我们的产品加上植入针才 50 元人民币，完全可以作为跨国公司的平替。

在和吴尚纯的这次闲聊后，马科斯很激动，很快就专门来找我们。不过，当时他对我们还有一些先入为主的歧视——我们是不是仿照的国外同类产品？会不会存在竞品问题？所以，在接触我们之前，FHI360 做了很多背景调查。

马科斯带着合同来到达华药业，我们却不敢相信他，老厂长甚至怀疑对方是来进行国际诈骗的。经过多次沟通，我们才终于搞明白，对方是希望我们的产品能尽快出海，让更多国家和地区的贫困女性能用得起。

最终，2007 年，我们和 FHI360 签订协议。我们进行生产线改造、提升我们产品的生产质量管理体系、开展临床试验和在海外国家进行药品注册。与此同时，我们承诺要向全球市场，尤其是非洲地区提供安全有效、低价的皮埋产品。

我们还启动了世界卫生组织 PQ 认证（Pre-qualification，生产预认证）工作。通过 PQ 认证，是我们的产品能够进入联合国人口基金会采购目录的硬性要求，只有这样我们的产品才能真正走向国际，并将药品发放到以非洲为主的贫困国家和地区，为更多有需要的女性提供帮助。对达华药业来说，这就成了生死攸关的头等大事。

## 去非洲可不容易

外国专家的第一个核查重点是现场检查。他们来到工厂，找我们要过去5年的偏差记录，那时我们对GMP（Good Manufacturing Practice of Medical Products，良好生产规范）没有概念，回答说"我们没有偏差"，专家哈哈大笑，这一听就很假。我们的一线员工多是初中和小学学历的女工，对GMP的理解更是不够，举个例子，我们的净化车间需要每个整点记录温湿度，但她们最初总是记录在同一时间点，忽视了各个房间的时间差，一看就很假。为了帮助大家更好地理解和执行GMP标准，我们进行了大量培训和指导。经过我们的耐心解释和示范，大家终于学会了如何正确记录，那就是所有记录都要真实。

第二个核查重点是产品检验。我们的产品原本严格按照国家质量标准进行检测，有9个检测项目，但是在世界卫生组织看来，还是无法准确客观地评价产品的质量，需要我们进一步完善检验方法。所以我们又增加了6个检测项目，其中既有已有成熟方案的，也有完全需要我们独立开发的。

在检验方法开发中我们也遇到了不少难题，特别是环氧乙烷及降解产物的检验方法很是棘手。环氧乙烷是我们用来给产品最终灭菌的气体，但它有毒，需要在完成灭菌后挥发掉。为了增加这个检测项目，我们与瑞士著名的检测实验室SGS（瑞士通用公证行）进行了合作，数名博士研究了几个月都未能开发成功。经过一系列讨论和评估后，我们试着将原方法拆分成两个方法，才最终获得了准确且稳定的成品质量检测方法。

在经历了世界卫生组织专家组两年三次的现场认证后，2013年1月，我们产品的现场检查和产品检验都合格，通过了GMP现场认证。这是一个历史性的时刻，它标志着我们的产品已经符合了国际标准，可以走向国际舞台了。

不过，要正式通过PQ认证，还需要通过药品的临床评审。我们的产品在中国已经有临床资料了，但是在1992年研发的，世界卫生组织认为这个临床试验太早，和21世纪的国际标准天差地别。所以我们又去多米尼加地区做了为期四年的临床研究。多米尼加地区离美国比较近，FHI360的专家过去比较方便，那里的研究条件也比非洲要好些。

2016年，我们向世界卫生组织提交临床报告，很快得到批准。2017年6月，我们获得了世界卫生组织的PQ认证，这意味着我们的产品可以参与国际公共采购项目了。

通过PQ认证时，不少同事高兴得蹦了起来，我却很平静，因为我觉得我们肯定能过，只是时间问题。3个月后，当两笔共11万套的大订单真的从遥远的塞拉利昂和马拉维到来时，我才有了真实感，原来这一切对我们的影响这么大。

进入非洲市场之后，我们终于可以做一件一直想做，却一直无法做到的事，那就是拥有自己的国际品牌。

其实，为了能让厂子活下来，我们早在1999年就把产品卖到海外了，不过最早是去印度尼西亚，当时那边的业务还比较容易开展，和PQ认证无法相提并论，我们只需要提交一些材料就通过了。当时，当地经销商找到我们提要求，让我们把产品贴上他们的牌子卖，我们也同意，因为那时能把货卖出去我们就很高兴了。后来很多年里，国外一些人只知道有个叫达华的厂可以做皮埋产品，但我们的产品叫什么，没人知道，我们只是在给他人作嫁衣。

2014年，我们注册好了国际市场专用品牌Levoplant，但迟迟没能推向市场。我们和经销商商议过统一使用Levoplant品牌，被无情拒绝了。为了生存，为了销量，我们还无力去和经销商博弈，我们没有议价权。

随着PQ通过，我们终于有了和经销商谈判的筹码。我们引入新经销商，进行全球市场再布局，从2017年开始逐步整合销售协议，通过买断、友好协商、协议到期不续等方式完成了旧协议的理清。我们将使用Levoplant作为达华药业产品的品牌列为经销协议的必要条款。

鉴于只有单一产品，我们没有专门建立全球销售团队，因为利润无法覆盖成本。还有很重要的一点是，非洲市场复杂而陌生，有句话叫"本地和尚好念经"，我记得我们在非洲某国的一位经销经理退休后，我们的产品在当地好些年都没有任何订单。所以，我们与在非洲几十个国家都有办事处的DKT International合作，让其负责在全世界推广Levoplant品牌。

## 质量关乎企业生死

在我们进行GMP认证时，为了应对我们带来的挑战，两家国际同行就主动把产品价格降到了8.5美元。最终，我们把产品定价为7.5美元，比他们降价后更低，到了2021年，我们又将价格降到6.7美元。

2017—2022年，我们为中国以外的国家和地区交付超过600万套皮埋产品，它们避免了500多万例意外怀孕和8000多例孕产妇死亡。到2024年底，我们已经在非洲和拉丁美洲的50多个国家和地区完成了注册，其中 30 多个国家和地区的女性用了超过 1000 万套我们的产品。

质量管理永远没有尽头。2024 年 11 月，我们又接受了世界卫生组织的 PQ 审查。在 GMP 的标准下，人是最大的污染源，尽可能提高自动化水平才能减少产品的质量风险。所以我们投入数百万元开发设备，在几个生产过程中用机械替代了人工，效率比纯人工高出一倍。世界卫生组织的专家表扬了我们，他们说，很多企业通过 PQ 认证、赚到钱以后，就不再继续提高质量，我们这个小厂非常难得。

达华药业的管理层几乎都亲历了当年艰苦的 PQ 认证，我们知道这一切得来不易。整个世界的药品质量管理水平一直在往前推进，如果等到落后了再去追赶，那就会永远落后。我们不想让别人再有那样的想法——因为你们是中国的药厂，你们的药品就会比别人差。从更实际的层面来说，质量关乎达华药业的生死，一旦出了质量问题，可能下次我们就没有订单了。

让我们一起携手并进，为全球女性做出自己的贡献。

第五章

# 新零售的别样出海路

# 飞鹤韩成钢：文化融合的试炼与收获[①]

伴随着中国飞鹤（下称"飞鹤"）踏上出海征程，我也开启了出海工作的全新职业生涯，到2024年正好已满6年。我也经历和见证了中国企业，尤其是中国乳制品企业跨越山海，来到加拿大，重资产建厂、开拓全新的配方奶粉生产销售事业的整个过程。其中的酸甜苦辣，自不必多说。

2024年，飞鹤的出海结出了硕果：3月，加拿大皇家妙克金斯顿工厂获得了婴幼儿配方奶粉生产许可证，这标志着它成为加拿大本土首个婴幼儿配方奶粉生产工厂；9月，工厂举行了婴幼儿奶粉投产仪式；下一步，我们计划将婴幼儿配方奶粉销售到美国。

面对这些阶段性成果，除了欣喜，我更想复盘过程、总结经验，为我们接下来更长久稳定的经营奠定坚实的基础。

2018年我加入飞鹤，当时的任务是在加拿大工厂组建质量部，3年后工厂实现投产。我始终认为，技术、设备设施、生产流程都是有标准可循的，只要制定好标准大概率可以顺利推进生产。

在工厂的日常管理中，最难的其实是"人"的问题：工作思维、方法、认知的鸿沟，我将其统称为出海中的文化融合难题。这也是我在2021年出任加拿大工厂厂长后遇到的最重要课题。

---

[①] 中国飞鹤加拿大皇家妙克金斯顿工厂总经理韩成钢口述，阿茹汗整理。

今天，我将围绕中国企业出海如何做好文化融合的问题，分享我经历的二三事及个人经验教训，希望与更多跨洋逐梦的管理者们探讨，互相学习、共同成长。

## 我是如何把高离职率降下来的

截至 2023 年，加拿大婴儿配方奶粉市场规模约为 83.93 亿美元。但在引入飞鹤之前，加拿大本地没有生产配方奶粉的企业，婴幼儿配方奶粉基本靠国外进口。

加拿大乳业市场的另一面是，本地脱脂奶过剩、稀奶油短缺。配方奶粉的生产正好可以消化过剩的脱脂奶。当地乳业局始终在寻找本土配方奶粉的生产商，但没有公司愿意将业务拓展至这个领域。

当时，飞鹤正在被北美的优质奶源带上寻求全球化布局的重要一站。得知该消息后，飞鹤决定去试一试。2016 年底，飞鹤与加拿大政府正式签约。2017 年 6 月，工厂在加拿大安大略省的金斯顿市破土动工，飞鹤开启了建设北美最新、最现代化奶粉生产工厂（加拿大皇家妙克）的征程。

2018 年我加入飞鹤时，工厂土建部分已经完工，我负责搭建质量部团队。起初，我并不认为这是份艰巨的工作。但当我踏上加拿大的土地，与当地总承包商接触后我才意识到，出海工作最大的障碍与挑战是思维习惯、工作习惯的不同。

例如，在国内，作为用工方，我可以要求承包商结合项目整体需要灵活调整工作计划，以提升并行工作的效率。但在加拿大，承包商认为这不可行，说好下个月做的工作，绝不能这个月提前做。每天都在发生类似的沟通问题。从那时起，我就开始改变工作习惯，要求自己耐下心来，理解当地的工作习惯，并做好充分沟通，以解决冲突。

经过两年多的努力，工厂于2019年底圆满完工。2020年10月，工厂正式开启了成人奶粉的商业化生产。次年，完成阶段性任务的我也回到中国休假。休息三个多月后，新任务又来了——公司希望我回到加拿大工厂，出任厂长一职，负责工厂整体的日常运营。

我接受了公司的任命。临走前，在齐齐哈尔机场，我和蔡总（中国飞鹤总裁蔡方良）有过20分钟的短暂交流。他问我有没有信心回到加拿大管理工厂。我回答："我对当地情况比较了解，有信心负责整个分公司的运营。"蔡总说，只要有信心，其他事情都好说。事实上，我心里也较着一股劲儿：我就不信管理不好工厂！

出任厂长后我发现，工厂管理非常复杂，其中难度最大的还是由文化差异引起的"人"的管理和沟通问题。这关系到工厂稳定健康地运营，也是飞鹤出海必须攻克的"桥头堡"。

离职率就是摆在我面前的第一座大山。2021年，工厂全年离职率高达61%。这个数据意味着生产线上的离职率超过了100%。按照计划，工厂两年后就要生产婴幼儿配方奶粉，这个问题到了必须解决的关键时刻。

进一步了解发现，工厂0至6个月的员工离职率最高，其次是6至12个月的员工，这意味着管理团队没有做好新员工的沟通交流工作。

在此基础上，我们又对员工进行了"一对一"的采访，了解新员工容易离职的原因。原来，新员工较难跟上工厂的节奏。比如，我们为新员工安排了为期两周的自动化设备培训。按照国内的管理经验，这个时间足矣。可当地员工接受起来会慢一些，一旦老员工不在，新员工会害怕独立操作设备。

于是，我们把培训时间从两周延长至四周，给新员工足够的时间来接受和适应。此外，为了让新员工得到更好的照顾，主管会进行每周谈话、部门经理会组织每月谈话，以确保新员工感受到关怀、增强归属感。

在种种努力之下，工厂2022年的离职率得到了改善，形成了稳定高效的团队。

## 我是如何消除负面舆情的

除了解决内部沟通的问题，摆在我面前的另一个挑战是外部的负面舆论。

2021年，如果在谷歌上搜索工厂的名字，网上会出现不少加拿大本地媒体报道的新闻，其中还有明显扭曲事实的报道。一位加拿大当地博主就在社交媒体上称，加拿大奶粉如此短缺，一家中国公司到这里投产，利用加拿大的牛奶资源，把产品都发回了中国。

这显然是对我们很大的误解。面对这些负面消息，我们决心要做好充分沟通，与该博主取得联系，给他介绍工厂的情况。我曾跟他说："一个公司的所属是由运行它的人以及它的合规性决定的。我们工厂聘用的很多都是加拿大本地员工，我们也是遵守加拿大法律法规的公司，我们的产品就是加拿大的。"

2024年9月，我还邀请该博主来参加工厂的开业仪式。但因为时间冲突，他没能来。后来，该博主自行下单了一罐我们的奶粉。我认为这是一件好事，证明他对我们有了进一步的了解。

为了让大家更了解这家跨国工厂，加拿大工厂团队决心从小事做起，主动邀请当地社区、协会、机构人员、大学生等参观工厂，积极参加社区活动和慈善活动，加强与各方的沟通。2024年中，由于加拿大当地婴幼儿配方奶粉短缺，加拿大工厂将生产的第一批次 5000 罐婴幼儿配方奶粉全部捐给当地社区。随着当地人对工厂越来越熟悉，他们也变得更加包容与友善。

在全球化浪潮的推动下，众多企业踏上出海征程，但这条道路绝非一马平川。以上这些经历告诉我们，在异国他乡的商业环境中，唯有主动出击、积极融入、耐心应对，企业才有可能打破横亘在面前的壁垒。但前提是我们自身的运营一定要合法合规、无懈可击。

我还想与各位分享让我感慨良多的一幕。建厂初期的一天晚上，因气温太低，消防管线突然崩裂，工厂车间两层楼瞬间被大水淹没。当时已是凌晨 2 点，按照加拿大当地的用人规定，不允许员工加班。但员工们口耳相传，知道工厂被淹后，自愿从各地赶来。看到车间里肤色各异、来自不同国家的同事聚在一起处理现场，当时我脑海中就冒出了这句话：人心都是肉长的。不论我们身处哪个国家，只要目标一致，共同向好，总有适当的方式可以走进他们的内心。

最后，希望出海征途中的我们都能跨越文化融合的障碍收获真心，能在更广阔的天地实现个人与企业的理想与抱负。

## 特海国际汪万明：海底捞走出别样出海路，要员工顾客两手抓[①]

2024年，海底捞火锅品牌迎来了30周年生日。过去30年，海底捞在国内积累了品牌认知度和运营经验，这为我们出海提供了坚实的基础。2012年，海底捞新加坡克拉码头店开业，这也是海底捞首家海外门店。此后，海底捞先后在北美、韩国、日本和欧洲等国家和地区设店营业，直到2024年，我们首次进驻中东市场，在阿联酋开设了海底捞门店。截至2024年12月，海底捞在海外已开设122家火锅餐厅，遍布四大洲、14个国家。

每进入一个新的市场，适应阶段总是艰苦的。我们在产品创新、营销创新的基础上，也在时刻谨记着海底捞要挑起的扁担的两头：一头是员工，一头是顾客。在此过程中，我始终在思考一个问题：在多元文化、法律法规和消费偏好差异交织的国际舞台上，海底捞该如何以富有想象力的方式，走出一条别样的出海之路？

### 本土化的两个抓手

和现在各式各样的餐饮出海热景不同，海底捞出海时，火锅对大部分国家的消费者来说是一种比较新的餐饮形式，很多顾客

---

① 特海国际品牌总监汪万明口述，罗文利整理。

不知道怎么吃火锅，也不熟悉使用筷子吃饭的文化，他们大多习惯单点或分餐。

在出海前期，海底捞就对海外门店店长提出一个任务，这也是海底捞想要做到本土化的两个抓手，即海底捞在海外门店聘请了多少本土员工、服务了多少本土顾客。

先来说说顾客的本土化。我们进入新市场的第一家店往往开在华人聚集区，比如马来西亚的双威金字塔店、纽约的法拉盛店和伦敦的唐人街店，员工的招募也以华人为主。

刚开始，尽管做过选址的踏勘和前期调研，海底捞团队对出海当地有了一个总体了解，但真正做起来，我们对当地人的口味仍需要经过几轮调整，总是在慢慢试错、更新菜品。

举个例子，我们将国内的经典麻辣锅引入印尼，很快就有本地顾客告诉我们，他们更喜欢"微辣"或"小辣"，我们便在点餐设备中特别设置了辣度等级，方便顾客根据个人喜好调整锅底的辣度。此外，为了迎合一部分当地素食顾客的口味，我们还推出了素食燕麦奶锅底，希望顾客一家人来海底捞吃火锅，每个人都能吃到让自己满意的锅底。

在迎合本地顾客口味上，我们做了不少努力，比如新加坡的麻辣牛奶锅、韩国的人参鸡汤、日本的樱花果冻，以及美国顾客喜爱的炸鸡小吃。未来，我们还会根据不同地区顾客的喜好和偏向，不断开发本土化产品、丰富菜单。

已有的出海经验告诉我们，初入一个海外市场，首先要针对各国不同的法律法规制定解决方案。由于各国市场存在准入差异，我们一方面需要在合规运营上确保规范，严格遵循当地的法律要求；另一方面需要在不同市场中灵活调整运营策略，与此同时，还要保证供应链能够保持高效运转。

海底捞火锅的出海第一站在新加坡克拉码头。当时，所有食材都是由供应商直接配送到门店。随着我们在当地的生意规模扩大、门店数量增加，也为了适应当地的食品安全标准，2017年，我们在新加坡设立了中央厨房，通过集中生产、粗加工和配送，提高供应链效率。除了新加坡，我们目前在马来西亚、印尼、越南、泰国和日本都设有中央厨房。

缩短供货周期对餐饮企业来说是件非常重要的事，这关系着食材的品质、口味的一致性，也能保证海底捞的产品稳定、有统一的标准。最近几年，海底捞还在积极地进行数字化和智能化转型。先是海底捞海外门店对后厨设备进行了升级，引入自动打锅机等先进设备；随后在新加坡设立了首家配备机械臂的智慧餐厅，将机械臂备菜技术融入其中，同时打造了当地首个智慧菜品仓库。

海底捞之所以进行这些数字化赋能举措，目的是将伙伴们从日常繁重的劳动中解放出来，使大家能够把更多的精力和工作重心放在贴近顾客、为顾客提供优质服务上。

从出海起，海外员工的本土化便已成为我们定下的目标，包括建立相应的考核评价体系、明确聘请本地员工的数量等方面。目前，在新加坡、马来西亚、越南、韩国、美国等地，我们都成功培养出了当地土生土长的店经理。以马来西亚门店为例，部分店经理熟练掌握了普通话、广东话、福建话，以及英语、马来语等不同语言。

从顾客的视角出发，正是由于这些本土化员工的存在，顾客会产生一种并非在移民餐厅用餐，而是在一个能提供外国风味的餐厅用餐的感觉，无论是装修风格、就餐体验，还是食材选用以及服务质量，海底捞都得到了顾客的认可。目前，海底捞在部分海外门店已实现本土消费者占比80%左右，比如美国、韩国和泰国，而在与中国饮食习惯相近的越南，90%以上的消费者都是本地人。

## 扁担的两头

顾客和员工的本土化之外，我们企业内部常说，海底捞要做好扁担的两头，一头是员工，一头是顾客。尤其是在对待员工方面，我们着重关注两点：一是让大家都能在工作中找到价值感；二是让大家通过劳动挣到更多的钱。不论家庭背景、教育水平如何，我们始终相信用双手改变命运。

在与不同市场的诸多外籍伙伴交流时，令我印象最为深刻的是，有好几个人都曾告诉我，在海底捞工作和在其他地方工作不一样。有一家美国门店的拉美裔员工说，海底捞能为他带来同行业中中等偏上的收入，还能为他解决饮食起居问题，有各种奖金机制，比如参加每年内部岗位之星的评比，表现优秀还能拿到丰厚的奖金，再代表自己国家去和其他国家的优秀选手竞选。这方面，我们确实比美国其他本土企业做得更好。

有一次我和一位越南本地伙伴聊天，发现他曾到中国留过学，在本地也有很高的学历。我问他为什么愿意来海底捞，他告诉我，海底捞作为中国企业，能落地在越南，还能做得风生水起，他抱着学习的心态来海底捞。后来我发现，除了高学历人才，越南员工里还有"官二代""富二代"。

越接近炮火和枪声的人，越有敏感度。我们始终认为，海底捞海外业务的负责人应该有权做相应的决策，在不同市场根据不同消费需求，快速做出反应。2022年底，海底捞海外业务分拆成一家独立的公司特海国际，特海国际主要负责海底捞大中华（中国大陆、中国港澳台地区）地区以外的经营。

通过一次组织结构优化，特海国际延续了"低底薪＋高分红"的薪酬结构，还激励各层级管理人员关注门店经营效率。2024年，特海国际的独立运营已满两年，第三季度，我们在此薪酬结构上提升了国家经理的分红比例，优秀店经理尤其是 A 级店经理的分红比例。目前，我们在海外拥有超过 13 000 名员工。

2024 年三季度，特海国际接待客流量突破 740 万人次。通过产品和就餐场景的升级，我们在很多方面实现了创新。比如在新加坡，我们推出了包含赠送毛绒玩偶的套餐，同时融入沉浸式烹饪互动体验，使顾客能够参与角色扮演中，亲身体验火锅从"备菜、炒菜到出品"的完整过程。此后，这些创新场景被逐步推广到马来西亚、泰国以及印尼等地。我相信，这背后离不开大家的努力工作，海底捞的海外发展成果由我们共同推动。

2024 年，海底捞在加拿大蒙特利尔新设了一家门店，这是我们迈进首个法语区域的重要一步。至此，加拿大的门店总数达到 7 家，而美国的门店则有 13 家。我们相信，海底捞在北美的潜力仍然巨大。数据显示，北美餐饮市场的消费规模已超过 1 万亿美元，这为我们的拓展提供了广阔空间，海底捞大家庭还将持续壮大。

第五章　新零售的别样出海路

# 茶百道王欢：出海切忌"降维心态"[1]

茶百道在马来西亚的首店于 2024 年 11 月 29 日开业，距离茶百道正式踏上"出海"征程已过去一年多时间。在这期间，我们组建了年轻的海外团队，也达成了共识：出海，我们不但代表茶百道，还代表中国新茶饮，甚至中国文化，所以这一仗，我们不能输。

在开拓更广阔的海外市场时，我们目标明确，但还没有找到一条通向目标最快或最近的路，有些伙伴还在观望。因此，我提笔再复盘茶百道出海的来时路，回答大家关心的问题，梳理两个月来的工作思考，希望帮助团队找到最快路径武装自己，向目标再进一步。

## 一颗种子的发芽

茶百道出海的首店选在了韩国首尔。我也听到过一些疑问：在中国新茶饮品牌的出海浪潮中，东南亚是首站的热门之选，茶百道为何选择韩国这条与众不同的路？

要回答这个问题，我想从一颗种子的发芽说起。

我在韩国工作生活了 11 年。韩国是一个饮品大国，咖啡是其主流饮品。韩国有句玩笑话：韩国人的血液里都流淌着冰美式。

---

[1] 茶百道海外 CEO 王欢口述，阿茹汗整理。

但与此同时，韩国也有很多奶茶品牌。最早将其引入韩国市场的是几家中国台湾的品牌，其产品都是传统的珍珠奶茶品类。

作为四川人，我很早就知道四川本土新茶饮品牌茶百道。我也了解到，挑剔的中国消费者把中国新茶饮的健康程度、口感和品类丰富度，抬到了前所未有的高度。那是不是可以将中国新茶饮引入韩国这个空白市场？这些想法在我的心里种下了一颗小种子。

2023年初，出海已经是茶百道内部的战略规划，但首站选在哪里还没有最终敲定。可大家有一个观点是一致的：先干最难的。这也是茶百道最打动我的一种精神：长期做困难但正确的事情，相信时间会给出惊人的复利。

后来的故事大家都知道了。我们在 2023 年 10 月宣布，茶百道的海外首店要落地韩国首尔。

我还记得，当提出要把首店开在首尔时，董事长最关心的问题是：如何解决跨境供应链的问题？

说实话，我当时并没有在意。在韩国工作生活十多年，我始终从事中韩两国贸易相关的工作，并没有充分意识到食品领域跨境供应的复杂程度，这也给我们后面开店带来了巨大挑战。

不过，我一直坚信，用热爱和坚持去浇灌，种子一定会发芽。

我当时心中的执念是：一定要在首尔开出茶百道第一家海外门店，如果开的是第二家店，没有人会记得！假如茶百道能够成为像星巴克那样布局全球的伟大公司，海外第一家店的意义将是无与伦比的。

一切都是为了赶进度。我在首尔选定了一个店铺，如果多等一个月就不需要缴纳转让费了。但为了让对方提前一个月撤店，我多支付了 50 万元人民币的转让费。

2023 年开始，国内新茶饮行业进入竞争更加激烈的新周期。

不论是寻找增量还是探索生意模型，出海的重要性不言而喻。出海也成为茶百道的一颗种子。

作为"80后"，我身边很多人依靠努力抓住了机会，实现了梦想。如果你没有抓住新茶饮国内爆发的机会，那么请全力以赴，抓住这次新茶饮全球化的机会吧。

茶百道海外事业的成败，与我们这批种子团队紧密相关，与我们的选择、坚持和勇气紧密相关。

## 攻克跨境供应链的难关

在踌躇满志地筹备韩国首店时，我发现自己盲目乐观了，挑战远比想象的多。

2023年10月，我带队在成都接受总部的培训。也是在10月份，公司官宣要在韩国开店。当时，很多中国留学生在我的小红书上留言，热情地表达了期待和欢迎。按照国内的速度，一个月开出两家门店是正常节奏，我给韩国首店预留了2个月的筹备时间。

但没想到的是，跨境供应链成了头号难题。按照规划，除鲜果和鲜奶之外的绝大部分原料，茶百道都要从中国配送至海外市场。茶百道在中国大陆有22个仓配中心，在国内强大的制造能力和成本优势下，这个路径设计是完全可行的。

然而在实践中我们发现，韩国在食品添加剂、农残标准等食品安全标准方面，与中国存在差异。前期，我们需要把所有原料拿到韩国当地相关部门检测，如果检测不合格，需返回中国改进后再送检。

最开始，由于缺乏经验，我们在这方面耗费了太长时间。经过几番调整，我们改为在中国按照韩国标准把原材料全部检测合格后，再送至韩国检测，以节省时间。

除了检测的煎熬和等待，如何复刻茶百道的味道也是不小的考验。杨枝甘露是茶百道的一款热销产品，核心原料使用的是台农芒果。但一些政策原因，我们很难在韩国找到稳定的供应。

就因为这款产品，我和研发总监还有过一次争论。我提出能否用冻芒果或另一种口感稍差的芒果取而代之。研发总监否定了我的想法，他认为如果做出一款不符合公司自身标准的产品，那是对用户的不负责任。最终，他说服了我。

为应对这个情况，当时我还写了一个文案：对不起，我们没有杨枝甘露。直到后来，我们在韩国当地发现与台农芒果品质和口感相似的南美苹果芒果，才保证了这款产品在韩国的顺利上线。我们也为此付出了更高的原料成本。

在克服一系列困难后，茶百道的韩国门店终于在 2024 年初开业了，这比我预想的晚了两个月。期待我们开业的中国留学生等到了放假回国，这都让我倍感压力。好在韩国首店开业后，茶百道迅速在韩国年轻人群中掀起了中式奶茶的热潮。他们喜欢这类既健康又好喝的现制饮料。如今，韩国本土消费者的占比已高达 80%。

作为准入门槛相当高的国家，韩国拥有全世界最严苛的食药检测标准，每年会接待大量来自东南亚和欧美的游客。打通韩国市场意味着茶百道的研发、供应链、产品、服务等经受了一次高标准的考验，这些经验会加快茶百道国际化的步伐。

## 出海要有敬畏之心

如今，我们在全球各地做市场调研，描摹茶百道的海外版图。2024 年 10 月，我的身份也从茶百道韩国合作伙伴，转变为茶百道海外市场负责人。

有一天，我在印尼与当地的一位朋友吃饭。席间，朋友讲，之前有一位国内老板就坐在我现在的位置上，信心满满地说："印尼市场对我们来说太简单了。"

朋友问我怎么想。我答："我的感触是，茶百道这样在国内已经有一定知名度的品牌，使出浑身解数，在非常努力的情况下，也许有机会在印尼落住脚。"

朋友听后敬了我一杯酒说："你说的最后一句是'有机会'，我非常认同。"

市场调研做得越多，我对此感触越深。当谈及中国企业出海时，有一部分人持有天然的乐观和自信。他们认为，中国市场的"内卷"让企业练就了一身硬功夫，带着这些经验出海，尤其是来到一些还不够成熟的市场，自然会形成降维打击。现实是，盲目乐观与经验主义往往会遭遇无情的打击。

各地消费者文化和观念上的差异，让我不得不放低心态，做深入了解。

就拿门店员工戴口罩这一小事为例。在韩国，我们要求员工戴口罩和发网，韩国消费者的反馈是，看到这样全副武装的工作人员在现场制作饮品，他们对产品会更放心。可是在澳大利亚，如果员工戴上口罩，顾客会误认为这家门店的员工生病了。

再比如，越南的消费者不喜欢手持饮品，他们更倾向于坐着喝，哪怕是坐在街边的小板凳上都可以。韩国人则是既愿意手拿饮品，边走边喝，也喜欢第三空间。针对韩国消费者的特点，我们就在尝试探索更多不同的店型。前不久，茶百道近170平方米的大店在韩国正式营业。

你们或许会发现，在每个国家，茶百道都有单独设计的包材。茶百道的熊猫IP在每个国家也有不同的设计。有同事会说，很少见到友商会如此大费周章，且承担着不低的成本。但我认为，这是茶百道尊重每一个海外市场的体现。

只有充分了解才能进入，只有充分尊重才能打开市场。怀揣敬畏之心，你就不会浮躁，不会轻易产生挣快钱的想法，才能打下扎实的基础。

现在，我们基本形成了一套出海的工作流程：法务团队率先调查目标市场的法律法规；紧接着市场洞察团队去了解当地友商情况、用户习惯、价格体系等；研发团队调查产品口味。前前后后一个月时间，我们要认真做好这件事，要充满期待地去奔赴。

2025年，茶百道会进入更多的海外市场。我也知道，茶百道的全球化不会一帆风顺。望我们心怀期待，依靠勤奋和持续地学习，在市场中获得竞争优势，以敬畏之心撬动更广阔的天地。

# 贝泰妮李恩：找准切入口发挥放大效应[①]

我是贝泰妮国际业务部的李恩，此刻正身处泰国曼谷的贝泰妮办公室。2024 年，对贝泰妮而言，是意义非凡的一年。2024 年 5 月，贝泰妮旗下品牌薇诺娜的产品在泰国市场上架，标志着贝泰妮正式踏上了国际化的征程。

短短数月间，我们凭借卓越的产品品质和精准的市场策略，迅速得到了泰国第一批消费者的认可，不少用户持续回购。可以说，在出海的第一步上，我们迈出了坚实而成功的一步。

然而，在这一路高歌猛进的背后，我们也经历了无数次的摸索与修正，包括现在，我们也依然在根据本土化洞察及市场反馈调整我们的策略。

这中间积累的经验和思考，我想在此做一份记录与总结，与大家分享。

## 出海的前提：实力和决心

记得我第一次来泰国，还是作为孔子学院的志愿者教师，那时候大概是 2010 年，当时泰国的人均 GDP 高于中国。2014 年，我结束了在联合国亚太总部的实习工作，进入了 OPPO 设立在深

---

[①] 贝泰妮集团东南亚业务负责人李恩口述，叶心冉整理。

圳的海外市场总部，负责全球21个新开国家的市场营销工作。那时候，中国的人均GDP已经超越了泰国。

国货出海也有了一些苗头，但当时泰国市场对于国货的接受度、认知度还比较低。毫不夸张地说，早些年，泰国消费者对中国生产的品牌存在偏见，一听到是中国品牌扭头就走。在这样的市场环境下开拓业务，对品牌来说是一项严峻考验，尤其是考虑到大众消费品相较于科技型公司，其产品和技术上的差异较小，因此市场营销策略和销售渠道的有效性就显得尤为重要。

2019年，在手机行业积累了多年的经验之后，我开始寻找新的工作机会。由于东南亚地区国家众多且情况复杂，具备在东南亚的工作经验尤其是出海经验的国人并不多，一时间，众多工作邀约向我袭来。我明显感受到中国企业在出海上的强烈意愿。美妆正是我当初看重的赛道之一。考虑到近些年国货美妆实力增强，规模扩大，出海已成为水到渠成的一件事。对于我个人而言，带着中国品牌出海，既是国家发展的时代机遇，又是我们这代人的历史使命。这让我感到，自己不仅是在为个人奋斗，更是在向世界证明中国也有好品牌，意义非凡。

2023年，我正式加入贝泰妮集团，着手负责国际化业务。2023年有大半年的时间，我们都在筹备产品落地东南亚市场的具体事宜。我们深入了解了泰国消费者的护肤偏好、购买行为以及审美需求。通过调研，我们发现泰国消费者更喜欢清爽质地的产品，对控油、祛痘等功效需求强烈。同时，他们也偏爱美白产品，希望肌肤能够更加白皙透亮。

由此，我们精选了适合泰国市场的产品线，确保产品能够满足当地消费者的需求。同时，我们也在包装上下了不少功夫，让产品更加符合当地消费者的审美习惯。

此时，一项考验出现了。面向海外市场推出的产品采用了全新的包装设计，然而，新包装的起订量却高达5万件。对于一个初涉海外、面对全新且未知市场的品牌而言，这无疑是一个挑战。

未来，这些产品能否真正打开销路？库存能否被完全消化？实际上，回答这些问题依靠的是公司推进出海战略的决心与实力。若决心不够坚定，后续的各项工作便可能动力不足，难以持续；若实力有所欠缺，出海之旅或许非但不是机遇，反而会成为拖累企业的"深坑"，使这些精心生产的新产品沦为库存负担。

在这些方面，我们知道，贝泰妮一直思考得非常明白，出海这一步要踏深、踏实。

## 切入口的放大效应

经过紧锣密鼓地筹备，2024年5月，薇诺娜的产品在泰国正式开卖。

然而，上市初期，我们遇到了不少挑战。泰国市场的消费品销售以线下渠道为主，竞争激烈，新产品上架往往有3—6个月的"试用期"，如果这期间销售表现不佳，便会遭到清退。如何在短时间内找到核心受众，提升品牌认知度，迅速站稳脚跟？为了应对这些挑战，我们积极寻找市场机会，加强与合作伙伴的沟通和协作。同时，我们也加大了对产品的宣传力度，通过线上、线下相结合的方式，提高品牌的知名度和美誉度。

在这个过程中，我们也遇到了不少机遇。比如，我们切入了医美这一精准渠道。泰国是一个医美大国，这里的消费者对医美项目有着很高的接受度。我们找到了一些知名的医美诊所，向医美专家介绍了薇诺娜特护系列和舒敏系列。

起初，这些医美专家们持怀疑态度，为了破解他们的疑虑，我们在推广时特别强调了薇诺娜的专业背景和研发实力。我们介绍，薇诺娜在国内拥有众多研发论文和皮肤学领域的研究成果，是中国唯一一个连续三届参加世界皮肤学大会的品牌。当看到这些论文和成果时，他们开始对我们的产品产生了兴趣。"中国已经有这么厉害的品牌了吗？"这是我们时常听到的感叹。

借助医美诊所这一精准渠道，以及医美专家的口碑推荐，我们通过原点人群的扩散性传播，赢得了不错的出海开局。

2024年9月，我们迎来了出海项目的一大里程碑式的事件。

9月，我们邀请了一批泰国知名的医美专家前往上海进行考察。这些专家在泰国医美领域内具有较高的权威性，且多数人此前未曾到访过中国。当他们首次踏入上海时，被这座城市的繁华景象深深震撼。

随后，他们参观了我们的公司，并对我们的研发实力有了更为深入地了解。在泰国，专注于医美渠道的护肤品企业普遍规模有限，而贝泰妮能够兼具大众护肤赛道和专业医美赛道，相较之下，其在研发实力与整体规模上展现出了显著的竞争优势。

这次的行程对我们的国际业务颇有提振，很多医美机构的专家当场追加了多一倍的订单，给了我们巨大的信心和动力。

目前，我们在泰国已经合作了30多家医美诊所。此外，薇诺娜的产品也已经全部上架于泰国的主流美妆连锁店铺，包括Beautrium、Eveandboy、屈臣氏、Boots和KKV，以及主流电商平台Shopee、Lazada和TikTok。

## "设身处地"想问题

本土化是出海的品牌在当地市场时常谈论的话题，对于贝泰妮而言，本土化里蕴含了非常多有意思的故事。

怎么让本土渠道相信你是个好品牌？怎么让消费者愿意尝试你的产品？回答这些问题，需要深耕当地的文化，"设身处地"地思考，这中间尤其要避免惯性思维。

青刺果在泰国市场的宣传就是个很好的本土化传播的例子。青刺果是薇诺娜特护霜中主要成分的来源之一。青刺果生长在云南香格里拉哈巴雪山，是一种逆寒而生的植物。青刺果中的成分能强健皮肤脂膜，修复皮肤屏障，同时还有一定的保湿和抗炎功效。

我们发现，青刺果在英文名称中被形象地称为"喜马拉雅车厘子"。这个名称不仅富有吸引力，而且非常适合用于品牌传播。我们注意到，泰国人对香格里拉等旅游胜地有着浓厚的兴趣。为了进一步增强品牌与泰国消费者的共鸣，我们将这些旅游元素也巧妙地融入我们的品牌故事中，取得了不错的传播效果。

冻干面膜的推广则为我们积累了宝贵的市场经验。在冻干面膜的推广初期，团队认为技术先进就能自动获得市场认可，但实际上消费者需要更直观地理解和体验才能接受新产品。

冻干面膜在泰国市场是一个新品类，为了尽快让消费者理解、接受面膜上运用的冻干技术，团队曾考虑使用类似的安瓶概念进行宣传，但后来发现这并不符合产品的实际特点。安瓶是将精华和有效成分装在瓶子里的产品，而冻干面膜则是将有效成分冻在膜布上，需要加水激活。我们复盘发现，这种概念上的混淆不仅无法准确传达产品的独特优势，反而可能给消费者的认知带来困扰，从而不利于产品的市场推广。

以上所述，均是我们在深入接触市场过程中收获的实实在在且生动鲜明的感悟。开拓海外市场，发扬中国品牌，无疑是令人激动且充满期待的一项任务。

目前，在泰国市场，薇诺娜已经正式开卖，下一步，马来西亚、新加坡市场也会跟进。薇诺娜将会持续扩大在东南亚市场的份额。此外，贝泰妮在法国、日本已经建立了研发中心，从长远角度，贝泰妮的海外蓝图有望持续扩大。

我也期待着与大家一起见证贝泰妮在国际市场上的绽放！

第五章 新零售的别样出海路

# 海程邦达唐海：出海路千条，安全合规第一条[①]

海程邦达是一家在海外拓展业务20余年的物流企业。前段时间，我们公司到中东地区考察业务，走访了不少在沙特的中国企业。我们发现，在被人认为"遍地是黄金"的沙特，有些企业非但没有赚钱，甚至还可能面临巨额罚款。其中牵扯着中国企业境外合规经营的一些问题，而这正是海程邦达近年来一直致力投入的事情。

通过十多年的运营，我们也是在不断摸索、不断碰壁中成长的。我想在此做一份总结与分享，让更多出海的中国企业有所体察。

## 出海初心

2001年中国加入世界贸易组织后，伴随着外资企业进入中国，全球很多物流公司也随之而来。在那个年代，我们见到了国际物流公司的管理能力，于是，成为有管理体系的、有全球网络的国际化物流公司也就成为我们的目标。

除了帮外资物流企业做国内物流代工，我们也帮富士康、三星等企业管理其进入中国后的仓库。这些业务为我们之后的业务

---

[①] 海程邦达集团董事长唐海口述，刘亚宁整理。

运营积累了不少经验。

在帮助外资企业进驻中国的同时，我们也在帮助中国企业做进口运输。围绕中国高端制造业的需求，我们每年从韩国、日本、美国进口大量的半导体、液晶面板等设备原材料。

这时，海程邦达出海只局限在做运输出海，并不算真正意义上的出海。

2009年，非洲成为中国第二大海外工程承包市场。彼时，海程邦达也在非洲开启了第一个海外市场。在东非，有一条连接埃塞俄比亚和吉布提的亚吉铁路，这条铁路是中国企业首次在海外采用全套中国标准建造的第一条现代化铁路，也是海程邦达承接的第一个"一带一路"物流项目。那一年是2010年，我们承接了把钢材、枕木等大件原材料从中国运到非洲的物流业务。

当时，我们的工程队不了解海外的业务、法规情况，物流条件也很落后，几乎没有什么物流设施。为解决燃眉之急，我们在当地投入了上百辆车，委派了一名经理，帮助企业从饮食物流、工程物流服务，一直到和埃塞俄比亚和吉布提的海关对接，为亚吉铁路做保障。后来，我们在埃塞俄比亚、吉布提的物流业务逐渐成熟，只要中国企业在当地有物流需求，当地海关就会打电话找我们的人解决。

后来，中国制造、中国品牌"卷"起出海潮，我们的出海版图也逐渐扩大到东南亚、日韩、欧洲和北美。服务内容也随着客户在不同国家的需求而逐渐拓宽。

## "中国式"出海难题

出海之路并非一帆风顺。语言是我们出海过程中遇到的第一个难题，我相信这也是不少出海企业的通病。

在现在的出海市场中，应聘者多会一门语言，雇主就要多出一份钱，因此招到一个同时懂当地语言、中文、英文且具备专业技能的人才，成本非常高。目前，我也在要求公司总部管理层讲英文，这样才能更好地应对出海需求。

随着出海的深入，海外员工的管理问题也逐渐出现。在中国的物流行业，在一家公司工作5年至6年是常见现象，而且大多数中国人在职场上也有长期规划的习惯。但出海后，我们却不得不适应当地人才的"别样需求"。

以东南亚地区的越南为例。越南北部由于邻近中国，与中国的工作氛围相差不大。但到了南部，差异性便凸显出来。当地人换工作的频率非常高，因为他们对新事物及新环境有更多的期望，长期在一个环境中会"腻"。另外，他们还觉得多元化的技巧是更重要的，想要熟悉更多的业务类型，而不会考虑持续在一个业务上深耕。因此，我们在当地的员工基本上4年就要完全换一批人，员工工作满两年就算作老员工。这种快速的人员流动，对我们的业务的发展是极大的挑战，很难做到人才培养的延续性。我们根据这种情况，不断地在"派出中国员工""当地员工换岗""福利政策调节"等多种策略中寻求平衡，在维持核心团队稳定的前提下，保证低成本和服务质量。

在业务问题上，找到一个真正了解中国客户，又能适应当地文化的员工也是一项挑战。在大多数出海企业中，将本国员工派驻到海外工作是惯例。但我认为这不是一个好办法，因为从长久地运营来看，以外籍员工为主更能提高工作效率。比如，我们日本公司现在有30—40人，其中只有3个中国人，这些人只负责跟中国客户打交道，而事关当地公司的运营，全部交由日本员工来做。虽然当地人的工作效率无法与我们相比，也会出现思维方式和文化冲突等方面的问题，但这是企业出海能否在当地站稳脚跟的关键。

## "长"出新能力：安全合规

2024年，海程邦达已经正式出海15年，除了不断攻克自身遇到的出海难题，我们也在与客户企业共成长。

每个企业对出海的抓手是不同的。对物流企业来说，我们认为最重要的抓手是快速、准确、安全地交付货物，但从2023年开始，我认为该调整战略方向了。

2023年，我们承接了一家中国新能源汽车企业要在西班牙落地的项目。客户需要将他们在中国生产的锂电池模组交付给一家法国车企在西班牙的工厂。了解汽车生产的人可能知道，汽车供应链管理要求非常严格，要在西班牙快速接入他们的体系是个挑战。

当时，客户有更简单的选择，用国外厂商现有的物流服务体系，但是国外物流公司完全按照西方的要求做事，不理睬中国企业的要求，而且其中的高额成本也不好控制。

客户在举步维艰之际找到了我们。我们一收到这个项目中标通知书，还没签合同，不到一个月就在当地设立了子公司。然后派了一位中国香港的同事前往西班牙，并寻找了一位在西班牙生活多年的中国人，一起与当地专业团队商讨落地方案。

组建团队只是第一步，随之而来的问题涉及锂电池存储的关务问题。在欧洲，锂电池属于危险品，危险品存储需要消防登记、上保险，还要符合环境保护标准等。当时，我们面临没有一家保险公司愿意承保的困难，因为欧洲在2022年发生过多起锂电池仓库火灾事故，保险公司觉得风险太高，就连甲方客户都很难找到中国的保险公司承保。在我们提交了大量书面资料，反复调整方案后，才克服了这一问题。后来我听说，中国另一家锂电池企业在当地的仓库，就因为存储合规的问题被封库。

在这之后，我们成立了一个专业的关务合规技术团队。在关务问题上，欧美国家的法律法规运营体系相对成熟健全，但如果到了印尼、越南、柬埔寨和孟加拉国，情况就会有所不同。这些地区的法规存在一些模糊性，即法规与实操中存在一些"灰色空间"。因此，与传统处理关务业务的四大会计师事务所不同的是，我们的关务合规团队更偏重如何整合各国资源，整体管控供应链服务。

2025年将至，作为公司董事长，我认为，海程邦达为企业出海保驾护航的任务已经从简单的物流运输变成全方位保障企业在海外的落地生根。

第六章

# 把中国文化带给世界

茅盾

中国文化史导论

# 德恒律所陈巍：乱出海、必出局；善出海、创新局 ①

2024年有句很流行的话——"不出海就出局。"我加两句："乱出海，必出局；善出海，创新局。"

作为德恒律师事务所的一名律师，我对"不出海就出局"深有感受。2024年我们的客户出海热度明显提升，跨境法律业务的需求亦显著提升。律师事务所们也在出海。德恒律师事务所如今有四家海外办公室开业，分别位于韩国首尔、日本东京、沙特阿拉伯利雅得、印尼雅加达。目前，德恒在境外设立了14家分所，并筹划在另外几个国家建立分所。

对于中国企业来说，出海是非常具有挑战性的事情。简单归类，中国企业出海需要跨越三大难关：地缘政治、东道国的法律、项目的复杂性。我想通过此文，来提醒中国企业：出海准备不充分，容易导致出海失败，也就是"乱出海，必出局"。我还想分享一些律师如何用高质量的服务为中国企业助力的案例，讲一讲他们是如何做到"善出海，创新局"的。

## 审时度势定战略

中国企业走出去，首先要考虑的问题是"能不能去"。准备去一个国家展业，中国企业需要先评估这个国家的国别风险、法律

---

① 德恒律师事务所管委会成员、跨境业务负责人陈巍口述，牛钰整理。

风险和项目风险，也就是三大难关。

例如，在海外并购项目中，出海企业通常得先收集到大量的资料，如股权结构、公司基本情况、执照和许可证、环境、就业、知识产权、诉讼。一般涉及几百到几千个文件，多的甚至涉及上万个文件。所有的文件都需要仔细审阅。然后企业再根据项目特点，围绕商业价值这条主线，梳理出哪些因素会影响商业价值，进而梳理出重大风险，并制定应对的措施。

以矿业项目为例，自然属性是其价值的基础，要考虑其资源量和储量，再考虑其生产和经营能力是否可靠。此外，当地的政府行为、法律环境、环保合规、社区影响等因素对矿业项目的价值影响很大。如果社区不配合，周边的土地容易坐地起价，有的甚至会堵塞道路，导致出海企业无法开工；此外，如果当地政府不讲契约精神，出海企业在当地展业的相关许可证可能就办不下来；如果当地政府想要将这个矿国有化，这个项目可能就没有了。

我举一个德恒律师事务所办理的具体案例，讲解律师如何协助客户做出决策。2018年，某中国大型企业拟收购加拿大的上市公司T。T公司涉及五个法域（指法律效力所及的空间范围，部分国家存在多个法域）。

T公司的核心资产是中亚G国的K金矿。K金矿占G国的GDP约10%，其品位和利润在行业中属于桂冠级别——在中国，1吨矿土能生产出1克金就是很好的矿了，而K金矿的1吨矿土能生产出10克金。

但是，K金矿的高商业价值背后是不可控的政治风险。K金矿的历史非常复杂。G国在23年里更换了四任总统。由于K金矿的地位太重要，新总统每次上任都会拿这个项目"开刀"。在A总统执政时期，G国政府用K金矿的控股权益换取了T公司的股份，成为T公司的股东；2005年，B总统上任后不满此前的协议，与 T 公司再次签署协议换取了更多的股份，T 公司与 G 国政府也签署了投资协议；2010 年，C 总统上任后，重新与 T 公司展开谈判，并就国资处置和环境问题向 T 公司施压，在 G 国提起多项针对 T 公司的环境诉讼、税务诉讼及刑事诉讼；2017 年，T 公司与 G 国政府签订了和解协议，同年 G 国总统再次变更；直到 T 公司有意出售股权的 2018 年，和解协议都没有落实。此外，G 国时任总理还发出要国有化这个项目的言论。

我们的律师团队经过总体风险评估，得出这个项目的政治风险、法律风险很高的结论。客户虽然觉得 K 矿的自然条件、经济条件很好，最后还是放弃了该项目。2022 年，G 国再次更换总统，新总统真的把这个项目国有化了。我们和企业方都庆幸事先经过了严格的风险评估，才没有陷入泥淖。

企业如果决定出海，需要综合地考虑采取什么路径：第一要考虑通过股权收购还是资产收购，是 plan of arrangement（协议安排）还是 take over（要约收购）；第二要考虑架构设计时要设几个层次、选择哪几个国家等；第三要考虑企业在海外市场的竞标项目中如何胜出的问题，要考虑如何做到既满足卖方的需求，也就是价格高且要有交易确定性，同时也要警惕交易中的陷阱。

**另辟蹊径破难题**

我们在为中国企业提供跨境法律服务时，遇到很多当地国家突发监管行动威胁到中国企业利益的情况，以及当地法律规定不够完善、当地法律条文与客户诉求冲突等难题。

2024 年 6 月，我们代表一家医药研发和制造行业的大型公司客户，成功解决了一宗来自西欧某国医药供应链相关的产品责任索赔案件。该案从我们接受委托到圆满解决，经历两年多得时间。

该案最初发端于数年前欧洲监管机关的一次有争议的突发监管行动，该行动要求全球大量制药企业召回相关产品，即相关产品被集体下架和退货处理。西欧某国医药供应链相关方因此向德恒的客户提出高额索赔要求，并威胁提起相应诉讼程序，谈判形势一度不利于德恒的客户。

2021年，我和陈效律师负责牵头组建了多位专业律师协办的跨境争议解决项目团队。随后，团队深入了解了案件发生经过，分析了药物原理和化学反应过程，研究了欧盟医药监管政策，了解了跨国产品供应链的相关利益和责任环节。在与客户研发团队、商务团队反复沟通和深入梳理的情况下，我们的项目组从供应合同的商务约定及责任承担、动物试验与案涉人用药关系、行业技术水平可预测性等多个重要角度展开案件事实还原和澄清工作。并与索赔方进行了梯次防御、有理有据的责任抗辩谈判。

经过长达28个月的努力，德恒律师主导了全部产品责任抗辩与谈判拉锯工作。通过充分审慎的证据分析制定精准务实的纠纷解决方案，与索赔方聘请的欧洲顶级律所团队进行了多轮据理力争的长时间谈判。各个环节相互叠加产生的综合说服力，使得索赔方及其律师团队始终未能占据上风，最终实现了案件的顺利解决。

2022年，我们曾做过一个中国企业海外并购的案子。该案的核心问题是，中国企业收购的公司在坦桑尼亚有矿业资产，而坦桑尼亚在2017年修订《矿业法》，明确矿业公司向政府发行不少于16%的不可稀释干股；基于矿业公司享受的税式支出，政府有权取得矿业公司至多50%的股份。其实，这个法律的规定不是很清楚，并未明确"税式支出"的边界在哪里；也未明确税收优惠、税收减免、与税收稳定协议的冲突如何处理等问题。

在法律规定不清楚的情况下，我们研究了这个《矿业法》的渊源及法律实施后的反馈意见，调研了相关先例，与当地律师反复讨论并指导当地律师与政府进行沟通，最终为客户提出了可靠的分析意见以及解决思路。

还有一个案例是，武汉某国有投资公司投资毛里求斯项目的资金被当地管理公司转移至不明账户。毛里求斯的本地律师反馈，如果追责管理公司，涉及复杂的法律程序，是否能追回款项尚不可知，可能两年时间都解决不了。这个案子当时是由德恒武汉办公室的汪瑞君律师来负责的。

彼时，客户很着急要回这笔钱，火速带着汪瑞君律师去了毛里求斯。他们到毛里求斯的第二天上午就去了管理公司，发现管理公司在把钱转移后答非所问，谈判没有取得任何效果。但汪律师注意到，该管理公司的许可证是当地金融管理局下发的。当日下午，他们就赶去金融管理局，当地官员听了情况后明确表示，这种行为严重违反管理公司的规定，管理公司或会受到重罚。第三天，汪律师和客户再去找管理公司，把金融管理局的官员介绍的法律要求跟管理公司摊牌，管理公司基于多方压力，当即提供了被转移资金的去向，并对资金退回方式进行了承诺。

从这个案例我们得出一个经验：律师在解决问题时往往遵循法律的条文逻辑，但往往也被这些条文所限制，有时候也可以尝试打破法律的框框限制，从而找到高效的解决办法。

**敢于突破"不可能"**

我曾经负责过一起很特殊的案子。

2015年，中国黄金拟收购俄罗斯克鲁奇金矿的控股权。克鲁奇金矿储量超过50吨原生黄金，被俄罗斯政府列为国家战略性资源。但俄罗斯《战略投资法》明确禁止外国国有企业取得战略资源公司 25% 以上的股权。当时的俄罗斯律师给出的意见干脆利落，说"No Way"（不可能）。

在俄罗斯的法律环境下，中国黄金的这起收购几乎不可能完成。德恒的律师和中国黄金项目组认真研究了俄罗斯的相关法律，对俄罗斯矿业法和《战略投资法》进行了深入探讨，敏锐地发现《战略投资法》对外商投资的严格管控，与目前中俄两国加强合作、鼓励投资的意愿相矛盾。最终，德恒的律师创造性地提出从立法上寻求突破、创立法律的例外来推进本项目的大胆设想。该方案虽然实施难度较大，但能够为中国黄金提供经得起时间考验的法律保障，因而也得到了中国黄金项目组的全力支持。

在确定了通过立法推进项目的思路后，中国黄金项目组反复与中俄政府相关部门沟通。最后，中俄政府相关部门经谈判达成了《中华人民共和国和俄罗斯联邦政府关于克鲁奇金矿开采项目合作协议》。该协议经层层批准后，构成《战略投资法》下的例外，使本项目最终在俄罗斯法律框架下变为可行。

该项目最后在 2019 年完成交割，是首例通过立法程序获得俄罗斯战略资源控股权的项目。作为中国黄金本次收购项目的牵头法律顾问，德恒团队协调指导俄罗斯以及中国香港、泽西岛当地合作律所的律师，在近几年中不断提供及时可靠的法律服务，包括但不限于协助中国黄金完成项目公司及其多家子公司的法律尽职调查、极复杂交易文件的谈判和起草。在整个交易过程中，文件稿版本达数百个、最终签署的文件也多达数千页。

总之，出海对于中国企业是一件极具挑战的事情。对律所来说，每一个项目都是一场新的挑战。祝愿拟出海的企业家们能够顺利出海，抗风险和解决问题的能力持续提升，真正做到"善出海，创新局"。

第六章 把中国文化带给世界

# PingPong 徐征：从服务于全球化企业，到支付公司全球化 [1]

2025 年，是我加入 PingPong 的第 6 年。目前，我主要负责 PingPong 与全球金融机构、大型科技平台企业的合作。

在 2024 年，我的团队成员全球出差频率和出差时长已远超过去几年，公司也组建了更大的全球化团队。

我个人很早就开始全球化的探索。我人生的第一份工作，起步于德国的汽车行业。当时的德国被誉为世界汽车工业的中心，尽管我来自汽车产业相对发达的上海，但到了德国，才明白在制造、品牌、销售各方面，我们还有着巨大差距。20 年过去了，2024 年 4 月我重回德国法兰克福的城区，看到三家中国新能源电动汽车旗舰店，内心非常震撼。这和我 10 多年前在电商行业工作时，看到亚马逊等平台上充满了 Made in China（中国制造）的商品时的那种震撼，完全是不同维度的。

我的职业生涯，经历了中国对外贸易的不同时期。如今，不同于 10 年前的"Made in China"（中国制造），中国的出口产品不再是大量的贴牌代工产品，而是一个一个的知名品牌，并且这些品牌已经深入到各国人们的生活当中。在全世界，很多人光顾中国的消费类连锁门店，很多人驾驶中国生产的电动汽车，这些都是非常深远的变化。

---

[1] PingPong 全球副总裁及合伙人徐征口述，胡艳明采访整理。

## 从贴牌代工到品牌全球化

我大学读的是汽车相关专业,毕业后短暂地进入了汽车行业工作。2005年之后,我进入外贸电商相关的行业。此后,我又进入银行业,在花旗集团工作近10年,在美国纽约、墨西哥、中国内地及中国香港等地从事投行业务。直至2020年加入PingPong。PingPong的主要业务是国际贸易相关的支付服务。加入PingPong,可以说我又回到了外贸行业。

2001年中国正式加入世界贸易组织(WTO),这是划时代的历史性事件。从此,中国的产品大量出口海外。2006年我在欧洲工作时,几乎所有电商的供应链都来自中国。

2001年至2010年,中国对外贸易以B2B(企业对企业)为主。那时,我们从中国采购商品,再由海外进口商在当地面向消费者进行销售。2010年左右,国际电商平台开始允许做跨境业务,中国的卖家可以在全球电商平台上直接面向海外消费者进行售卖。这是非常大的变化。中国商品的出海主体变得多元化——无论是生产商、批发商还是转口贸易商,都可以直接参与线上零售。此时B2C(企业对消费者)模式开始发展起来。虽然传统的B2B仍然是跨国贸易的基本盘,但B2C模式快速发展起来以后,很多中国企业直接在亚马逊(Amazon)、易贝(eBay)、虾皮(Shopee)等海外电商平台上对个人消费者售卖自己生产的商品。

也正是在这样的大背景下,2015年PingPong正式成立,开始服务跨境贸易企业。PingPong服务的这些企业大多集中在跨境B2C领域。那是电商蓬勃发展的一个时代,充满机遇,遍地黄金。这个过程中,一些变化开始显现。因为在2000年至2010年,出口商品以B2B模式为主,出口商大多进行贴牌生产,再由海外批发商采购这些贴牌商品。我当时在欧洲服务德国的本土品牌,这个品牌的商品由中国供应商代工,而中国供应商没有自己的品牌。

但是在2010年以后,出口企业可以直接接触到消费者。很多商家不想做泛泛的"杂货铺"一样的生意,而是希望在一个细分行业打造精品。他们开始形成品牌意识。当品牌的理念萌芽后,他们有意识地选择相对垂直的行业进行深耕。

2020年以来,中国出口从原先的货物贸易为主更多地向服务贸易展开。比如很多"新消费"连锁品牌出海,很多电动汽车品牌出海,更偏向于是一种文化或服务贸易的全球化。

**法兰克福的三家电动汽车旗舰店**

从我个人的视角来看,10年里,我能感受到全球化特征的明显变化。当然,这些变化是在潜移默化中发生的。

现在,市场也在变化着。比如原来商户习惯在电商平台上或者独立站上售卖产品。现在TikTok(国际版抖音)流行,很多商家就将货物销售重心转向短视频平台。人们的生活方式和互动方式在改变,短视频兴起,流量入口也相应地发生了变化。

2024年4月在德国的经历,让我非常震撼。大家都知道,德国最重要的产业是汽车制造业。汽车制造业大约占到德国工业产值的四分之一。2024年到德国出差,我惊讶地发现在法兰克福城区的黄金地段,三家中国知名电动汽车品牌开了旗舰店。也就是说,中国的EV(电动汽车)品牌,开到世界上最重要的汽车产业国的最主要城市的核心地段。

它不再是单一的产品全球化,它代表的是生活方式的输出。我们知道,汽车出行是很多欧美国家和地区最重要的生活方式之一。现在,他们开始选择中国品牌带来的更环保、更智能的生活方式。

20年前，我在德国读汽车专业的时候，这是完全不敢想象的事情。从1983年中国和德国合资的第一台桑塔纳汽车走下生产线，到现在40多年时间里，大多情况是中国在向德国学习汽车技术。大概在2022年，第一次有电动汽车公司因为在欧洲的支付服务，与PingPong进行沟通。当时，几家知名电动汽车品牌提到他们要去北欧、西欧等地售卖产品。

汽车的销售需要线上和线下互动，既有线上官网，也需要线下零售店。汽车不仅是一辆车，也需要有很多品牌IP周边的产品。这几家在法兰克福城区黄金地段开设旗舰店的中国汽车品牌，非常重视在当地的市场推广和品牌营销。这体现出文化和生活方式的输出。

2024年10月份，我们在澳大利亚西部出差。大家都知道，澳大利亚的主要城市多位于东南地区，比如墨尔本、悉尼。珀斯在澳大利亚的西南角，距离澳大利亚其他主要城市非常远，被誉为世界"孤独"的城市，周围约1800公里没有一个"邻居"。即使在这样的地方，我们在当地租车的时候，也看到了大量的中国生产的汽车。中国新能源汽车已经影响到当地人对汽车行业的认知。

不仅仅是汽车行业。2024年夏天，巴黎奥运会主会场周边，是当时巴黎人流量最大的地方。我在主会场附近几百米的范围内，看到有数十家不同品牌的中国茶饮店。这需要企业根据对当地市场的调研、对生活方式的分析等做出判断，需要在本地形成团队，融入线下生活中。

我们看到很多零售行业的品牌，如餐饮、茶饮等在海外开设线下连锁店。这些品牌渐渐地走进当地人的生活。

## 搭建企业机构部事业群

成立以来，PingPong 深度参与了全球贸易的数字化转型。近些年，在货物贸易行业，中国大型的品牌企业开始崭露头角；在生活和文化领域，更多的中国品牌走了出去。这时候我们意识到，我们也要改变了。PingPong 原来服务的主体是大量中小商户，很多商户还没有建立自主品牌的意识。从提供支付服务的角度，需求相对简单，我们主要针对商户在全球的业务情况，去搭建全球支付网络，提供跨境支付的"一站式"产品。

而现在，很多品牌企业进行全球化，或者生活方式类企业进行全球化，会搭建本地团队去负责线下市场，包括前期市场调研、商铺选址、团队招聘等各个方面。因此，我们也需要有不同的支付产品、解决方案和专业团队去服务企业，也必须有线下的、全球化的本地运营团队，去适配企业需求。

目前，中国品牌的扫地机器人在全球市场占有率排名前十位的企业中占据了八席，其中，科沃斯从 2009 年就在国内推出了扫地机器人。但从国货到全球品牌，科沃斯犹豫了 5 年。从 2011 年开始，科沃斯就想进军海外，但因为全球各地税务、支付方式、人才等条件的差异，迟迟无法迈出第一步。2016 年，科沃斯与 PingPong 合作后，一起慢慢破除了这些壁垒。在这一过程中，PingPong 主要做了三件事：首先，我们分析了科沃斯的销售和市场定位情况，基于对科沃斯和海外市场的了解，我们把科沃斯推荐给了合适的平台，并对接了平台的专项物流计划。接下来，我们邀请了有丰富运营经验的公司，为科沃斯进行了点对点辅导，破解了运营上的难点，弥补了团队上的短板。最后一个问题是税务。对于科沃斯这种体量的企业来说，税务合规是特别重要的事情，但国内关于这方面的信息特别少。我们团队中正好有一位曾就职于普华永道的税务专家，于是我们让这位专家给科沃斯团队进行了培训，进一步扫清了税务方面的障碍。

2016年8月，科沃斯的跨境之路起航了。3个月后，在当年"黑色星期五"的前一天，科沃斯预售金额达到了160万美元，"黑色星期五"当天直接卖断货，创下当年"黑色星期五"单品销售的冠军，并且全部款项仅用4小时就收回了。第二年的"黑色星期五"，科沃斯创造了850万美元的业绩。后来，在科沃斯上市的过程中PingPong和他们一起接受了审计，相关财务数据的合规性非常好，各方面完全满足要求。

科沃斯是第一家PingPong全程伴随的上市公司，PingPong也通过服务科沃斯洞悉到了品牌全球化的势能正在不断集聚。

2020年底，PingPong开始筹建全球机构事业群，并于2021年初正式成立，主要服务大型的全球化企业。我们在海外进行推广的时候，会在产品、组织架构等方面进行国际化布局。

在2023年下半年，公司内部进行调整，海外的本地运营开始提上议程。这个变化至今仍在持续，也将是2025年的发展重点。我们需要开展在海外市场区域化的本地运营，其中，很重要的一部分是为了适配正在进行文化全球化、生活方式出海的企业。

对于这种变化，相信我们的伙伴们有深刻的体会：第一，我们海外团队的组建力度更大，从公司战略层面，升级为一级事业部；第二，从服务出海企业的角度，我们对本地化运营有更加深刻的了解；第三，我们往返全球各地的出差频率和出差时长已远超过去几年。整体来说，从内部的团队架构到打造产品解决方案，再到工作方式，都发生了深刻的变化。

服务中小卖家出海相对来说更像是"人海战术"，因为国内有很多活跃的商户，我们需要强大的地推团队去覆盖市场，团队以敏捷性和覆盖度著称。服务大型品牌企业全球化则是"特种部队"

的模式——我们的招聘对象都是精英。团队需要深入理解大客户的需求，因为大机构的客户对于全球化业务的覆盖度、对支付服务需求的复杂程度，都远超中小客户。因此，在 PingPong 国际化的过程中，包括了人员配置的国际化，以满足在海外不同地区面临的大量本地运营的需求。PingPong 在海外多个重点市场招聘精英级别的"特种兵"，这是前所未有的。

随着品牌全球化的趋势越来越明显，全球的支付机构都在招揽人才以面对规模更大的客户与更复杂的需求，如何能吸引到全球精英人才加入 PingPong？我们会告诉他们亲身观察并体验到的全球贸易的态势，以及从中国的视角是怎样的：从 B2B 模式到 B2C 模式，再到品牌的全球化、生活方式的出海。他们也能感受到，这些经历的确非常让人振奋，支付行业的国际化也是确定性的趋势。

从全球支付和服务的角度来看，全球化浪潮的变迁，也伴随着数字化服务的变化。PingPong 专注于国际跨境贸易，数字化的支付服务是最核心的业务。PingPong 从第一天起就专注于跨境收付，具有国际化基因，也是以国际化的方式进行运营和管理，所以对他们来说，并不难适应。

在一些发达国家的核心市场，我们吸纳了很多精英人才。比如在英国，PingPong 招聘了全球一流银行的地区主管级别的人才加入本地团队；在美国，PingPong 吸纳来自国际卡组织、国际知名信用卡机构和美国知名银行的精英加入。

为什么他们有意愿加入？我认为有三点原因：第一，支付公司仍然是金融行业里面活跃的群体之一；第二，认同和认可中国品牌的全球化趋势；第三，对于全球人才，他们在外汇或交易银行领域的相关经验，可以在 PingPong 得到更好的实践和发展。

在海外国家和地区进行本地化运营的时候，当地文化是本土化中很重要的一部分。有些地区的员工非常在意个人空间，有的地区的员工追求独立性……在这个过程中，我们经常会感受到不同文化的冲突。如何去尊重并拥抱不同的文化，然后去制定相应的激励和管理机制，对我们来说也是一种挑战。

因此，不仅服务于全球化企业，PingPong自己也在全球化，也是中国企业全球化大浪潮中的一部分。期待与各位伙伴一起，迎接崭新且充满机遇的未来。

## 金融壹账通朱平：保险科技"出海"中的文化与市场差异挑战[①]

2023 年和 2024 年，为了落地我们公司在南非的寿险科技项目，我往返南非多次。在南非，我们为这里最大的保险公司耆卫保险集团提供数字化寿险渠道端的转型解决方案。

我知道，近年来，越来越多的同行走上了输出数字化解决方案的道路，并同时将业务触角延伸至更为广阔的海外市场。金融壹账通作为中国平安集团旗下的金融科技公司，也一直为海内外的大型金融集团提供中国领先的技术赋能方案。

在推动耆卫保险项目"从 0 至 1"落地的过程中，我和同事都深深地感受到两个不同国家地区文化、工作模式差异带来的冲击以及惊喜。

南非开普敦是一个很宜居的城市，这里有令人惊叹的自然风情，也有丰富新鲜的海鲜和品种繁多的葡萄酒，生活节奏非常慢，和国内诸如深圳、上海这些快节奏工作的城市形成鲜明的对比。南非当地人的工作方式、智能设备的体验模式和我们也不一样，我们需要不断与对方磨合，并根据当地的市场特点和客户要求进行调整，中间发生了很多有意思的事情。

希望通过记录这些点点滴滴，给正在将中国保险科技推向全球的同行们，带来一些启发。

---

① 金融壹账通保险事业部海外团队朱平口述，老盈盈整理。

## 文化差异及"中国速度"

2023年2月,我和同事第一次来到南非,深深地感受到了这个国度的"松弛感"。当时我们过去主要为了维护客户关系和第二期项目的需求对接。当我们第一次去耆卫保险时,我们被告知他们下午四五点就要下班了,我们一脸"问号",要知道在国内下午四五点正是技术人员很忙碌的时候,加班到晚上更是"家常便饭"。而像我这种早已习惯了北美快节奏工作的人,也感到了一丝惊讶。后来我们才知道,他们一周只需要在办公室工作两三天左右,其他时间都可以在家工作,比较弹性。

在后续的对接工作中,我们发现确实"卷"到对方了。因为二期项目交付的工作量非常大,我们专门有一个团队的人员对接客户整个团队的成员,而且角色分工例如设计、产品、商务,都是一一对应好的。按照以往项目交付的流程,我们需要对方自上而下尽可能提供更细"颗粒度"的需求清单,但问题是客户没有能力在短时间内把清单给到我们——他们说这个速度已经是极致了,他们甚至会觉得压力很大,因为适应不了我们工作上的快节奏。

在我看来,我们是以正常的速度在对接,而且这个项目也绝对不是所有项目中速度最快的,但是客户一直希望我们慢一点。这就意味着我们其实已经慢下来差不多20%—30%的速度了,但他们希望还能再慢一点,甚至可以慢到50%。耆卫保险的高管告诉我们,过去30多年他们都是以这样的速度工作的,无法一开始合作就直接进入到我们的状态中。当然,作为乙方的我们还是要以客户为中心,我们的确稍微放慢了节奏,对我们人员的工作量进行了一些调整,让客户可以更舒适地走完这一整套流程。

在对接的整个过程中,他们尝试着和我们拉近距离:在我们来到南非之前,他们几乎是不加班的,现在被我们"卷"到要加班了。我们也在尝试多了解他们的文化，以增进彼此之间的感情。南非人喜欢在周四、周五下班后到酒吧小聚，周末的时候也会偶尔相约前往酒庄品酒。在他们看来，除了工作上的沟通，他们也希望能进一步深入认识他们的合作伙伴，包括这个人以往的工作经验、工作之余的兴趣爱好、有趣的生活经历等。

外国人的饮酒文化在我北美的工作经历中是挺常见的，但是有的同事并没有海外工作经验。他们第一次到南非进行交付对接工作的时候，也会很疑惑为什么在工作范围之外，还要应付这种商务型的社交，所以一开始聚会都显得比较内敛，而且他们社交经验不是很丰富，刚到南非的时候明显感到很不适应。

有一次，耆卫保险的高层邀请我们去参加晚宴，当时我们团队中有一些年轻有为的"95后"，在介绍以往工作的时候，这位高层得知我们的新生力量曾经在国际知名品牌腾讯、阿里工作过，感到很惊喜，还打趣地问他是否有兴趣成为一名南非女婿。就是这么轻松的聊天形式，让大家从最开始的拘谨变得松弛，逐渐开始适应对方的文化。

## 寿险技术出海"从0到1"

尽管一开始耆卫保险的员工在对接工作中很难适应我们的节奏，但事实上，他们的高层选择与平安集团合作，就是看中了我们产品技术的迭代速度。按照耆卫保险高层的习惯，他们每年都会来中国学习先进的金融科技，以及寻找潜在的合作机会。

一开始，他们把目光投向了以科技为主业的金融科技公司，让这些公司提供一些方案供他们参考。但是他们很快发现这些方案和耆卫保险金融场景的痛点匹配度不是特别高，因为科技公司往往是从科技的视角去解决金融产品的问题。

而平安集团是金融业务出身，在科技创新上也投入了很多，一直以来都是以金融的视角来解决问题的。2019年，当耆卫保险来平安集团考察学习金融科技的时候，基本上都是由金融壹账通负责分享交流。那次的交流非常愉快，耆卫保险决定先试水合作看看，如果顺利可以展开更长期的合作。于是我们给他们做了一个POC（概念验证），POC通常用于展示一个想法、技术或概念的可行性。在商业和技术领域，我们通过POC，在全面开发或部署之前验证解决方案的有效性。通过概念验证，可以测试关键功能、解决潜在问题，向耆卫保险展示解决方案的价值。

在那次POC合作后，因为双方都发生了一些变故，导致后续合作暂时搁置了。不久后，金融壹账通的战略布局也进行了调整，决定大力发展寿险科技。自金融壹账通布局出海业务后，产险科技的海外业务已非常成熟，但是寿险科技还是一片空白，因此想看看除了国内市场，在海外还有没有更多的机会。

我毕业于精算专业，曾经在奥纬咨询从事了5年半的美国寿险市场的管理咨询工作，学历和工作经验刚好与金融壹账通海外寿险布局所需要的人才要求相契合，因此我就被委派负责海外寿险业务的战略工作。我后来发现，中国的保险科技是比较难进入美国、欧洲这些成熟市场的，因为这些成熟市场的寿险科技已经非常先进，我们很难为这些市场的企业提供能进一步提高技术能力的方案，再加上一些政策上的限制，成熟市场并非金融壹账通寿险出海的"良选"。

后来经过一系列的考虑，我们决定聚焦非洲、中东等一些基础设施建设能力还有待提高的新兴市场。南非作为非洲非常重要的市场，正好在我们大的战略蓝图上。2022年，我们重启了与耆卫保险的谈判。同年底，我们和耆卫保险签订了一份为期5年的战略合作协议，这也成为金融壹账通在寿险科技海外布局上一个具有标志性意义的项目。

在开拓新兴市场的业务时，我们发现，欧洲、北美等成熟市场提供的一些非常大型又先进的解决方案，在中东这些新兴市场都不一定能落地。相反，新兴市场对我们的解决方案接受程度反而更高，这在我们后续与耆卫保险的合作中得到了印证。

**因地制宜落地应用场景**

南非有个特点，有时一天会停电好几次，一停电整个区域都会断电。当地每个人手机都安装了一个停电提醒的App，这个App会提醒用户接下来哪个地方什么时候会断电，什么时候能恢复供电。

在中国，保险行业已经实现了数字化转型，很多保险的售前、售中、售后活动都可以通过手机或者Pad（平板），在几十分钟内完成。但是在遥远的南非，如果日常断电是经常发生的场景，我们的寿险数字化解决方案想要在南非落地就需要调整。

由于断电这种情况在中国市场几乎是没有或者不常见的，这就增加了我们提供解决方案的难度。为了解决问题，我们当时是把自己的经验倒回到10年前，借鉴了当年平安代理人在偏远山区卖保险时使用的离线功能的相关方案。我们以当年的方案作为参考，评估它在南非市场落地的可行性。在此方案中，保险代理人可以在无电无网络区域进行寿险展业，收集客户资料并填写离线信息，后续等到有电及网络覆盖的时候，自动上传并完成保险交易流程。

通过与新兴市场的合作，我们慢慢发现了一个规律，那就是即便在中国市场已经运作得非常成熟的方案，也不能完全照搬到这些市场中。比如，我们在为耆卫保险开发一款App，开发前我们会给对方看一些中国市场的 App 样式，看看对方偏好哪种类型的 App。他们看了之后，觉得这些 App 功能模块都不错，但并不喜欢满屏都是信息的界面，他们觉得南非当地人看了之后会有密集恐惧症。他们希望我们能做出一款符合南非人体验习惯的 App，我们觉得可以兼容一下中国和南非两个市场的特色，当时他们的高管也觉得可行。

但到了执行的时候，就出问题了。对方有一个做前端设计的用户体验团队，已经习惯了一些已有的形式，很难去接受新的事物，在双方的沟通上，我们花了不少时间。最后，我们很高兴地看到耆卫保险的高管愿意去做出一些改变，他们为了配合我们的方案，对原来的设计团队做了一些调整。后来的对接工作就变得顺利多了，我们现在为耆卫保险交付的 App，拥有一个非常简洁的界面，客户对此也是满意的。

目前耆卫保险的项目已经进行到第四期了，我们除了需要定期过去对接需求，员工不需要到南非驻地工作，也还没有到需要在海外聘请员工的程度。虽然我们与南非有 6 个小时的时差，但是工作时间依然有交集，我们依然可以高效地工作。

当然我们也会想到，如果我们下一个开拓的市场有 12 个小时及以上的时差，这就意味着我们和对方很难有重合的工作时间，到了那个时候，我们或许就真的需要在当地部署资源，争取和客户在同一个时区内进行工作对接。

聊了这么多，希望这些经历会对你们的业务开拓带来启发，祝大家工作顺利！

## 新丽传媒王乔：让《热辣滚烫》《与凤行》《庆余年第二季》《玫瑰的故事》火到全球[①]

2024年10月底，我去了一趟日本，见到了很多海外合作伙伴，比如新加坡、马来西亚、泰国、韩国等国家的电视台和视频平台负责人。他们每天都问我，《大奉打更人》这部电视剧什么时候上线，能不能提早宣传。那一刻我深刻地意识到，中国影视剧出海已经成气候了。

我做影视剧出海发行超过20年的时间，一开始是作为国家队的一员，把国产节目向海外传播，后来作为民营企业新丽传媒（下称"新丽"）的海外负责人，负责国产电影和电视剧在海外的发行。这些年，国产影视剧从只有寥寥几部作品出海，到大体量作品出海，我可以很肯定地说，在影视出海这件事上，我们已经走上正轨了。

如今国家大力扶持文化出海，国产影视剧也越来越精品化，我们即将迎来影视出海从量变到质变的时刻，我觉得，现在是影视出海最好的时机。但我也想对各位同仁说，影视出海不是一蹴而就的事，虽然时机好，但影视出海要符合它的基本规律，并不是用一两年时间大干特干就能快速获得成功。影视出海是一件需要积累的事情。

---

① 新丽传媒副总裁王乔口述，任晓宁整理。

## 一步步补功课

2024年是新丽影视出海的收获大年。电影《热辣滚烫》由我们主控海外发行,在北美、澳大利亚、新加坡、新西兰、马来西亚、日本等多个海外国家和地区,收获700多万美元的票房,是2024年海外票房最高的华语电影。

剧集方面,新丽2024年的3部热播剧《与凤行》《庆余年第二季》《玫瑰的故事》登上多个国家播放量排行榜前三位置,超过一些韩剧、泰剧和国外综艺节目。其中《庆余年第二季》在Disney+(迪士尼旗下在线流媒体平台)做到与国内视频平台同步上线,这在国内剧集出海领域是第一次,《庆余年第二季》也是Disney+热度最高的中国大陆剧。

对于2024年的成绩,我很为之骄傲。不过,为了这一刻,其实我们已经准备了十多年。

我2012年来到新丽传媒,负责海外发行业务。当时有魄力做影视出海的公司并不多,新丽是出海最早的民营影视公司之一。

来新丽之前,我在央视做节目的海外发行,去过全球各大电视台,积累了初步的经验。新丽吸引我的地方在于,这里不仅有电视剧,还有电影,这是我想突破的地方。

早期海外的渠道和电视台并不知道新丽的名字。我们频繁去国外参加展会,搭展台,每半个小时见一个新客户,向他们推广我们的内容,完全没有休息时间。

当时国产电影出海比电视剧情况稍好一些,能出海的电影大多是合拍片,比如《卧虎藏龙》等,本土国产电影很少能在海外发行。那时中国影视公司即使做海外发行,也主要依靠东南亚地区或中国香港地区的一些发行商,进入少数几个国家。我记得,一些专门做北美、澳大利亚华人市场的电影发行公司,当时还没有成立。那时中国影视公司出海,很少考虑经济上的回报,大家想的都是创造一些海外影响力。

我来新丽之后第一部大规模发行到海外的电影,是陈凯歌导演的《道士下山》,2015年上映。通过这部电影,我们和索尼影业建立了合作。

当时我们遇到的第一个难题就是电影"完片保险"问题。"完片保险"是欧美影视工业化中的一个固定环节,它用商业的模式约定,如果电影在发行过程中遇到风险,保险公司应该如何赔付,这是对投资方的一种保护。但是,国内电影人当时根本没听说过"完片保险",国内也完全没有保险公司做过类似的赔付。最后我们找到一家境外保险公司,购买了"完片保险"。

最近几年,国内的一些保险公司也陆续开始做"完片保险"了。这件事其实是一个缩影:如果我们连这些标准化的东西都不具备,就很难跟国外公司有更高层面的合作。

和索尼影业的合作,让我们接触到了很多海外影视团队,包括特效、摄影、声音、后期等。从《道士下山》这次合作,我们开始重视电影工业化程度的提升。有了这次合作的基础,我们再和英皇电影、角川电影等其他国际化的影视公司合作,就顺畅了很多。每一次与不同公司的合作,都让我们不断提升自己的国际化水平。

经过十多年的努力,现在我们国内电影的工业化程度已经不落后于海外。我们提供的产品,从技术参数,到银幕质量,再到对于海外法律的合规,都是完全能与国外公司匹配的。

因此,现在新丽跟索尼影业谈《热辣滚烫》海外发行合作的时候,事情进展得非常顺畅,他们所需要的权利保证、制作合约,以及提出的对主创团队的要求,我们都可以快速达标。

## 和海外平台交朋友

《热辣滚烫》的海外发行始于 2024 年 1 月。当时这部电影刚拿到国内上映的"龙标",我立刻背着片子去位于新加坡的索尼影业亚太总部,让他们先看看电影。当时在场的有索尼影业各地区发行负责人,来自美国、澳大利亚、新加坡等多个国家,大多数人看完片子后都流泪了。

他们对这部片子产生共情,觉得可以尝试全球发行,于是双方开始洽谈合约。合约条款非常多,有几十页内容,但双方谈得非常快,大概一个月时间就走完了所有流程。

对于这部片子的合约条款,新丽和索尼影业有意见不统一的地方,比如在对某些权利的定义和限制上,会有争议。但好在双方有一个共同的主题,就是让海外上映日期与国内贴近,这样才能最大程度创造更好的经济收入。《热辣滚烫》计划"五一"假期后登陆国内视频平台,所以在海外,我们要在"五一"之前,把所有的院线上映工作完成。

做《热辣滚烫》的海外发行,比《道士下山》时期容易了很多。在制作这部电影时,我们就注意到要符合海外需求。比如在语言问题上,虽然这部片子是由中国团队做的英语翻译,但也有很多海外专家帮忙做了校对,最终成片中呈现的英语水平,和外国人使用的母语区别不大。

海外发行比较麻烦的地方在于法律条款,因为海外法律要求比国内更严谨,从这个层面讲,我们还在继续学习。

我们在国内发行电影时,按照国内法律体系做版权授权链。但在海外发行电影时,我们需要避免所有可能存在的法律纠纷。比如我们为电影中的音乐购买了版权,电影在国内播放时很少会遇到相关问题。但海外音乐公司对音乐的使用、传播范围都有非常严格的规范，如果某段音乐在海外使用时超出了授权范围，我们就会收到投诉。

前些年出海时，我们吃过类似的亏，当时的处理方法是把海外版本的电影换一段音乐，甚至取消这段音乐。现在我们不会再遇到类似问题了，我们会提前给所有音乐和素材，哪怕是广告素材，做到完备的授权。

在一部电影中，涉及的音乐一般有几十首，要让这些音乐的版权做到万无一失，是很大的工作量。服务《热辣滚烫》海外发行的法律团队有几十个人，除了新丽自己的法务人员之外，也引入了外部律师团队的支持。

## 相信时间的累积

通过10多年时间，我们积累了30多个海外长期合作伙伴，这些伙伴构成了新丽的影视出海基本盘。我们在2024年上半年连续出海3部电视剧、1部电影，但没有手忙脚乱，并且这些作品都取得了好成绩。这背后的原因是，我们通过这么多年积累，搭建了比较通畅的海外渠道。

2024年4月，《热辣滚烫》在北美票房达到200万美元，其他地区电影票房超过500万美元。为此，索尼影业特意发来一封邮件，表示这是一件值得庆祝的事情。毕竟，这部电影不是合拍片，也没有美国公司的投资。作为一部中国本土电影，能够在海外创造这样的票房，从专业的角度来讲，我们认为是值得庆祝的。我把那封信转给导演和其他主创时，大家也都很开心。

虽然这部电影海外总票房700多万美元，与国内票房的35亿元人民币相比，还有巨大差距。但我觉得，我们更应该横向比较。通过我们这一次的努力，让更多同仁看到，海外也可以有市场。今年一部电影的海外票房有700万美元，可能明年就会达到800万美元、900万美元、1000万美元，甚至以后可能会有10部1000万美元海外票房的电影。希望通过我们的努力，给中国的同行们贡献一些资源和经验。

在《热辣滚烫》海外总票房中，北美票房大概占比25%，东南亚票房能够占到一半，剩下的来自澳大利亚、欧洲等国家和地区。电视剧出海的情况也类似，东南亚会贡献大部分收入。

2024年9月，我去迪士尼开会，复盘《庆余年第二季》的海外发行经验，他们告诉我，这部剧的播放情况达到了预期目标。除Disney+以外，全球不同国家和地区的观众，在WETV、VIU、Youtube等众多电视平台及流媒体平台上都能看到它。这部剧在欧美地区的Youtube播出当天，观看量超过10万次，是其他S级古装剧海外首日观看量的2—3倍。

我们与迪士尼的合作有近10年时间。第一次合作是2015年签约的《小丈夫》，接下来就是《如懿传》《我的前半生》《流金岁月》《天龙八部》《鹿鼎记》等。

在进行《庆余年第二季》的合作时，我们开创了一个先河，第一次让中国电视剧在国内外同步上映，海外用户在Disney+上看到的进度，与国内腾讯视频SVIP用户看到的进度是统一的。这种绝对意义上的同步播出，在Disney+历史上是第一次。

国内外同步上映这件事其实很难。《庆余年第二季》是一部"台网剧"，同步上映意味着央视定档时间、腾讯视频上线时间、海外平台上线时间要保持一致，协调起来很有难度。最终迪士尼高层给我们开了绿灯，才让它实现了同步播出。

《庆余年第二季》的海外发行主要是迪士尼做的，他们负责新加坡、泰国、越南、柬埔寨、北美等国家和地区的推广。他们的用心程度让我们很感动。比如在一些海外城市的公交车上，会贴着张若昀的海报，写着《庆余年第二季》的上线时间。他们有专人设立摊位，展示海报，推广会员，给市民派发宣传品。

对一部中国电视剧来说，一般的海外发行商不太会做这种投入。他们用这样的方式去宣传，给了我们挺多心理上的满足，说明他们对这部剧足够重视。

迪士尼重视这部剧，与《庆余年第一季》此前在海外播出时成绩较好有关，也与双方接近10年时间积累的信任度有关。合作这么多年，我们从来没有让他们开过一次天窗，从来没有一次不支持他们的发行思路，我们还贡献了很多艺人的宣传物料，帮助他们走进一些我们的华语渠道。这些都让双方的发行团队建立了信任。

而且像迪士尼、奈飞这样的公司，其实他们非常清楚，中国有很多好的影视作品。作为跨国影视平台，他们不能没有中国的内容。

## 要有商业目的，但不能只是为了赚钱

早年做国内影视出海时，我们主要是依靠国家相关部门带动，比如去海外某些国家参加中国影视周、中国电影放映活动，或是获得一些国家补贴后再出海。这些方式在出海初期会有特别大的帮助，因为给了我们曝光的机会，但如果要想走得更长远，还是要回归到商业逻辑上。

2024年我们和索尼影业、迪士尼的合作，一开始就有商业目标，所以双方不会不计成本地投入。最终双方都得到了合理回报，这样我们才能够走得长远，也才能让更多国外公司愿意帮助中国影视剧走出去。

不过，影视出海不仅仅是为了实现商业目的，这也是我们十年多时间里学到的事情。早期出海时，我们会把内容卖给中间商，获得授权费用。但这些内容最终的出口是哪里，我们并没有把控力。

国产影视出海并不是新鲜事，当你的内容首次进入奈飞，首次进入Disney+，首次进入HBO Max，它是有意义的，但现在已经都不是首次了，我们需要追求更高的目标。

现在新丽更注重的是，我们的剧在海外平台播出后会不会成为爆款，剧集热度如何，会员拉新度有多高，创造的商业价值是不是高于韩剧、韩综、日剧，有没有给当地观众带来一些思考。如果我们能带来他们想要的东西，未来一定会有海外平台给我们出更高的价钱。

坦率地说，目前中国影视剧的价格在整个海外市场没有巨大提升，甚至可能因为汇率变化，它们的单价在某些地区还有下降。

因此，出海不仅是把中国影视作品卖给海外公司，更重要的是让他们认可你的内容，认同中国影视剧的价值。我更看重合作伙伴用什么态度对待我们的作品。

文化产品出海和其他产品出海不一样，不是一锤子买卖。影视剧不是一个可以比拼价格的产品，你的剧不会因为更便宜就更受欢迎。影视出海是一个日积月累的过程，现在中国影视剧在东南亚受认可，中国艺人在当地受欢迎，都得益于国产剧集质量的提升。海外观众对中华文化的认同，以及在当地的漫长积累。

## 海外观众对中国影视剧的认可度提高

2024年1月，新丽的母公司阅文在新加坡举办了一场影视盛典。我们带着王鹤棣去了现场，看到他的粉丝人山人海。我真没想到，王鹤棣在新加坡也能有那么多的粉丝。

2024年12月新加坡、马来西亚、泰国、韩国等国家的电视台和视频平台负责人每天都在问，王鹤棣主演的电视剧《大奉打更人》什么时候上线,他们已经把广告打出来了,写的是"2024年度巨献"。这说明,他们对我们的内容是渴求的,这种渴求不是基于他们自己,而是基于平台的受众。

跟这些海外平台打了 20 多年交道,我很明显感觉到,他们对中国电视剧的态度发生变化了。2015 年,我向他们推广过中国玄幻剧,他们看不懂这类题材,所以认可度很低。之前,他们大多对中国电视剧抱着试试看的心态,并不指望会获得成绩,但现在他们呈现了渴求的态度。

这种变化其实也很正常。现在国内每年能生产 400 多部剧,仅爱奇艺、优酷、腾讯视频、芒果 TV 这四个平台,每年就能诞生许多爆款剧。这些国内的头部内容走到海外,并且得到海外平台的青睐,是一件顺理成章的事情。

目前国产影视剧的海外发行主要还集中在亚洲地区,我们也尝试过在非洲、南美、中东、印度半岛等地区,借助发行商伙伴的渠道完成发行。我原来跑过非洲地区,后来发现这个市场的贡献率比较有限,所以通过当地的伙伴做宣传推广更合适。

现在我每年去海外的次数依旧很多,主要见三方面的人:一是购买我们内容 IP 的客户;二是向我们出售内容的卖方;此外,我也会经常参加海外影视论坛,了解海外市场的变化。

在国外的时候,我一般会特意看看当地电视台在播什么,也会走进当地的电影院,看他们有没有上映中国的电影,甚至还会专门去看当地的盗版网站在播什么。盗版网站是客观存在的事物,掌握第一手信息对我们来说是很重要的。

我 2024 年 10 月去了日本,12 月去了新加坡,差不多一年去一次距离较远的欧洲、美洲国家。我现在出国大多是为了参加展会,见见朋友。与之前的参展不一样,现在我会刻意留出一些时间听论坛,看看其他公司推荐的项目,了解别人是怎么做出海的。

## 最大难题是输出长尾作品

上面讲的大部分是出海工作光鲜亮丽的一面，但其实影视出海也有很多苦楚。客观地说，我们的古装剧、现实题材剧出海已经轻车熟路，但新丽也有谍战剧和有年代感的主旋律剧，这些类型的剧集出海我们还没有固定渠道。

海外市场不会欣然地接受我们所有的内容，我们也在为更广泛的内容寻求渠道。所以出海没有躺平的时候，永远在前行，在战斗。

现在我们的策略是，先把能总结出规律的事情、容易做的事情做完，然后再慢慢解决难题。

对我而言，出海的最大难题是，怎么才能维持中国影视剧在海外的影响力和热度。当我们有好内容时，的确可以在一个月或几个月内，登上海外国家播放量排行榜前列。但是，我们在海外还没有一部经典的影视剧作品可以做到经久不衰、让观众反复去看。中国影视剧缺乏长尾效应，这是我们文化出海面临的一个较大问题。

我们在海外的竞争对手，绝对不是国内的同行，而是韩剧、日剧、美剧、英剧等。我其实一直在思考如何与海外同行竞争，但直到现在，也没有确定的答案。

当然，我相信这个问题最终会有答案。中国影视剧出海会是一个从量变到质变的过程。最近几年，尤其是最近两三个季度，有一个很明显的趋势是，国产影视剧的单部集数明显下降。同时，我们选角、讲故事的方式都有明显的提升。这些变化都会提升国产剧的质量。当前国内影视公司正在被逼着提高质量，否则你很可能在国内都无法生存，更不可能在海外与那么多国外公司竞争。

当国产影视剧质量提高到一定水平后，我相信，困扰我已久的那个长尾难题也就自然而然地解决了。

# 游族戴奇：把中国游戏带到世界舞台[①]

我是游族网络少年工作室负责人戴奇，现任游族首席产品官，负责游族《少年三国志》《少年三国志2》《绯色回响》等游戏在全球开拓的工作。

2024年6月，凭借卓越的产品品质和精准的市场策略，我们工作室负责运营发行的《绯色回响》在韩国地区上线，并迅速获得了当地玩家和合作伙伴的认可。

出海就是探索未知，海外市场有着更多的潜力，能够不断给予好产品以新的活力，带给企业新的动能。在出海的过程中，我们也遇到很多问题。直至今天，我们仍根据韩国的当地情况不断调整打法和策略。

在此，向大家分享我们有关出海的经验和思考。

**出海！出海！**

前几年，游戏行业经历了短期波动，那时我明显能够感到整个游戏行业包括国内和海外市场都进入到寒冬之中，游戏企业收入增长放缓，玩家付费意愿降低。

当时，国内游戏市场的发展受到两重因素的制约：一是国内很多产品会受到版号的时间限制。二是国内整体行业流水在增长，

---

① 游族网络首席产品官戴奇口述，黄一帆整理。

特别是手游还保持一定增速，但总体已处于红海的状态。

当时陆续有游戏企业走向海外，但是我留意到，在某些地区和某些品类，海外市场还有很大的空间。

游族是国内游戏厂商中最早一批出海的企业，这也让公司在出海领域保持敏锐的嗅觉。

2021年，游族提出"全球化卡牌+"战略，鼓励内部产品进一步出海，全面提升多样化的产品发行能力，加强全球发行的综合实力。这一新战略在当时为大家打了一针强心剂。

出海是我当初看重的赛道之一。基于在卡牌产品上的优势和出海多年的经验，游族提出上述新战略是顺势而为。

当然，要做好"全球卡牌+"这道题并不简单。"全球化"考验的是研发团队对不同区域用户认知的积累。游族是国内早期出海的游戏厂商之一，在数据面上我们有一定的积累。面向不同品类和不同区域，发现他们对于游戏的不同需求无疑是一项重要功课。而"卡牌+"不仅是在技术和美术方面不断提升，更是品类融合和进化的过程。

在推动《少年三国志2》出海时，我们将东亚地区作为新产品出海的首选地区，因为日韩地区也能够接触到中国文化，以这些地区为主能够收到比较好的效果。

但细究起来，不同地区玩家有着不同的特点，对应在策略上也有很大的不同。这些洞察是游族产品成功出海的关键所在。

**风格化调整**

除了前往日韩等更熟悉的亚洲地区外，欧美也是我们出海的目的地之一。

然而，上市初期，我们遇到了不少挑战。相较于日韩，游族擅长的二次元、三国题材相对来说在欧美认知度没有那么高。

如何在短时间内找到核心受众、提升品牌认知度，迅速站稳脚跟？为了应对这些挑战，我们及时对 IP 进行风格化的调整。《少年三国志 2》在欧美市场上线后，我们邀请了当地知名的作家，了解用户对东方文学的需求。欧美地区有不少用户对玄幻、仙侠类作品的接受与喜爱程度很高。这也是我们正在进行的尝试，将游戏与中国文化相融合，同时融入一些与欧美用户相适配的元素，真正让欧美用户去理解我们的文化。这也使得产品在上线时获得了比测试时期更好的成绩。《少年三国志 2》在各个区域上线成绩也比较好，比如在中国台湾地区，我们冲上了畅销榜第一，在韩国地区做到了畅销榜第八名，在东南亚地区的畅销榜也排名前五。据移动市场情报平台 Sensor-Tower 显示，《少年三国志 2》曾在韩国做到季度收入第三。

2022 年，我带领工作室打造的游族首款二次元项目《绯色回响》再次取得了少年系列的优异成绩。《绯色回响》是一款面向日本地区定制的产品，为做好这款产品，我们面向日本市场进行了深度调研，也请教了很多同类游戏的研发团队。当时得到的结论是日本玩家整体偏保守。无论是在玩法层面还是付费节奏上，他们都处于比较慢热的状态。

发现这一点后，我们发现需要给到当地用户更高的安全感，因此对产品包括功能、活动、抽卡机制等进行了大量调整。

这次产品上线同样获得了骄人成绩。《绯色回响》首周冲进日本畅销榜第七，打破游族产品历史最高纪录。

2024 年 6 月，《绯色回响》在韩国地区上线，这款游戏又受到了韩国当地玩家的欢迎。

## 关键时刻

产品上线前后一个月，是我们团队最忙碌的时候，也是最关键的时候。

一款等待上线的产品，在海外发行前，团队必须打通当地的重点渠道，并做好市场投放的准备工作。

国外的渠道与国内可能存在非常大的差异。国内游戏发行的主要渠道包括苹果、安卓这些手机应用商店以及腾讯、抖音等买量渠道。

而韩国的渠道与国内完全不同，除了苹果商店、安卓商店外，还有谷歌、三星、本土应用商店 ONEStore 这些渠道。

为保证一款产品的发行，我们需要和这些渠道建立良好的关系，适当进行集中路演去阐述自己产品的特点、大概的预期收入、在其他地区的用户数据，以争取这些渠道在当地的资源。"推荐位"是这些渠道资源的体现。资源位能给产品带来可观的增量，因此和渠道沟通是我们团队在产品上线前的重点工作。

经纪公司也是韩国与众不同的生态。在国内，游戏广告无法在电视上播放，但在海外的一些地区是被允许的。我们团队可能需要根据当地政策以及当地较受欢迎的明星去寻求合作。

在产品上线后，工作室的重心发生变化，运营成为关键角色，特别是活动运营和社区用户运营。

玩家进入游戏，我们最核心的工作就是要让玩家感受到游戏的快乐。这时，做运营活动和进行版本优化成为工作室的主要工作。我们要根据玩家们的意见调整后续的版本内容，通过不同的活动保证玩家持续活跃。

游族历史上开发过很多优秀产品，对于经营海外产品，目前主要有 3 个方面的经验。

第一，保持一种空杯心态和长线经营的思路。有很多产品上线之后，运营方可能会茫然。面对大量用户反馈，我们会比较理性地看待用户的状态，如新增量、用户的留存、在线率、玩法的持续度等，定期复盘相关数据。

第二，在数据支持下，团队会根据用户生态的变化，持续调整用户策略。数据是理性的，但感性的一面运营者也需要接触，比如我们会去收集一些社群、贴吧里玩家的意见。

第三，可能跟团队有关，不同的卡牌团队有自己独到的想法。比如《少年三国志》《少年三国志2》的用户生态有较大差异，这和团队特征有关。

只有这样才能让整个产品的生态既符合实际的数据达标性，达到用户的满意度，也能满足下一步团队的自我成长。对于一个团队而言，如果经营方式持续不变，团队会进入一个比较缓慢的下坡状态，这就要求团队要持续学习和创新。

## 群岛图书彭伦：中国文学走出去，需要专业的信息网络[①]

我是彭伦，是"群岛图书"的创始人。我从事出版工作20年了，这20年一直在做引进版权。引进版权非常重要的工作是和国外的出版社、经纪人、编辑交流。这么多年下来，我也积累了很多国外出版界的人脉。在与国外出版业同行交流的过程中，很多人会问我能推荐什么中国作家的作品给他们出版。所以在2017年，我刚创业不久，就觉得这个工作非常有价值，因为国内能做这件事情的人确实不多。

一

为什么国内做版权输出的人比较少呢？因为对这份工作而言，人脉确实很重要。需要知道一本书、一个作家适合哪个外国出版社，适合哪个编辑，而不是随便把这本书的介绍发给各国的出版社就行了。

比如说，我看了某本小说后非常喜欢，想要把书的版权卖给某国出版社。那么我首要考虑的是，那个国家有哪几家出版社可能会对中国小说感兴趣？再往下细分，在对中国文学感兴趣的出版社中，有哪些是出版当代中国文学的？再往下的话，这些对中国文学

---

[①] 群岛图书创始人彭伦口述，李唐整理。

感兴趣的编辑中,有哪些是对男性作家感兴趣的?有哪些是对女性作家感兴趣的?如果要卖版权的话,一定要对目标市场的情况比较了解,要知道这个市场里有哪些活跃的编辑,然后还要认识这些编辑,迅速地把书介绍过去,并且把他们感兴趣的点挖出来。

所以,版权输出是非常专业的工作,刚刚进入行业的人是做不了的,要经过一段时间的磨炼才能够慢慢入门。这里面有一个信息网络,如果你跟这个信息网络没有办法建立起合作关系,就很难把事情做好。

目前,中国的出版社普遍缺乏专业的信息网络,因为要建立这样的信息网络,需要出版人经常到国际市场跟同行交流。要定期去法兰克福书展、伦敦书展或者其他国家的书展,要经常跟他们见面。中国的出版社很难有这样的条件,即便很多出版社有版权部,他们的工作主要还是帮助本社的编辑部买进国外书的版权。

但这样没办法建立起信息网络,因为打交道的都是外国文学经纪公司和出版社的版权经理,他们的工作是卖出版权,而不是买进版权,接触的人是不一样的。你要卖版权给外国出版社,当然是要去跟外国出版社的编辑或出版人打交道,因为是他们决定要不要买这个作家的版权。

我在2017年的时候,觉得中国非常缺乏版权输出,而且中国作家也确实需要。虽然中国那些最有名的作家,比如余华、莫言,他们的作品已经在国外被广泛出版了,但是年轻一代的中国作家是需要让国际出版业同行了解的,这些信息他们没有办法获得,需要中国出版人给他们做针对性的介绍。

二

目前,金宇澄和双雪涛是群岛图书代理的作家里授权最多也最顺利的，尤其是双雪涛。我先讲金宇澄吧。金宇澄的《繁花》一开始就比较顺利，当然也是经过了两年左右的摸索才开始打开局面的，这中间主要是因为得到了王家卫导演的帮助。

读过《繁花》的朋友知道，这本小说体量非常大，翻译成外语大概有六七百页之多，一般来说外国出版社不愿碰这样的作品——太长且翻译难度也比较大，他们一般对金宇澄也不是很熟悉。一开始，我到处打听有哪些出版社——尤其是美国的出版社——对中国当代文学感兴趣，可我认识的各国编辑都没有回应。后来，我的一个前同事歌娅——她是西班牙人——在新经典工作，她去美国出差的时候，认识了一个美国文学大社法勒－斯特劳斯－吉鲁出版社（Farrar, Straus and Giroux，简称FSG）的编辑杰里米·戴维斯。戴维斯告诉歌娅，他想挑选中国当代文学作品出版，这样我就跟他联系上了。戴维斯挺认真的，还找了一位专业译者写审读报告，这个译者呢，就是现在翻译双雪涛、张悦然等中国作家作品的新加坡翻译家程异。程异写了一篇对《繁花》评价很高的审读报告，杰里米·戴维斯看了以后很喜欢，但他仍然没有下定决心买版权。因为这部作品对美国读者来说实在太长了，故事也很复杂。

事情就这样一直拖着。后来有一次偶然的机会，金宇澄带我去见了王家卫。我突然想到，王导是世界级大导演，杰里米·戴维斯曾说过他是王家卫的超级粉丝，看过他的大部分作品，这也是他得知王家卫将《繁花》改编成电视剧后才对这本书特别感兴趣的主要原因。那么假如王导去纽约的话，能不能顺便见见像杰里米·戴维斯和对《繁花》感兴趣的美国编辑呢？所以我就斗胆问了王导，没想到他一口答应。后来王导去纽约时果然见了杰里米·戴维斯一面。杰里米·戴维斯欣喜若狂，还带着出版社里的王家卫影迷一起去见偶像。那次见面以后，杰里米·戴维斯很快就决定买下版权,事情就这样敲定了。而在FSG出版社买下《繁花》英文版权之后,消息很快就传遍了国际出版界。日本、法国、意大利、西班牙等国的出版社也纷纷来买《繁花》的版权。

我再说说双雪涛。之所以说双雪涛的版权授权比较顺利,和他有一个非常好的译者有关系,就是前面说到的新加坡人程异,他本身是小说家、剧作家,住在纽约,跟英美出版界和文学界的联系都非常多。所以他作为译者,可以向很多杂志社编辑推荐他翻译的双雪涛的短篇小说。像《纽约客》《巴黎评论》《格兰塔》等著名杂志,他都投过稿。《纽约客》有一个年轻的华裔编辑,很喜欢双雪涛的小说,所以2023年10月至今,双雪涛已经在《纽约客》发表了两篇短篇小说和一篇散文。

双雪涛的作品在杂志上发表,自然引起了英美出版社的编辑关注双雪涛,比如他的英文版中篇小说选集《艳粉街》,就是美国大都会出版社的编辑看到那两篇短篇小说后找到我们的,最后经程异提议,我们选择了双雪涛3部中篇小说——《平原上的摩西》《飞行家》和《光明堂》,敲定了出版合作。

现在,我们还在代理其他一些中国作家的作品在海外出版,这项工作就是要慢慢推进,不能特别着急。如果某位中国作家的英文版获得一个比较重要的文学奖,或者在销售上有一个重要突破的话,国外出版社一定会更喜欢出版中国作家的作品。

文学出版本质上是主要面向大众的商业出版,出版社要尽可能多地把书卖给普通读者。任何作家都希望作品被翻译后能被更多的人阅读和讨论。所以我们输出版权是要把作家的作品交给专业的文学出版社、交给对作家作品真正感兴趣的专业编辑。只有这样,作品才能够在海外进入主流的图书市场。我们一开始就是这样做的,尽可能避免把书授权给不专业的出版社。

## 三

至于什么是海外主流的图书市场？每个国家情况不同。比如《三体》，它在世界范围内的流行带动了各国出版社对中国科幻小说的兴趣。但除了刘慈欣、陈楸帆、韩松等少数几位作家，中国科幻作家被翻译出版的还比较少。不过，比起其他类型的文学作品，已经好多了。

群岛图书代理的作家，首先很多都是我认识的，然后作家要有这个意愿，他们需要或信任我来做这件事情。我其实一直在跟作家朋友们讲，不要轻易授权，授权给你不熟悉的或不专业的出版社。这里面有个因素，这几年，国家层面很重视中国文学"走出去"，方方面面有很多资助项目。有的出版社只找国外的一些小出版社，给钱去出版，但出版后没什么发行量，并没有真正进入主流的图书市场。

所以我说，要帮助中国作家真正进入国外市场，就是指要真正把中国文学翻译和推荐出去，推荐给国外的读者。所以，很多出版社宣称卖出了多少版权，但是仔细看他们输出的那些出版社，里面有不少水分。

有时候我觉得国内一些作家在这方面太随意了。比如有一家专门出版中国文学的英国出版社，其实是中国人办的，他们就是只为做"输出"的，糟蹋了很多作家的作品，因为书出版了以后，注定不会引起什么反响。他们只出版中国作家的书，也在商业逻辑上说不通，这对中国作家的海外出版是一种破坏。

还有一些所谓的海外出版机构来谈版权时，不付预付金，签了合同后去申请中国的翻译资助，拿到资助后再从资助款中分一部分给中国作家作为预付金。在这样的合作中,他们没有任何成本,就是空手套白狼。所以我觉得,无论是中国作家"走出去",还是中国文学"走出去",首先要确认国外的出版社在商业上符合逻辑,不符合逻辑的事,作家就不要去做了。

在这个过程中,译者也是很重要的。一般要让外国出版社负责去找译者,只有他们自己知道译者好不好,翻译成他们的母语是不是地道?读者能不能接受?只有他们能够判断。

我们与译者也有接触,一般是在推广版权的前期,因为我们代理一个中国作家的作品以后,要主动向世界各国的出版社推介作家的作品,肯定是要准备一些材料——比如要有英文样章,因为外国出版社的编辑也不太可能自己读中文,除了韩国、日本、越南也许有编辑能读中文,绝大部分出版社编辑都不会。他们必然是要借助一些英文材料,或者说其他语种已经翻译的文本,比如林白的《妇女闲聊录》在西班牙出版,就有西班牙的文本,我们就可以发给能读西班牙语的欧洲出版社的编辑。

所以,我们在准备介绍性材料的时候,就往往需要找专业的译者来翻译作品的样章。这样的译者得有很好的文学素养,不能说懂中文就行,因为毕竟是文学作品。当然还要看译者对作家的熟悉程度,是不是本身就对作家有兴趣,或已经读过作家的作品。

有时,同一个中国作家,在不同国家的出版情况很不一样。比如双雪涛的作品,每个国家的出版社虽然都选了《平原上的摩西》,但组合是不一样的:美国版选了三个中篇小说,用"艳粉街"这个概念串起来;意大利出版社选了《平原上的摩西》加上三四个短篇;西语版是翻译了两个中篇;韩国出版社就是把中文版的《平原上的摩西》小说集全部翻译了过去。

还有比如郑执,他既有犯罪题材长篇小说《生吞》,还有《仙症》这样的中短篇小说,相较而言,后者的文学性更强。所以我们就跟郑执讨论，究竟是想先出版《生吞》，还是先出版《仙症》这样的中短篇小说集，因为作家先出哪一本，在海外的图书市场就会有不同的印象。如果先出《生吞》，他就是作为犯罪小说家亮相，如果引起了反响，出版社肯定会想要更多类似的风格。那等到《仙症》要推出的时候，就没办法找出版《生吞》的编辑了，因为出版犯罪小说的编辑，不可能再引进文学性比较强的中短篇小说集。

　　所以我们就跟郑执建议，希望他把注意力放在《仙症》这部小说集上。另外他还有一个中篇小说叫《森中有林》，单独出版太薄，我们也是跟郑执商量，他就又加了一个章节，把它改成一个小长篇。

　　所以，要把中国作家的小说推介到海外市场，每个国家的选择都是不一样的。我们基本上还是保持开放的心态，他们愿意怎么选都可以，要尊重他们出于自身的阅读市场的考量。

　　现在，欧美的出版社普遍想要出版中国女性作家的作品，尤其是年轻一代的女性作家，这也是整个世界的出版潮流。女性作家受到了很多的关注，因为文学书籍的读者大部分也是女性。我们也代理好几位女作家，比如林白、林棹、周嘉宁、王占黑等。

　　要把这些中国作家推介给海外出版社、推介给海外的读者，我们还有好多事要做。

# 附 录

## 何帆：中国企业的出海和在地化运营，将推动全球发展[①]

对中国人来说，"海"是风险和收益的象征。

20世纪90年代，当体制内的科研人员和公务员涌入市场时，人们称为"下海"；21世纪20年代，当一批企业走出去时，人们称之为"出海"。

2024年，所有人都在谈论出海，但繁荣背后，最基本的问题仍有待回答。

什么是出海，企业为什么出海，中国企业的出海和此前美国、日本企业的全球化有什么区别，出海对中国经济意味着什么、中国企业的出海对世界又意味着什么……

上海交通大学中国发展研究院院长、上海交通大学安泰经济与管理学院教授何帆说，当前的出海是一种中国企业应对全球化"退潮"的短期逆向操作。但当时的短期避险选择，为长期的发展铺平了道路。

随着企业出海进程的加快，中国制造业将会迎来一次"大分

---

[①] 本文访谈记者为宋笛。

流"。一部分企业仍会留在国内,而另一部分企业会更深地融入全球供应链之中。这些企业会扮演"制造业组织者"的角色,逐渐具备在全球配置资源的能力:中国制造业资本,在全球匹配技术、劳动力等生产要素,并重新组织全球制造业生产。

中国企业出海的过程中,中国经济本身也在经历一系列调整,新的平衡正在形成。对国内经济而言,出海并不仅仅意味着财富和机遇,同样也意味着挑战和考验。

一些以出口为导向的东部二、三线沿海城市可能需要尽早推动产业转型;政策制定者在制定经济政策时,也需要将这个正在形成的"海外中国人经济网络"纳入考量中。

在全球不同地区,目前中国企业出海带来的影响在"卷"和"发展"之间摇摆,但出海企业需要以一种可持续的方式,将中国的工业化能力融入当地的现代化进程中。

**问**:中国企业,特别是制造业企业出海的原因是什么?

**何帆**:一部分中国企业出海是为了应对全球化"退潮"的逆向操作,是外部环境发生变化下的一种对冲。

过去的全球化是大家相互合作。比如一家江浙地区的出口企业虽然没有出海,但拿到了沃尔玛的订单,在家门口用来自江西或者湖南的工人生产,然后通过沃尔玛将产品卖向全球。

在完成订单的过程中,这家企业掌握了一些国际贸易的流程,但对供应链全局可能还是懵懂无知的。

但有了外部危机的倒逼,很多企业不得不思考:万一没办法延续以往在中国生产,然后向全球出口的模式该怎么办,我们应该去哪生产,在哪找员工,在哪找渠道……这么多决策环节都是以前没有遇到过的。

虽然当下一些企业的出海是一种应激反应,可一旦迈出这一步，这些企业走着走着就会反应过来，原来当时的短期避险选择，为长期发展铺平了道路。

倒逼企业出海的国际经贸因素可能会改变，但中国企业由此开启的全球化进程及其影响将会持续存在。

**问**：怎么从长期发展的角度来理解中国企业的出海？

**何帆**：出海的本质是寻找新的生产要素组合方式。生产要素主要包括：资本、劳动力、土地和技术等。

原来国内企业组合生产要素的方式是：技术和资本来自海外，国内市场提供劳动力和土地，两者在东部沿海地区"会师"，生产出产品后再出口至国外。

随着中国市场的发展，国内也积累了大量资本和技术。现在中国企业面临两种选择：一种是继续使用国内的劳动力和土地来生产；另一种是使用海外的劳动力和土地来生产。

所以，未来中国制造业可能会出现一次"大分流"。

一部分企业会选择留在国内，因为国内市场还有较大的发展空间，生产的专业分工程度也更高。比如一些精细制造业，将会继续利用国内的资本、土地、劳动力等生产要素。这些产业往往不在东南沿海地区，而是在沈阳、包头、武汉、洛阳、西安等中西部城市。

另一部分企业天生就是要到全球市场去的，这部分企业需要考虑新的生产要素组合。

在海外，土地不是一个优势因素，因为国内对工业用地有大量的"潜在补贴"，不仅价格低，而且配套设施好。许多企业出海后发现，很多国家的土地并不具备价格和基础设施配套方面的优势。资本的国际化程度很高，企业没必要为了资本要素出海，只要做得好，在国内一样能吸引到海外资本。

从经济角度来看，出海真正能立得住的理由只有一点：中国资本去国外匹配劳动力。

**问**：但这恰恰是很多出海企业抱怨的一个方面，有的企业出去后抱怨国外的工人不如国内的勤劳。您怎么看？

**何帆**：我的建议是需要看得更长远。

第一，国内的工人以后会越来越"不好用"。产业结构会变化、年轻人的就业观会变化、工人的工资要逐渐上涨、劳动者待遇和保障要持续提高，这些趋势不可逆。

第二，没有哪个地方天生就有勤劳高效的产业工人。中国工人的勤劳和高效也不是天生的，是在市场中被培养起来的。

20世纪80年代，外企刚进入中国时肯定不觉得中国工人效率高，因为外企在城市中看到的企业，都是因自身经营管理出现问题的国有企业。

中国真正吃苦耐劳的是农民，但那时的外企肯定无法想象如此庞大的农业人口昨天还在田里种地，明天就能变成流水线上的产业工人。

是什么促使这种转变出现？是落差巨大的激励机制。农民只要离开土地进入工厂，收入会大幅增加。在这种激励下，工厂需要什么技能，他们就会去学习什么技能，慢慢就变成了熟练工人。

这实际上是通过激励机制培养出与生产能力相匹配的产业工人。按照这个逻辑，每个区域都有其劳动力优势。

比如，墨西哥工人执行力很强，要求他们拧三圈半的螺丝，他们就拧三圈半，绝对不会多拧或少拧。他们可能没有太多创造力，但会不折不扣地执行任务。他们也很吃苦耐劳，墨西哥城夏天的气温高达40多摄氏度，车间里没有空调，他们照样干活。

不过这些工人会提一个要求：得放音乐，他们要一边干活一边听歌，要很开心地干。

只要匹配好市场，采用正确的激励机制，总有合适的劳动力。当一家企业决定出海时，全世界的劳动力都在这家企业面前，如果还找不到合适的，那就是企业的问题。

**问**：这种全球性的生产要素重组，对中国制造业意味着什么？

**何帆**：这将是中国制造业的未来：中国资本和技术出海寻找与生产能力相匹配的劳动力，然后重新组织全球生产布局。

以后制造业大概率还是中国人的"主场"。中国提供制造业的资本，然后去日本、德国购买部分技术，因为这些国家的技术缺乏市场支撑，很多技术在"厂N代"手上发挥不出作用，而这些"厂N代"也不想再做制造业，就卖给中国资本。然后，中国企业再去东南亚或者南美建厂，雇用当地的劳动力，通过这种方式维持全球制造业运转。

这意味着我们的角色将从生产者转变为一个组织者。

我们会发现虽然越来越少的产品会标有"MADE IN CHINA"（中国制造），但越来越多的供应链环节将由中国人控制。现在市场上很多产品都标有越南或墨西哥制造，但其背后还是中国企业。

**问**：大约十五年前，中国就开始讨论"民工荒"和企业迁移的问题，为什么成规模的制造业外迁始终没有出现，这个"留在国内"的过程，是否因为对供给端"优待"等因素的影响被推迟了？

**何帆**：某种程度上，这个问题是存在的。如果没有外部刺激，我们产业的惯性是利用国内资源生产出物美价廉的产品，供应全球市场。但问题在于逆全球化的背景下，这种模式遇到了很多挑战。

如果对供给端太过重视，供给能力远超过需求，就能看到一些怪现象。比如"价格战"持续不断，头部企业无限"压榨"供应商。因为大家都在增加供给，导致商品价格越来越趋近于原材料成本。

可以说，现在有些产业的"核心竞争力"就是把工业制成品的价格压至原材料水平。比如，一件商品的价格本应包括设计、工艺、运输等成本，但现在却近乎"按重量计价"。

在供给端"过强"的同时，需求侧的发展则相对不足。这种不足不仅体现在国内需求不足，也表现在很多供给端企业缺乏需求侧的能力，比如甄别需求、服务需求，甚至管理需求的能力。

不过，这些情况正在改变。

一方面，政策正着力提振内需；另一方面，一些企业管理者有意识地作出改变。比如，在中国三线城市中，出现了胖东来这样代表中国"最高的商业管理智慧"的企业。胖东来的管理思路并不复杂，而是一种朴素、民间、传统的道德在发挥作用，就是"我对你好，你就好好跟我干"。

大家会慢慢发现，给员工多花钱是真的能提高生产力的。

问：内需起来后，中国企业还需要出海吗？

何帆：扩大内需需要时间，而且中国制造业的供给能力中有相当一部分本来就是提供给全球的，我们需要找到合适的方式，继续服务全球市场。

问：你刚才提到甄别需求、服务需求和管理需求，怎么理解这三个需求？

何帆：甄别需求和服务需求就是企业首先要了解市场需求所

在，以及企业的产品能否满足这种需求，还要做什么调整。管理需求是创造需求的能力，造出汽车，还得为消费者"创造"出"米其林指南"、汽车电影院等围绕汽车的生活方式。

中国企业欠缺这种能力。比如很长一段时间，房地产企业并不关心买房人的差异化需求，企业在哪儿拿地、资金如何周转才是这个产业的关键。所以，在一线城市最贵的地段，我们能看到很多糟糕的设计。直到房地产行业走下坡路，房子不好卖了，企业才开始考虑不同人群的差异化需求。

出口企业更不具备这个能力，它们甚至不知道自己生产的商品卖给了谁，这些信息只有沃尔玛才知道。出海也让这些出口企业有了和终端用户接触的机会。

这种能力不仅企业欠缺，一些政府也欠缺。现在有些地方官员都是"大拆大建"时期做项目出来的，他们的思维方式是怎么以最低成本、最高效率完成项目的拆建，至于项目服务谁、应该怎么服务，他们不擅长。

**问**：企业加速"走出去"的现象在其他国家的不同发展阶段也曾出现，比如美国70年代的"滞胀"时期就经历了对外投资的大幅增长。但整体上，这些国家出海的进程用了很长时间，比较"从容"，且以大公司为主，这好像和我们目前的出海不太一样？

**何帆**：我们目前的出海是一边出去、一边摸索的过程。要去哪、怎么去、去了是不是更好，企业也不确定。但在这个过程中，企业会逐渐找到正确的目的地，找到正确的打法。

美国在70年代的全球化采取的是基于其国际地位"高举高打"的策略。日本企业在20世纪80年代的出海则是迫于国内需求不足和国际贸易壁垒的双重压力。与中国不同的是，日本几乎所有的大公司都变成了跨国公司，而中国有庞大的国内市场，很多公司还可以靠国内市场生存，甚至发展壮大。

另一个是全球化本身出现了变化。目前中国出海面临的全球化环境与20世纪70年代或90年代的全球化环境都不一样。在当前全球化的背景下，生产不同产品的企业可能要选择进入不同的"全球化"。

比如有些企业主打欧美市场，这些市场准入门槛较高，但一旦进入，只要产品或服务不涉及敏感领域，企业面对的规则相对明确。

如果因为各种原因，无法进入欧美市场，也没关系。因为外面还有一个巨大的、游离于欧美市场的、由众多新兴国家构成的市场。这个市场有另一套规则。

企业当然希望能用一套规则"一网打尽"，但新的全球化现实迫使企业不得不作出选择：到哪里去，进入哪一种"全球化"。不同的"全球化"意味着不同的游戏规则和企业经营策略。

**问**：这种情况下，我们所熟悉的20世纪90年代后壮大的跨国公司形态会不会也出现变化？

**何帆**：跨国公司的形成是一个漫长的过程。目前，中国出海企业形态多样，不是某一种单一的形态。

**问**：出海带来的变化是什么，对国内经济的影响是什么，我们需要为出海做好什么准备？

**何帆**：随着出海进程的加快，企业不仅要把就业机会带往海外，还要逐渐将技术输送出去，因为所有的后发国家都存在"市场换技术"的需求。我们要接受这个过程。

此外，部分出口企业出去了，投资、技术和就业机会也会出去。个别严重依赖劳动力成本优势的出口型城市可能会成为新的"收缩型城市",这与部分东北、西北地区因为资源枯竭而出现的"收缩型城市"类似。因此,这些城市需要尽快推动城市产业转型。

另一方面,出海会形成一个海外的"中国人经济网络"。如果这个网络规模持续扩大,当国内制定某些经济政策时,可能也需要将这一网络的得失纳入考量。

**问**:在国内企业出海的过程中,我们也看到有些声音认为中国把"卷"也带出去了,这会让人讨厌吗?

**何帆**:有些企业确实"卷"得太猛了。人们之所以对"卷"感到痛苦或不适,不仅仅是因为"卷"很累,更在于"卷"的收益低。如果收益不低,也就不叫"卷"了。从这个角度来看,世界很多地区正在步入类似于中国20世纪80年代和90年代的阶段。在那个阶段,勤奋是能获得高收益的。

所以,如果中国企业出海,提供的是符合当地文化和法规的勤劳致富机会,也会为当地的发展做出贡献。

**问**:中国企业的出海将会给世界带来哪些变化?

**何帆**:2023年我在书中讲过一个故事,一个清华的硕士生在非洲修水电站。在雇佣当地工人的过程中,他发现这些工人的工作积极性非常高:一是因为待遇太好了,来修水库的当地人能拿到当地平均水平2至3倍的工资,而且很有面子;二是水电站项目建成后,村里就能通电了。

这意味着孩子晚上可以在灯光下学习,意味着中国人熟悉的人生信条——知识改变命运——可以在这里实现。接下来,村里就要修路,也会通车、建工厂。

这就是我们熟悉的那条路,就是路遥《平凡的世界》里写的那种感觉。一个锈迹斑斑的车轮开始转了，一开始转得不快，还发出咯吱咯吱的声音，但你会感觉到兴奋，因为它开始转了，而且你知道它会越转越快。

回到"出海"这个话题，中国企业的出海不仅仅是为了中国的经济发展，同时也为出海国家提供了就业机会，帮助欠发达地区实现工业化和城市化。

这个过程无非是把我们走过的路再走一遍，并且得益于技术进步，我们还能提供更好的方法。比如城市化需要大量汽车，但当地不产石油怎么办？那就可以引进中国的电动汽车，而汽车所需要的电能也可以用中国的光伏技术来解决，这些都是中国擅长的事情。

中国企业的出海和在地化运营，将是中国推动全球发展的一个重要路径。

## 社科院林博：特朗普上台后，墨西哥还值得投资吗？①

2024年10月末，中国社会科学院拉丁美洲研究所助理研究员林博在墨西哥城走访时，在一家中餐馆正巧碰到了来考察的中国企业家团队，这些企业家正在积极了解墨西哥的情况，以判断要不要来墨西哥投资和发展。

10月底，林博赶赴墨西哥开始了他为期3个月的访学调研。来到墨西哥后，林博发现中企出海墨西哥的意愿比他想象中更加强烈。他说，根据墨西哥经济部的数据，现在来墨设立分支机构的中国企业已经超过1000家。

在过去两年间，与美国接壤的墨西哥成为中企出海热门目的地。

墨西哥靠近美国且有《美墨加协定》（USMCA），根据该协定的"原产地规则"，在北美制造且满足特定比例的零部件和材料源自北美的产品，可免税进入美国市场。大量中国制造业企业在墨西哥投资设厂，将墨西哥视为出海美国的跳板，其中就包括比亚迪、长城汽车等新能源汽车企业，宁德时代等新能源零部件企业，以及顾家家居、敏华控股等家具企业。

根据中国商务部的数据，2023年中墨双边贸易额首次突破1000亿美元，同比增长6.03%。据墨西哥经济部统计，2023年中

---

① 本文访谈记者为郭蓉。

285

国企业对墨西哥的投资金额约为 1.5 亿美元，累计投资存量达到 24.52 亿美元，投资主要集中在制造业、金融业和零售业等领域，其中制造业占投资比重约为 40%。

特朗普成为美国当选总统后，借力墨西哥"北上"面临诸多不确定性。当地时间 2024 年 11 月 25 日，特朗普在社交媒体平台上宣布，将在 2025 年 1 月 20 日（其上任首日）签署对来自墨西哥和加拿大的所有进口商品征收 25% 的关税的行政命令。

除当地政策剧烈变化外，中国制造业企业出海墨西哥还面临着建厂履约困难、缺乏人才、人力成本高等实际障碍。在这些挑战下，中国企业在墨西哥的投资思路也在不断调整，以适应当地的商业环境和政策变化。

为期 3 个月的调研中，林博走访了华为、滴滴等中企在墨西哥的分公司，并调研了中国企业在墨西哥的发展情况及墨西哥本身的产业状况。

走访后，林博发现，很多出海企业发现北美市场不如预期，就迅速调整方向，甚至从"北上"转向"南下"拉美市场。尤其是特朗普当选后美国市场不确定性增加，这些企业开始考虑以墨西哥为跳板，向中美洲和南美洲扩张市场。

**问**：中国企业投资墨西哥的现状如何，有哪些特征？

**林博**：近年来，许多中国企业纷纷来到墨西哥考察、投资和发展。企业在这里发展和经营的意愿十分强烈。

数据显示，在中国备案或登记的出海企业中，已有 166 家在墨西哥投资。但根据墨西哥经济部的数据，目前来墨西哥设立分支机构的中国企业已经超过 1000 家。一些私营小规模企业也在墨西哥设立了办公室并开始业务，可能还未被计入统计数据。尽管统计口径和企业规模不同，但这确实显示了中国企业来墨西哥发展的强烈意愿。

墨西哥城波兰科区的卡索广场附近有很多写字楼，基础设施和环境都很好，许多中国企业都在这里租了办公场地，比如华为墨西哥分公司，这里已经成为中国出海企业的一个小聚集地。华为在拉美市场已经深耕了20多年，发展稳健；滴滴作为数字平台企业，在墨西哥的市场份额增长也很快。

中企在墨西哥投资或发展的特点之一是制造业投资占比高。数据显示，中企在墨西哥制造业投资占比接近中企在墨总投资的50%，包括汽车配件、电子电气和精密加工等行业。其中，汽车配件制造业投资占比达到44.3%，能化业占11.4%，电子电气占比10.8%，工程建设占比7.8%。中企在墨西哥投资的制造业占比大这一特点，与中企在拉美其他国家能源矿产行业投资占比更高的特点形成了明显对比。

中国制造业企业在墨西哥投资的区域分布上，主要集中在毗邻美国北部和中部的州地域。比如新莱昂州、科阿韦拉州、下加利福尼亚州、圣路易斯波托西州、克雷塔罗州、瓜纳华托州、墨西哥州等，这些州的分布特点就是区域聚集，汽车和电子制造业发达。

**问**：中国企业在墨西哥投资建厂可能会遇到哪些问题？

**林博**：在当地投资建厂时需要聘用当地施工队，但工期不好控制。有些企业反映，墨西哥建材费用昂贵，施工队和建筑商成本高。建设工期难控制，靠谱的建筑队可能按时完成，不靠谱的可能延期几个月。另外，还存在用水、用电、审批和环评等问题，一些工业园区电力不稳定，基础设施质量不一，所以有些企业在建设前期就遇到很多问题。

墨西哥营商环境的特点是管理比较宽松，但法规细则详细。

有些中国企业主初来乍到，依赖中介注册公司、办执照，办完手续后，企业就开始经营。但如果对法规研究不够细致，问题就会暴露。

有些企业遇到问题，一方面是准备不足，另一方面是对墨西哥营商环境、管理规定不够了解，没有经验或准备。另外，最大的问题就是语言。墨西哥的主要语言是西班牙语，英语普及率不高。中国企业管理人员大多不会西班牙语，与当地管理部门或合作伙伴交流有障碍。如果有能说西班牙语的员工，或者管理者自己会，沟通会方便很多。

在雇用当地劳动力方面，墨西哥实际情况复杂。墨西哥劳动力市场有限，技能工人不足制约产业发展，特别是高端制造业。企业为吸引和留住人才，提高薪资，反而会增加制造成本。因此墨西哥的用人成本并非都低于中国，甚至有报告指出，墨西哥的人力成本普遍高于中国制造业城市的人力成本。一些中国企业在墨西哥投资后发现，招聘不易，用人成本高，找翻译都很困难。还有企业发现墨西哥人不加班，劳动法和习惯都如此，许多人在家办公。企业需适应当地法律和文化。

**问**：对于这些潜在风险，在墨投资的中国企业做了哪些调整？

**林博**：一些中国企业来墨西哥的初衷是瞄准北美市场。因为美国成本高，直接进入有难度，而墨西哥由于成本较低，同时又有《美墨加协定》，进入美国壁垒较低，所以一些企业先在墨西哥投资建厂或设立分公司。

但当有些企业真的进入墨西哥市场后，却发现实际情况和预期不同，特朗普当选后，美国市场也增加了许多不确定性，于是调整了经营战略。因此，部分企业开始考虑"南下"策略，即把墨西哥当跳板，向中美洲和南美洲拓展市场。一位做工业品贸易的企业家表示，他们原本为了服务北美市场而来墨西哥，但后来发现北美市场的拓展没有达到预期。

这位企业家勤奋自学西班牙语，通过雇用当地员工融入环境，还经常参加拉美本土的展会。通过展会，他发现南美洲市场，比如巴西和阿根廷，也有需求，因此开始向南美洲市场拓展，不再只盯着北美。

同时，很多中企也开始重视墨西哥本地市场，考虑能不能结合当地情况做本土化经营，因为墨西哥的消费群体和客户需求也很可观。另外，为了避免不熟悉当地情况，还有些制造业企业提前派人过来，驻点了解当地情况或学习西班牙语。

**问**：近期特朗普宣布向墨西哥加税，对投资该地的中国企业产生了哪些影响？

**林博**：特朗普提出要加税，投资墨西哥的中国企业反应确实不小，这种反应主要是心理上的。

在上个任期，特朗普就开始对墨西哥施压、对中国打贸易战了，政策思路存在延续性。许多中国企业对未来趋势已有心理准备，但贸易保护主义和关税壁垒对他们的信心还是有影响。因为他们不确定特朗普正式上台后会怎么做，这种不确定性可能会影响中国企业在墨西哥的信心。

贸易商可能是最焦虑的，因为加税直接影响贸易，他们可能已经开始和合作伙伴或对手谈判或制定一些应对策略。对已经在墨西哥投资的企业来说，影响肯定有，但短期内也没什么好办法，工厂正在建设中不能停，只能硬着头皮继续。

**问**：出海墨西哥的中国企业有哪些成功经验？

**林博：** 做得比较好的企业一是进入墨西哥市场的时间比较长，人才储备丰富；二是本地化企业文化和管理上做得比较好。

本地化经营时，企业文化建设很重要。企业管理和企业文化建设要本地化，激发员工积极性，需要了解当地文化。以在拉美20多年的华为为例，墨西哥华为有人才优势，管理层西班牙语流利，华为在墨西哥当地招聘的应届生门槛较高，生源来自本地的顶尖大学，基本上新进来的年轻人英语都很流利，西语当然更没问题。墨西哥员工性格开朗，很多企业发现，多鼓励员工，他们的工作效率会更高。每周五下班，墨西哥华为有员工过生日就在办公室庆祝，气氛热烈。

附 录

# "奥特快出海笔记"主理人张纬杰：
# 热出海时代的"冷"思考[1]

我于2022年11月17日开启了海外工作生涯，可以说是疫情之后首批出国工作的人之一。2023年初，我获得了在越南工作的机会，在河内从事风险投资（VC），随后迁移到胡志明市（西贡）。2024年5月，我进入了跨境电商物流行业，足迹也从东南亚扩展到中东和拉丁美洲。

许多人在未亲身经历出海之前，往往对其抱有误解，认为出海并不是一件难事。然而，我在海外生活了两年，接触到了许多人，他们中有的刚到海外不久，有的已出海多年。我注意到，尽管许多国内的朋友对出海充满期待，但实际上他们还没有迈出出海的第一步。

当前，许多人在谈论出海时表现出一种不切实际的兴奋和自信。这种情绪可能包括但不限于以下几种观念：一是认为"中国模式极为出色，一旦走出国门就能轻易取得成功"；二是认为"中国在海外已经具有广泛的影响力"。这种自大的态度实际上是很危险的。正是因为这些偏见和误解的存在，使得他们在海外的实际拓展过程中容易遇到障碍。

当然，中国人勤奋和智慧，在实现目标方面的能力并不逊色于任何国家的企业家。然而，为什么中国企业家在海外市场的成

---

[1] "奥特快出海笔记"主理人、越南国家创新中心前特邀专家张纬杰口述，郭蓉整理。

功率并不高，甚至有人因海外扩张而遭遇失败或亏损，究竟是什么因素在阻碍中国企业家在海外的成功呢？

## 开启海外生涯

作为一名原媒体从业者，我选择出国工作的原因在于，看到了"新出海"浪潮下的三个明显趋势：

首先是各行业系统性出海时代的到来。与20年前出海的早期形势相比，当时虽然许多人从事外贸，但更多人关注的是国内机会；现在则由于中国各行业的市场已经趋于饱和、红利达到顶峰，竞争变得异常激烈，出海才成为几乎各行各业关注的焦点。

第二个差异点是以往海外扩张主要出于对成本的考量，当前的海外扩张浪潮同样受地缘政治因素的影响。例如，由于关税问题等，企业选择在东南亚、拉丁美洲等地设立工厂，目的是绕开"关税墙"。

第三是出海模式的转变，过去中国工厂主要扮演着代工的角色，现在的中国品牌则开始直接面向海外消费者，走到了前台。

疫情前，这些趋势已经存在，但并不显著。疫情之后，这三个趋势变得尤为明显。那段时间，国内媒体经常报道中国资本流向新加坡以及东南亚地区的出海创业故事。我在国内从事出海内容的工作，感到像是隔靴搔痒，无法触及核心。经过深思熟虑，我最终决定亲自前往实地看看。

我于2023年初获得了越南的工作机会，并搬到那里。最初，我在河内居住了半年，随后迁移到胡志明市，因此得以体验了越南的南北两地。正是在越南，我开启了海外工作生涯。

抵达河内的第一天傍晚，当时正值冬季，河内的天空被浓重的雾霾所笼罩，使得整个城市显得灰暗而压抑。这种环境也让我感到喉咙不适，开始咳嗽。

我对河内并不陌生，之前也曾到访过这座城市，有两个深刻的印象：首先，河内的空气质量较差，雾霾问题严重，与以前中国北方部分地区冬季的情况颇为相似。其次，河内的街道布局与中国的颇为相似，只是显得更加陈旧和不平坦，人行道的设计反映出两国之间微妙的联系。河内的街景和小型商铺也让我回想起童年时的家乡。

人也有许多相似之处。飞机上的许多乘客，我最初也以为他们是中国人，但一下飞机，听到周围人讲的是越南语时，才知道他们是越南人。那些中年男子穿着白色衬衫，将衬衫下摆塞进裤子，皮带也系得很高。

我在河内的第一顿饭是烤肉米线，将米线浸在酸甜口味的汤里，然后搭配烤肉一起食用。这是奥巴马访问河内时吃过的，店主甚至用玻璃罩保护了奥巴马当时用餐的桌子，并在旁边放置了一张照片，标注为"奥巴马吃过烤肉米线的桌子"，这种做法也让人感到"似曾相识"。

我在河内从事的是风险投资，专注于一级市场，即投资初创企业。我所在的公司具有中资背景，虽然老板是中国人，但公司是在越南注册的。公司里，中国员工相对较少，大部分是越南人，我的主要工作职责是评估和审查投资项目。

在职场，优秀人才的短缺是一个普遍存在的问题，员工的表现往往未能达到预期。尽管越南在东南亚已经算是很"卷"的国家，但人才供应仍然不足。

在上海工作期间，我曾负责内容创作工作。后来，我在越南也希望用这种方式提高公司的影响力，比如通过制作访谈视频来采访当地创业者。为此，我编写了一份操作手册，希望同事们能够遵照执行。但他们对商业访谈这种形式不太熟悉。我不得不向他们解释中国市场中的类似内容，比如抖音、小红书和视频号上的相关内容，以及"社群""私董会"等概念。

越南当地员工更适合采用鼓励的方式。如果海外的老板脾气暴躁并随意骂人，可能会引发严重问题，比如遭到仲裁或投诉。

在海外很多国家开展业务时，中国企业家需要面对众多隐性和显性的合规成本。因此，许多人选择拥有本地资源的人士作为合伙人，才能够处理复杂的事务。

## 东南亚小国莫谈创投

在某次活动中，我结识了一位越南创业者。她是一位留学归来的海归，能够说英语。我询问她是否愿意参与视频拍摄，她同意了。当时，她正在经营一个专门销售女性保健品的电子商务平台，这个平台使用的是越南语。

我当时就在想，这个市场有多大，这个项目有可能成功吗？这也是为什么我后来不愿继续从事风险投资的原因——我在越南接触的风险投资项目大多不太可靠。

大约半年时间，我接触了几十名越南创业者，他们大多来自电商 SaaS（Software as a Service，软件运营服务，以下简称 SaaS）和 B2B 领域。我注意到 SaaS 项目占据了相当大的比例，大概在六七成。但在一个人均 GDP 只有三四千美元的国家，模仿硅谷的 SaaS 模式或建立 B2B 电商平台难度是很高的。我意识到，在新兴市场，更应该关注的或许是传统行业，而非所谓的科技改变世界的故事。

我曾经有一段时间感到自我怀疑，质疑自己是否过于浅薄，是否没有真正理解当地的创投逻辑。但后来我认识了红杉资本在越南的负责人，他是一位越南人，后来离开了红杉资本，自己开设了一家酒吧。在与他的交流中,我发现他也认为新兴市场国家并没有太多改变世界的新科技故事,主流仍然是非常传统的行业。于是他选择了亲身实践,先是开设了酒吧,然后是餐馆,并做得非常成功。本质上,能在这里有一席之地的行业还是零售业、房地产或银行业。

2023年10月,我从河内搬到了胡志明市。在胡志明市,我加入了一家新加坡公司。

这次,我的工作内容相当"传统",主要业务包括财务顾问(FA)和海外市场咨询服务,涉及帮助客户寻找工业园区和办理企业注册等事宜。一方面寻找有潜力的项目,并将它们推荐给有意进行并购的资本方。一方面是海外市场咨询服务,我们帮助各类企业——无论是中资企业还是其他资本背景的企业——在海外寻找合适的土地进行工业建设或注册公司,这些都是非常基础和传统的服务。

河内保持着其传统风貌,这里的人更重视情感和义气,而胡志明市则散发着现代气息。阿里巴巴的越南总部设在胡志明市,这里是商业中心,也是外国专家的聚集地。

经过半年的时间,我逐渐意识到为那些希望在越南落地的企业提供财税注册、供应链管理等服务的工作也越来越难以为继。原因有三:首先,从本质上看当地市场规模有限,对此类服务有需求的企业并不多;其次,中国企业家普遍不愿意为服务支付费用,他们更倾向于寻找免费的咨询,而不愿意实际合作;最后,这个行业几乎没有准入门槛,缺乏差异化,使得竞争变得异常激烈。

在越南工作了一年多后,我感到那里的发展机会有限。在2024年5月,我获得了一个新的海外工作机会,也就是现在从事的跨境电商物流工作。

之所以选择加入这家公司，是因为它能提供在全球不同地区工作的机会，这对我来说极具吸引力。在过去的一年里，我的足迹从东南亚的越南扩展到中东和拉丁美洲，几乎覆盖了当前最热门的三个海外市场：东南亚、中东和拉丁美洲。

## 为什么说中国是特殊的？

最近我在墨西哥，突然有一种迷茫的感觉，我已经过了两年多几乎"无家可归"的生活。

回想起在河内的时光，我意识到那是我上一次拥有稳定居所的地方，也是让我感觉接近家的地方。

经过两年的探索和实践，我总结了关于出海的4点思考。

首先，中国本身是特殊的。很多在中国成功的企业，都是基于这片土地的特殊性成长起来的。企业必须认识到，中国的成功模式并不总能直接复制到海外市场、中国的成功经验并不总是适用于海外市场，因为中国成功的条件在海外不一定存在。

这些条件包括但不限于生产要素的特殊性：中国人勤劳聪明、无论是治安还是基础设施都是世界一流——例如在快递物流领域，中国的安全环境使得人们基本无须担心货物被犯罪团伙劫持。

其次，国内商业竞争的主要挑战在于需求端获客，而国外商业竞争的主要挑战在于供给侧的生产要素。观察当前国内营销领域，许多企业都在追求品效合一，背后的核心目标都是为了获客。然而，海外则相反，难点在于供应链。

这也就是为什么许多短期出国考察的人，常误以为国外遍地是机会。我曾与许多中国企业家交流，他们往往只短暂停留一周左右，且仅与当地华人沟通，这导致他们获得的信息存在偏差。他们可能会觉得海外处处是商机：某种商品国内有，这里却没有；

某种服务国内有,而这里却没有,这不正是机会吗?但真正开始操作时,会发现注册企业非常复杂,原料可能难以获得。此外,员工能否按照标准操作也是一个问题。

再次,在东南亚、中东和拉丁美洲的经历让我深刻地体会到,尽管不同民族之间存在差异,但在根本上我们都有着共同的人性。特别是在新兴市场国家,人们有着许多相似之处。欧美国家的人们往往没有经历过贫困,因此难以理解贫穷的真正含义。

然而,当与墨西哥人或越南人交流时,你会发现我们之间有很多共同点。例如越南人会提到他们的家庭也会囤积东西,即使过于破旧也不愿丢弃。越南人和墨西哥人不分昼夜地辛勤工作,在街边小摊解决饮食问题。在那些只支付微薄工资、物价高昂且贫富悬殊的地方,人们之间的共同点往往超过了他们的差异。

因此,我认为许多企业拓展海外市场的成功,往往是因为触及了一些普遍的共性,而不仅仅是为了追求差异性。

最后,这个议题虽然讨论的人不多,但我认为非常重要。我们通常从中国市场的视角来讨论国内企业的全球扩张,给人一种中国企业在全球市场上具有压倒性优势的印象。然而,我们是否曾站在被投资国的角度来思考这个问题?企业不能忽视对当地的影响,应该承担起责任,无论是通过帮助解决就业问题,提供技术培训,还是改善当地人的生活条件,企业都应该做出积极的贡献。否则,在地缘政治环境高度不确定的当下,"卷死当地人"的生意,注定不长久。

# 侯路：融入巴西的不同现实场景中去[①]

2004年，毕业于北京外国语大学葡萄牙语专业的我，飞越半个地球，来到巴西，先后在中国驻巴西大使馆和多家中资企业工作。

2018年后，我投身巴西互联网行业，先后担任字节跳动、BIGO LIVE、希音（下称"SHEIN"）等中国科技巨头在巴西市场的主要负责人；2023年，我受快手之邀，访谈了30余名巴西本地"老铁"，为那本研究巴西互联网行业的著作《那么远，这么近》，提供了宝贵的本地素材。

我想借此机会总结并梳理自己过去20年在巴西的经历、经验，希望能给考虑乃至即将来巴西投资的你们一些参考。

## 最遥远的距离

20年前，我初到巴西时，走在大街上常被误认为日本人。"我来自中国"，一些巴西人在得到这个答案后，仅有中国是个遥远的东方国家的认知。

从空间距离上看，巴西被誉为"距离中国最遥远的国度之一"，从北京到巴西的里约热内卢需要跨越半个地球。我理解，远距离难免会带来认知的片面，因为这种情况同样发生在很多中国

---

[①] 旅居巴西20年的侯路口述，钱玉娟整理。

人对巴西的了解上。

很多国人是因为《上帝之城》这部影片对巴西有了初印象，觉得这里既有暴力、动荡不安的贫民窟，也有世界上最美丽的阳光海滩。

我对巴西的认知，是在一次次经历中增添的：在亚马孙河上遭遇风暴时，我差点儿沉船；我会乘坐小飞机在泥地降落，去探访原住民部落；巴伊亚州的街边小吃让人回味无穷；圣保罗州的星级厨师也令我难以忘怀……

巴西幅员辽阔，地貌丰富，但海拔不高，和中国的山川相比，这里简直是一马平川。即便如此，铁路仍不是巴西的主要交通工具，公路、航空反而大力发展。

我是一名飞行常客，对巴西各个机场都很熟悉，以我居住的圣保罗来看，历史悠久的康根哈斯机场原本设在郊区，因城市快速扩张被包裹了进来，如今变成了城市中心区的位置。跑道两边是林立的高楼，每次起降不光考验飞行员，坐在飞机里的我也会紧张不已。

我选择长居巴西，与该国的地理和文化多样性有极大的关系。巴西拥有2亿多人口，但地域辽阔，领土面积相当于中国的88.6%。里约热内卢、圣保罗、萨尔瓦多等城市可以比照我们国家的北上广深，各个地区的人始终保持着自己独特的文化身份，并引以为傲。

对于拥有26个州和1个联邦区的巴西，想要选择一个地方来深度了解它，我会推荐黑金城（Ouro Preto）。在这里，历史凝固在古建筑中，是可以被看到和触摸的。黑金城也是个大学城，满大街都是年轻人，这里代表着巴西的过去、现在和未来。

当你和巴西的年轻人聊起《上帝之城》，他们往往会回答你，"那都是我爷爷看的电影了"。现在的巴西年轻人会有更多新的文化认同，他们也愿意通过手机浏览新闻、视频等。他们日常使用的不少互联网应用都与中国企业有关：打车用的99App，是滴滴旗下的巴西本地网约车平台；睡前刷的TikTok、Kwai，分别是抖音、快手的国际版应用；可以用来买衣服的SHEIN、Temu，都是诞生在中国的跨境电商平台；能快递商品到巴西消费者手中的J&T Express，是中国物流企业极兔快递的海外版……

以前我在使馆工作时，常有巴西朋友跑来吐槽，买的中国产的东西便宜，但很快就坏了，现在很少有人会再抱怨这些。来自中国的日用商品以及3C产品等，已经在巴西人心中占据重要位置。

浏览巴西版SHEIN和速卖通等购物网站会发现，很多热卖商品都是"Made In China"（中国制造），我国作为轻工业制造强国，物美价廉，供应链强大。而巴西存在制造业空心化的情况，产品款式较单一，价格还高，大部分日用商品依赖进口。

## 电商沃土

巴西的人均GDP高达1万美元，消费能力和经济基础好，软硬件设施也相对完善。电商方面，不论是移动支付、物流还是信用体系都比较健全。

目前，巴西通货膨胀与消费品价格稳定，失业率降到了历史低点，消费者的网购习惯已经形成。

对于想到巴西做跨境电商或内容电商的中国人来说，虽然先机已经被抢占，但这里仍是电商的沃土。

进入一个陌生的市场，任谁都是审慎的，比如，SHEIN一开始并没有规划投资巴西市场，在发现该市场销量增长特别快后，创始人许仰天于2021年亲自到巴西花几周时间考察当地供应链，在 2022 年决定正式投资。

当时，我曾以顾问身份陪同许仰天考察巴西市场，在 SHEIN 于巴西成立本地团队时加入其中。

和国内的商业竞争状态并没有本质不同，SHEIN、Temu（拼多多的跨境电商平台）等企业也是在烧钱补贴抢市场。我理解竞争是好事，但希望不要进入恶性竞争。

巴西电商市场的竞争重点，是亚洲电商巨头们与本土零售公司间的竞争。包括 SHEIN、Shopee（虾皮）在内的亚洲电商平台，利用社交媒体的营销策略及低价优势在巴西"攻城略地"，很快引发多家本土零售商的不满，遂就亚洲电商公司低价跨境商品无须缴纳关税一事展开集体抗议。

这一情况不仅刺激巴西政府监管部门出台了合规递件计划，征税调整执行速度还非常快，直接影响了中国跨境电商平台在巴西市场的产品价格、成本、利润率等营收利益。

也正因此，我觉得在同业竞争之外，还需要注意政策问题。不少在巴西帮助中国企业处理税收、法律相关问题的律师会告诫，来巴西投资，要把在这里挣到的钱回馈当地社会，不能只想着通过海外账户把钱带走。巴西的税法机制灵活多变，也是为了防止外来投资者钻空子。

**投资目的要明确**

2007 年，我从使馆出来，加入宝钢集团巴西代表处，当时参与的第一个项目是宝钢和巴西最大的铁矿石生产、出口商淡水河谷公司的战略合作。

当时来自中国的铁矿石需求大增，包括巴西企业在内的几家全球性垄断开采企业连续提高铁矿石价格。宝钢集团也在谋划海外拓展，想把产业放到富产铁矿石的巴西，利用当地劳动力优势生产钢材。

巴西那时正处于迪尔玛·罗塞芙（Dilma Rousseff）执政时期，政府要求不能仅仅输出铁矿石，还要生产高附加值产品，需要外资带动巴西本国的工业发展，创造更多就业机会。

2007年10月，宝钢宣布和淡水河谷公司合资成立宝钢维多利亚钢铁公司，宝钢出资60%、淡水河谷出资40%。项目如果顺利建成，将是宝钢首次在海外建设炼钢厂。

在进行长达两年的可研调查后，工厂所在地政府发出环评报告称，选址环境不足以承受，请重新研究，并向宝钢集团推荐了另一个位置。

在多重因素影响下，宝钢集团进行综合评估后取消了该合资项目。

虽然规划投资上百亿元的钢厂项目夭折，但宝钢集团几乎没有承受损失，我后来细想，这一波折不失为中企在巴西投资，做好退出机制安排的一个案例。

时任宝钢集团董事长徐乐江也在那一年的年度大会上提到此事：所有的建设项目都要严格从用户、市场出发，强化对未来市场的调研和预测，是不是需要建设？花多大的代价建设？建成后有没有竞争力？投资回报是多少？这些问题都是决定项目开工与否、建设节点、资金投入的基本问题。

事情发生在10多年前，每当我向中国企业的朋友讲起，他们都觉得这是宝贵的经验。

2018年，并购视频社交产品Musical.ly后，抖音以TikTok这一短视频平台在全球展开商业化探索，我也在巴西加入其中。

效仿快手在国内探索下沉市场"老铁"用户的经验，Kwai在巴西针对中低收入群体快速布局，触达用户的同时抢夺了更多份额。我没有接触过快手的经营管理层，但与 30 多位巴西"老铁"深度对话后，意识到 Kwai 能快速攻占巴西下沉市场，比 TikTok 走得更快、效率更高，得益于其产品在进入巴西时的调性正确。

TikTok 先人一步，但目标客群从青少年到年轻人，一时很难打破 Instagram 等垄断的局面。我觉得，产品调性想要更改，势必要经历一个痛苦的过程。

快手闯入巴西的目的很明确：向新市场要用户。这也是所有来巴西投资的人要慎重思考的问题：你的首要目的是什么？是要挣钱还是要流量，抑或让年度经营数据好看一些？目标怎么实现？

我的理解是，抖音、快手出海到巴西时，并没有想太多赢利的点，更多还是基于当地获客成本低，锚定了这个大市场。来自中国的互联网企业，希望在巴西能轻资产运营，不用投资招募太多员工。但巴西政府会向那些试图扎根这里的中国企业提出要求，必须拉动就业，既要创造就业机会，还要为就业者提供培训等。

在我的互联网从业生涯中，欢聚集团出海团队 Bigo Live 的经营模式，也可以给中国企业出海巴西提供一些参考。

Bigo Live 在巴西没有任何重要投资，既没有购买任何房产，也未在当地做盲目的规模扩张，在 2020 年后，几人组的海外本地团队与国内主要团队通过线上协同的"轻"运营管理模式，也能在巴西做好游戏直播业务。

## 出海至此，学会接受

不少中国人远渡重洋，来到语言不通的巴西做生意，还是会找一个靠谱的"引路人"，让巴西合作伙伴来处理好分公司成立和运营等先期工作。

一旦在巴西本地公司设立管理层，从我的经验看，中国企业不能用中方意见强迫巴西本地负责人去执行，而要给他们更多自主权，充分建立起信任，以合作的态度和模式在巴西进行本土化发展。

我发现，很多在巴西做得不错的中资企业，不仅会认真学习本地劳动法律，HR部门的相关人员也是本地人，他们会细心了解巴西同事的意见，在劳工法约束下明确什么该做，什么肯定不能做。

过去6年，我都在为中国互联网企业工作，这让我真实感受到了"卷"的企业文化。我希望中国企业的管理者多与巴西本地企业和本地打工一族交流，你一定会发现，被动的加班文化与行业内卷与巴西市场不适配。

在巴西进行商业经营，中国企业不能只是对文化、思维模式有所了解，出海至此，要学会接受。当你带着期待踏入巴西，要挖掘这个复杂又特别的市场时，在其他任何市场拥有的成功经验，在这里都不一定能行得通。

来自中国的投资者，我以自己在巴西生活20年的经历建议，请先学着把自己放下，真正融入巴西的不同现实场景中去。这个市场非常分散，商业模式、创新应用在这里遍地开花。我希望未来的你们，在进行充分的市场调研后，仍能随着出海大势，勇敢地来到巴西，找到发展的无限可能。